经管文库·管理类

前沿·学术·经典

HUMAN RESOURCE MANAGEMENT IN THE
BACKGROUND OF BIG DATA

大数据时代背景下的
人力资源管理

史雪琳 著

MANAGEMENT

经济管理出版社
ECONOMY & MANAGEMENT PUBLISHING HOUSE

图书在版编目（CIP）数据

大数据时代背景下的人力资源管理 / 史雪琳著 . —北京：经济管理出版社，2023.10
ISBN 978-7-5096-9358-2

Ⅰ.①大… Ⅱ.①史… Ⅲ.①人力资源管理 Ⅳ.① F241

中国国家版本馆 CIP 数据核字（2023）第 213345 号

组稿编辑：杨国强
责任编辑：杨国强
责任印制：许　艳
责任校对：蔡晓臻

出版发行：经济管理出版社
　　　　　（北京市海淀区北蜂窝 8 号中雅大厦 A 座 11 层 100038）
网　　　址：www.E-mp.com.cn
电　　　话：（010）51915602
印　　　刷：唐山玺诚印务有限公司
经　　　销：新华书店
开　　　本：710 mm×1000 mm/16
印　　　张：15.25
字　　　数：325 千字
版　　　次：2023 年 11 月第 1 版　2023 年 11 月第 1 次印刷
书　　　号：ISBN 978-7-5096-9358-2
定　　　价：98.00 元

·版权所有 翻印必究·

凡购本社图书，如有印装错误，由本社发行部负责调换。

联系地址：北京市海淀区北蜂窝 8 号中雅大厦 11 层

电话·（010）68022974　邮编：100038

前　言

今天，随着大数据、云计算、人工智能技术的飞速发展以及人力资源三支柱带来的数字化转型，e入职、e离职、电子签、RPA、人力资源智能机器人等人工智能技术逐步应用于人力资源管理实践，对于搭建人力资源三支柱的企业而言，人工智能技术广泛应用于HRSSC。除此之外，大数据技术和人工智能技术广泛应用于人才画像、岗位画像、人才雷达、智能简历解析、人岗智能匹配、AI面试、智能算薪等人力资源管理各职能模块，实现了从应聘、入职、在职到离职的员工雇用全周期智能化和自动化，极大释放了HR的工作精力，提升了HR的工作效率和效能，提升了求职者和员工的人力资源数字化体验。

遥想十余年前，笔者初次就业时，在一家大型国有企业人力资源部工作，负责整个集团公司的人事管理工作，主要工作涵盖人力资源规划、招聘管理和员工关系管理工作，既在做人事档案、人力资源信息系统、劳动合同的管理等繁杂的、重复性的基础性、行政性和事务性工作，又在做组织机构变革、人力资源降本增效和人力资源管理制度的编制、人力资源战略规划等部分战略性工作，还有校园招聘、劳动关系管理等职能性工作。回想当年的工作方式，由于信息化和智能化水平较低，主要以手工为主，可想而知，当时的工作非常繁忙，由于精力有限，工作范围涉及面大、人手少、工作量较大，工作效率和工作效果比较有限。同时，笔者及其HR同事们一直备受领导和员工的质疑。

大约在2014年，笔者所在的人力资源部有幸到云南白药的人力资源部门交流学习，通过交流得知云南白药早已搭建了人力资源三支柱，至今，笔者仍然清晰地记得云南白药的HR介绍了其人力资源部门构成：COE、HRBP和HRSSC，笔者所在单位的人力资源部采用传统的直线职能式的组织机构，在工作效率上与云南白药有较大差距。当时，同事们都感慨万千：同样都是国有企业，为何差异如此巨大？在今天看来，或许云南白药贴近市场、快速响应市场的能力以及其先进的人力资源三支柱理念等支撑云南白药走向辉煌。

当年，云南白药一行，最大的收获或许就是人力资源三支柱在笔者心中生了根。2020 年，笔者所在学院工商管理专业调整人才培养方案，趁此机会，为了提高学生们与企业在专业知识与技能的匹配性，尽快实现人才培养与社会接轨，笔者强烈建议将人力资源共享服务纳入人才培养方案，于是，人力资源三支柱和大数据在笔者心里慢慢发了芽。之后的几年时间里，笔者通过翻阅大量的文献，研究了大量企业在大数据人力资源的管理实践，如华为、腾讯、阿里巴巴、百度等国内知名企业，以及谷歌、IBM 等世界知名企业在大数据人力资源管理中的探索，作为一名曾经的 HR、现在的高校人力资源管理专业教师，想为人力资源管理的发展尽微薄之力而撰写《大数据时代背景下的人力资源管理》的想法在笔者心中疯狂成长，慢慢开了花，结了果，于是，就有了研究动力，正是有了这份激情与动力，才让笔者能在相对枯燥乏味的科学研究和艰难的生活环境中坚持不懈、砥砺前行。

本书共包括 10 章：

第一章阐述了人力资源管理不得不大数据的背景，主要从大数据时代的来临、人力资源管理面临的质疑和挑战、人力资源三支柱转型等方面介绍。

第二章分别界定了大数据、大数据人力资源管理的定义和特征，介绍了大数据在管理领域和人力资源管理中的典型场景，分析了大数据对人力资源管理的影响，以及大数据驱动下的人力资源管理变革。

第三章阐述了大数据时代背景下的人力资源规划，分析了大数据对人力资源规划的影响，介绍了大数据在企业人力资源规划中的典型应用，提出了基于大数据的人力资源规划策略。

第四章阐述了大数据时代背景下的人才招聘，分析了大数据对招聘管理的影响，介绍了大数据技术在企业人才招聘中的典型应用，提出了基于大数据的人才招聘策略。

第五章阐述了大数据时代背景下的培训与开发，分析了大数据对教育与培训开发的影响，介绍了大数据技术在企业培训与开发中的典型应用，提出了基于大数据的培训与开发策略。

第六章阐述了大数据时代背景下的薪酬管理，分析了大数据对薪酬管理的影响，介绍了大数据技术在企业薪酬管理中的典型应用，提出了基于大数据的薪酬管理策略。

第七章阐述了大数据时代背景下的绩效管理，分析了大数据对绩效管理的影响，介绍了大数据技术在企业绩效管理中的典型应用，提出了基于大数据背景下的绩效管理策略。

第八章阐述了大数据时代背景下的员工关系管理，分析了大数据对员工关系管理的影响，介绍了大数据技术在企业员工关系管理中的典型应用，提出了基于大数据的员工关系管理策略。

第九章阐述了大数据时代企业人力资源管理面临的挑战及对策，并提出了相应的管理策略。

第十章介绍了大数据背景下的人力资源管理应用实践，涵盖百度大数据人力资源管理、蒙牛大数据员工培训、北森大数据人才测评。

在撰写过程中，笔者翻阅了国内外大量的文献，在引用文献资料时，笔者均会在文章中注明资料来源，在此向各位专家学者和研究机构致以诚挚的感谢，是你们为笔者指明了研究的方向！另外，由于笔者的疏忽，可能有些文献在引用时并未标注清楚，在此，向各专家学者和研究机构表达深深的歉意和由衷的致谢。

最后，感谢曲靖师范学院经济与管理学院各位领导和同事对本书的资助和鼓励，感谢20190721班的杨雨飞、张海艳、刘梦、李涛、周帆、王灿坤、陈青莲等同学在制图、资料收集及案例提供等方面给予的帮助，也感谢家人给予的支持。同时，感谢一直陪伴我的两个宝贝，本书亦在你们的嬉笑和打闹中完稿。

由于本书涉及大量有关大数据、云计算、人工智能等新兴技术，专业性、实践性和技术性比较强，加上笔者在大数据人力资源管理领域的理论研究不够深入，大数据人力资源管理领域的实践应用比较有限，许多内容还只是探索性研究，很多观点和内容可能并不成熟和完善，书中难免存在纰漏及不足，不当之处恳请各位专家学者给予批评指正，以便今后修订和改正。

史雪琳

于云南曲靖

2023 年 6 月

目　录

第一章　人力资源管理不得不大数据的背景·································· 1

第一节　大数据时代的来临　·· 1

第二节　人力资源管理的九年之痒　···································· 3

第三节　人力资源三支柱　·· 8

第四节　拥抱变化　·· 24

第二章　大数据为人力资源管理插上科学的翅膀························ 37

第一节　大数据人力资源管理的概述　·································· 37

第二节　大数据对人力资源管理的影响　································ 53

第三节　大数据驱动下的人力资源管理变革　···························· 56

第三章　大数据时代背景下的人力资源规划···························· 59

第一节　大数据对人力资源规划的影响　································ 59

第二节　大数据在人力资源规划中的应用　·····························62

第三节　基于大数据的人力资源规划策略　·····························66

第四章　大数据时代背景下的人才招聘································ 70

第一节　大数据对人才招聘的影响　···································· 70

第二节　大数据在人才招聘中的典型应用　·····························76

第三节　基于大数据的人才招聘策略　·································· 91

第五章　大数据时代背景下的培训与开发·····························103

第一节　大数据技术对培训的影响　····································103

第二节　大数据在企业培训与开发中的典型应用　·······················108

第三节　基于大数据的培训管理策略　·································· 117

第六章　大数据时代背景下的薪酬管理 ·············· **127**

　　第一节　大数据对薪酬管理的影响 ················· 127

　　第二节　大数据在企业薪酬管理中的典型应用 ········· 129

　　第三节　基于大数据的薪酬管理策略 ··············· 138

第七章　大数据时代背景下的绩效管理 ·············· **146**

　　第一节　大数据对绩效管理的影响 ················· 146

　　第二节　大数据在企业绩效管理中的典型应用 ········· 149

　　第三节　基于大数据的绩效管理策略 ··············· 155

第八章　大数据时代背景下的员工关系管理 ·········· **163**

　　第一节　大数据对员工关系管理的影响 ············· 163

　　第二节　大数据在员工关系管理中的典型应用 ········· 166

　　第三节　基于大数据的员工关系管理策略 ············ 174

第九章　大数据时代企业人力资源管理面临的挑战及对策 ·· **195**

　　第一节　大数据时代企业人力资源管理面临的挑战 ····· 195

　　第二节　大数据时代企业人力资源管理应对挑战的对策 ·· 198

第十章　大数据背景下的人力资源管理应用实践 ······ **205**

　　第一节　百度大数据人力资源管理实践 ············· 205

　　第二节　大数据在蒙牛集团员工培训中的应用实践 ····· 211

　　第三节　北森大数据人才测评应用实践 ············· 219

参考文献 ·· **227**

第一章　人力资源管理不得不大数据的背景

自"人力资源"这个概念问世以来，HR 及其人力资源部门一直是尴尬的存在，人力资源的存在价值不断得到质疑，最为经典的是《哈佛商业评论》总编托马斯·斯图尔特（Thomas A. Stewart）发表署名为《炸掉你的人力资源部》的文章，被誉为"当代德鲁克"的拉姆·查兰（Lahm Charan）在《哈佛商业评论》上发表文章《分拆人力资源部》，《快公司》的副主编基思·哈蒙兹（Keith H. Hammonds）发表了一篇文章《我们为什么憎恨人力资源》，尽管上述言论无不透露着辛辣嘲讽，但正是这些质疑推动了人力资源管理的转型与发展，也促进了人力资源三支柱模型的提出。

物联网、大数据、人工智能、智能终端设备等技术的出现，促进了企业的数智化转型，也洗礼与冲击着人力资源领域，其与先进的人力资源理念的碰撞及融合，激发了 HR 的数智化转型。本章介绍了人力资源管理面临的挑战与质疑，阐述了人力资源三支柱的转型背景及其理论，分析了人力资源三支柱与大数据的关系，梳理了新时代人力资源管理的特点，探讨了大数据和人工智能技术新兴科技等为大数据人力资源管理提供的技术条件。

第一节　大数据时代的来临

进入 21 世纪以来，随着信息技术的发展，互联网掀起第四次革命浪潮，大数据、人工智能和移动互联网成为第四次工业革命的三大显著特征。电子商务、物联网、移动互联网、智能终端设备以及社交网络蓬勃发展，极大程度上拓宽了互联网的边界和应用领域，成为大数据产业发展的基础。

世界逐步进入海量数据爆炸时期，全球大数据储量从 2013 年的 4.3ZB 一跃达到 2022 年的 61.2ZB，10 年的时间，大数据储量增速高达 34.3%，据 IDC 预测，2025 年全球数据总量预计将增长到 163ZB。麦肯锡公司认为，大数据是海量化、大规模化和多元化的存储数据，不仅能提高数据的存储效率，而且能提高信息机构之间的交互频率，是信息技术和通信技术发展到一定阶段的产物。2008 年 9 月，《自然》杂志出版了"大数据"专刊，由此拉开了大数据时代的序幕，这预示着世界从数据时代悄无声息地步入了大数据时代。2012 年以后，大数据技术已然成为这个时代津津乐道的热门词汇，成为当今时代的"网红"，报纸、杂志、网络、讲座、论坛等到处都有其跳动的身影。马云说："当我们还没有弄清什么是个人计算机的时候，互联网时代到来了；当我们还没有弄清什么是互联网的时候，大数据时代已经到来了。"

哈佛大学数据研究专家维克托·迈尔－舍恩伯格教授潜心研究数据技术科学十余年，是最早洞见大数据时代发展趋势的数据科学家之一，他有一句名言：世界的本质是数据。2009 年，麦肯锡公司主张将大数据认定为一种重要的生产要素，这种主张不仅得到了社会的广泛认可，并使大数据技术、手段和思想不断地被应用到各个领域和行业。

许多国家在国家信息战略层面开始布局大数据技术。2012 年，美国布局了有关大数据的产业——"大数据研究与发展计划"，并将该项计划作为国家战略，以加大对大数据技术的应用和研究，从而提高国家核心竞争力。欧盟通过开放一些数据平台，促进各行各业运用大数据技术。2013 年，日本政府制定了全新的信息技术战略，重点关注大数据技术，以推动大数据技术的发展。

中国非常重视大数据。2014 年，大数据首次写入中国政府工作报告，大数据逐渐成为各级政府关注的热点。2015 年 9 月，国务院发布《促进大数据发展的行动纲要》，明确提出要实施"国家大数据战略"，将大数据作为基础性战略资源。党的十九大报告提出，要推动大数据与实体经济的深度融合。2021 年 3 月，工信部发布了《"十四五"大数据产业发展规划》，从 6 项重点任务、6 个专项行动、6 项保障措施进行了专项部署，提出未来五年大数据产业发展工作的行动纲领。

自从有大数据概念以来，经过短短的数年发展，与商业智能相关的数据量经历了爆发式剧增，大数据技术犹如为商业智能插上了翅膀而席卷商业世界，彻底改变了商业分析的面貌，并实现了大规模商业应用。2014 年，经济学人智库撰写的一份调查报告显示，在接受调查样本中，有 89% 的大公司高管要么已经使用大数据进行决策，要么计划在未来三年内采用大数据。可见，企业正在应用大数据驱动的决策来帮助组织获取竞争优势。

2016 年，贝恩公司对大数据行业进行了调研，发布了《企业大数据战略指南》，调查显示，北美和欧洲 400 多家年营业额高于 5 亿美元的大型企业中，约60% 的企业对大数据技术进行积极布局和投资，以期能为企业带来良好收益。具备卓越的大数据分析能力的企业具有四个明显特点：

（1）财务业绩处于行业前 25% 的可能性是同行的两倍；

（2）比市场中同类竞争者的决策效率高出五倍；

（3）按计划执行决策的可能性是竞争者的三倍；

（4）在决策中频繁使用数据的概率是竞争者的两倍[①]。

以上几组数据显示，大数据分析对企业有显著作用。如果企业能够最大程度上对企业的数据进行挖掘、处理、分析和应用，且企业的大数据分析能力越强，那么它的盈利水平越高，这将大大提高企业的竞争力。

那么，人力资源管理能否运用大数据技术实现转型升级，从而提高人力资源管理的价值呢？中国人事科学研究院研究员王通讯教授认为，大数据具有数据充足、抓取力强、刷新及时的神通力量，其本质是洞察，即洞察重点、洞察规律、洞察关系、洞察趋势、洞察需求以及洞察秋毫。大数据应用于宏观层面的人力资源管理，能使人力资源管理的发展从"经验＋感觉型"的定性管理走向"数据＋事实型"的定量管理。大数据促进人力资源管理转型升级，即大数据技术促使人力资源管理向精细化、及时化、人性化、智能化方向转型升级。

德勤公司的一份研究报告显示，目前全球企业越来越重视大数据技术在人力资源管理方面的运用，并且将大数据技术应用到分析、预测员工的绩效以及制定更加科学合理的人才管理战略。德勤表示，重视并在人力资源测量和数据分析中增加投资的公司，获得了较好的成效：招聘效率提升了两倍，领导力发展能力以三倍的速度提高，且平均股价比一般企业高 30% 左右。

第二节　人力资源管理的九年之痒

一、"炸掉"人力资源部

自从彼得·德鲁克提出"人力资源"概念以来，人力资源管理工作一直饱受争议。在很多老板眼里，HR 不创造价值，而是个辅助性或后勤部门，不像营销和生产部门那样会产生直接经济效益，它是一个"花钱"的部门：招聘需要花钱、培训需要花钱、支付员工薪酬福利更是一笔庞大的开支……因此，HR 是一个尴尬的存在，但没有 HR 不行，有了又嫌"拖后腿"。尽管 HR 自认为工作已经很努力、很到位了，企业管理者仍然想推进 HR 变革，发挥人力资源部门更大的价值。

关于到底要不要"炸掉"人力资源部的争论，多年来一直争论不休。德勤一份调研报告指出：42% 的企业领导者认为人力资源团队表现不合格。从种种言论的字面意思上可以看到，人力资源的工作并不能得到社会的认同，想"炸掉"人力资源部的领导者在当下比比皆是。

---

① ［美］吉恩·皮斯. HR 的大数据思维：用大数据优化人力成本［M］. 赵磊, 任艺译. 北京：人民邮电出版社, 2018.

（一）为什么不"炸掉"人力资源部

1996年，美国《财富》杂志专栏作家托马斯·斯图尔特提出"为什么不炸掉人力资源部"，他在文章中写道："在你的公司中存在着一个暖洋洋的、昏昏欲睡的，就像是克娄巴特拉（古埃及艳后，用毒蛇自杀）胸脯上的毒蛇一样的东西，这个东西就是你公司中的一个部门，这个部门所属雇员80%的时间都用在了日常性的行政管理事务上，该部门的所有职能都可以让其他部门用更少的时间却更为熟练地去完成。更要命的是，该部门的领导人无法描述出它们对公司的价值增值所作的具体贡献是什么……从招聘广告上看，在这个部门中工作的专业人员的平均薪资水平上年竟然上升了30%。我所描述的当然就是你们公司的人力资源管理部门，因此我想给你的一个小小建议是：为什么不把你的人力资源管理部门炸掉算了？"①

托马斯·斯图尔特称人力资源部为官僚机构，毫无客户导向的服务意识，在高度自动化系统的协助下，人力资源职能的大部分将被外包，这样可以节约成本，减少责任、规避风险。

托马斯·斯图尔特得出的结论是：HR的价值低，可以被其他部门替代。在20多年前的欧美，这个结论给HR以致命打击和伤害。

（二）我们为什么憎恨人力资源

2005年，基思·哈蒙兹在《快公司》杂志发表了一篇题为《我们为什么憎恨人力资源》的文章，他在文章中将HR丑化为一股黑暗的官僚主义力量，称其只会盲目地实施在员工看来荒谬的政策制度。此外，HR拒绝创新，对于员工提出的建设性的变革意见，HR往往起着阻碍的作用。他悉数了人力资源从业者的"四宗罪"：

1. 罪行一：HR论天资不是公司中最聪敏的人

基思·哈蒙兹称，最聪明的人都不进入人力资源行业，现在的HR只有两类人：一是适应不了公司业务节奏，从主流业务中退下来的人；二是立志做与人打交道的工作，希望在职场中帮助他人的人。

2. 罪行二：人力资源从业者追求效率大于创造价值

"为什么HR热衷于追求效率呢？因为相比创造价值，追求效率更容易一些。"HR总是在强调做了什么，而非关注所做的工作到底创造了什么成果，产生了何种效果。

3. 罪行三：HR代表企业的利益在工作

HR每年乐此不疲地进行员工绩效考核，本质上是为了企业利益，而不是员工福利和薪酬。

4. 罪行四：HR经常隔岸观火

HR从业者总是坐在角落，将自己置身事外，直到问题出现，危及自身利益，

---

① Thomas A. Stewart T A. Taking on the Last Bureaucracy People Need People—But Do They Need Personnel? It's Time for Human Resources Departments to Put Up or Shut Up [J]. Fortune, 1996, 133 (1): 105–110.

才会做出改变[1]。

这篇檄文用近乎"刻薄"的语气批判 HR，引起轩然大波，令 HR 站无立锥之地，令痛恨 HR 者拍手称快，将之奉为经典。

（三）分拆人力资源部

闻名世界的管理咨询大师、哈佛大学商学院工商管理博士拉姆·查兰，曾长期担任通用电气、杜邦公司、福特汽车等数十家世界 500 强公司的高管顾问。2014 年，拉姆·查兰在《哈佛商业评论》上发表了《分拆人力资源部》一文，大声疾呼"是时候跟人力资源部说再见了"，在人力资源界和企业界引发强烈反响，令众多 CHO（首席人力资源官）和 HR 们感到惶恐不安。拉姆·查兰提出 HRO（首席人才官）多数是以流程为导向的通才，很少有 CHO 能够将人力资源与真正的商业需求结合起来，HR 只精通自己的专业，对销售、采购、财务、生产了解很少，缺乏专家属性、战略属性，他们不了解关键决策如何制定，分析不出员工或整个组织为何没能达成既定的业绩目标，帮助不了 CEO 的战略方面的人才需求。而那些表现出色的 CHO 大部分都有在销售、服务、制造等业务部门工作过的经历。基于以上观点，拉姆·查兰提出了假设性的解决办法：减少 CHO 职位，将人力资源部一分为二，即分为行政人力资源部（HR-A）和领导力与组织人力资源部（HR-LO），HR-A 主管薪酬和福利，HR-LO 关注如何提高员工的业务能力，两者分别向 CFO 和 CEO 汇报工作。由此，拉姆·查兰的《分拆人力资源部》把对人力资源工作的质疑推到了新高度。

无独有偶，2018 年 4 月 20 日，华为在 2018 年初发起"人力资源管理纲要 2.0"的公开讨论后，华为总裁任正非签发了总裁办第 62 号文件《关于人力资源组织运作优化的讲话——任正非与总干部部及人力资源部相关主管的沟通纪要》，任正非对人力资源部"动刀"了（见图 1.1）。任正非指出，华为现在的人力资源过于权力中心化，容易"指鹿为马"，未来华为的人资体系包括人力资源体系和干部部体系两个系统。"把原来在人力资源部具体管人的权限拿出来，建立一个总干部部。""政策制定的权力在董事会，人力资源部管规则与监督，总干部部管人。"两个部门的分工为：人力资源部负责规则的建议、执行和监管，考核支撑、员工招聘、全员学习与发展等人力资源专业支撑工作；总干部部重点管好后备干部的选拔、培养、考核、弹劾、配股、调薪、奖金评定等日常人力资源管理操作[2]。

人力资源管理的四大传统功能为"选、育、用、留"，对比华为分拆后的职责可以发现，四大职能模块中只有"选"的工作隶属于人力资源部，"育、用、留"则由总干部部负责，人力资源部已经完全定性为"支撑"部门，HR 是执行机构，管规则，但没有制定制度的权力，重服务，而不是管理，管理的权杖交给了总干

① Hammonds K H. Why We Hate HR［J］.Fast Company,2005（97）: 50.

② 华为心声社区,https://xinsheng.huawei.com/cn/index.php?app=forum&mod=Detail&act=index&id=3930743&search_result=1.

部部，这无疑大大削弱了人力资源部的权力。

图 1.1　华为《关于人力资源组织运作优化的讲话——

任总与总干部部及人力资源部相关主管的沟通纪要》部分内容截图

资料来源：华为心声社区，https：//xinsheng.huawei.com/cn/index.php?app=forum&mod=Detail&act=index&id=3930743&search_result=1。

华为为何要拆分人力资源部，大概源于对于 HR 的不满：部分 HR 不懂业务。任正非强调一些基层 HR 基本上不主动学主航道业务，工作时间、业余时间也不下战场，用主观意识管控行使权力，而不是服务。不会识别哪些是优秀干部，也不会判断谁好谁坏，就只会通过增加流程节点来追求完美[①]。

管理上，有一种手段叫"冷处理"：不去干掉你，而是不管你或者让你去做无足轻重的事情，降低你的存在感。久而久之，你要么自己选择离开，要么让组织看到你的价值。华为分拆人力资源部的做法无疑是对 HR 的一种"冷处理"：不是干掉 HR，而是干掉 HR 的权力，让 HR 尴尬的存在，这大大降低了人力资源部的地位，无疑给了全世界的 HR 们当头一棒。

二、CEO 对 HR 的十大灵魂拷问

2020 年 2 月，新冠疫情让云南某企业陷入生死关头，HRD（人力资源总监）提交了一份《关于疫情下人工成本控制的报告》，结果却收到了 CEO 言辞激烈的邮件回复，得到的是全盘否定和强硬指责，此事件在网上引发了广泛关注：20 多

[①] 华为心声社区，https://xinsheng.huawei.com/cn/index.php?app=forum&mod=Detail&act=index&id=3930743 &search_result=1。

万点击量和 700 余条留言，几十个自媒体申请授权转载，发表各自言论者更是不胜枚举。随着事件的发酵，该 HRD 经历了一次全中国 HR 的历史大审判，毅然决然地从该集团公司辞职，并离开了 HR 行业，而该集团公司也做出了撤除人力资源部的决定，并列举了撤销人力资源部的十大理由，对 HR 进行了十大灵魂拷问。

（一）人力资源职能同质化严重

随着互联网深入发展，以招聘、人事管理、保险购买、绩效考核、薪酬核算为基础的 HR 职能，已经完全被技术替代。

（二）人力资源部不具备规划能力

公司战略规划制定者如果不具备人力资源规划能力，他本身就不是一个合格的战略管理者。通常，人力资源部在其中所扮演的角色只是数据统计与说明。

（三）HRBP 是个伪命题

这两年，人力资源部提出并践行 HRBP 职能，效果不佳，反而有业务基础的员工学习 HR 效果更好。业务团队的一个文员，经过短期训练，完全可以基于人力资源系统操作人事基础事务。HRBP 概念的提出，本身就说明了 HR 职能的尴尬和无奈！没有业务驱动的 HR 已成鸡肋。

（四）人力资源核心制度不是人力资源部写的

激励制度是 CEO 最关心且必须亲自组织制定的，人力资源部只提供数据验证，这个财务也可以做。人事任免规则是董事长要考虑的，人力资源部只需要提供人员考核评估工具。但多年以来，这些工具得出的评价结果有失公允！公司宁愿花钱请更加客观的第三方机构运作。

（五）"和稀泥"的工作方式大大降低了组织运作效率

人力资源部在某种程度上已经成为"官僚作风""形式主义"的发源地。在所谓的平衡关系中左右摇摆，看似左右逢源，实则浪费资源。"和稀泥"的工作方式虽然可以缓解矛盾，但与损伤组织运作效率相比，我们定当以组织运作效率提升为优先。

（六）对法律一知半解

最终搞定劳动关系仲裁事件的，一定是法务专员。人力资源部只会尾随其后提供劳动合同、考勤等依据。人力资源部没有真正弄懂劳动关系相关法律，灵活应用更别提！

（七）把招聘做成了数字游戏

招聘是人力资源部对其他部门唯一的价值存在。但是，我们看到的只是毫无意义的招聘 KPI（关键绩效指标），关键岗位人员依旧空缺。内部员工推荐的人才其实和人力资源部没有任何关系，因为内部推荐人才奖励的钱，是业绩部门赚来的！

（八）文化是干出来的，不是感动出来的

什么样的实践塑造什么样的文化。讲一个好听的故事，感动哭一波人，不如员工多创造销售和业绩。放之四海的普世道理，讲多了就成了口号，员工日子越来越穷，最终连喊口号的冲动都消失了。

（九）培训本就不是人力资源职能之一

培训本身是人才梯队建设的手段之一，说教式培训已经逐渐被体验式培训取代，百炼成钢百战成王，把培训经费的 80% 省出来，交给在实践中失败者做学费更有价值！

（十）HR 最终以社会认同谋求职业尊严

HRD 至少 35 岁以上了，转型风险大，提升难度大，个人收益只靠工龄熬，各种协会、峰会、俱乐部变成了 HRD 的热衷。从相互倾慕、资源互换来谋求职业尊严，用人脉圈不断扩张的喜悦麻痹自我革新之苦，本身就是对职场氛围严重污染。

从 20 世纪 90 年代中期开始几乎每隔九年，人力资源管理工作就会被质疑一次，这折射出 HR 的地位缺失，价值得不到认同，这或许就是"HR 的九年之痒"。

第三节　人力资源三支柱

1996 年，托马斯·斯图尔特提出"炸掉人力资源部"，此番言论引发了人力资源理论界和实践界的广泛研讨。九年后，2005 年，基思·哈蒙兹论述了"我们为什么恨 HR"，悉数了 HR 的四宗罪。再隔九年，即 2014 年，拉姆·查兰发出了"分拆人力资源部"的呼声。每隔九年，人力资源管理就面临一次灵魂拷问。古语云："天地之至数，始于一，终于九焉。""九"在《易经》中为阳之极端，代表了"至尊""高深"。事物的发展是螺旋式的，到"九"了，就进入下一个周期，也就是九九归一。逢"九"论道和尖锐的批判，让人力资源管理界不断自省、自我超越、螺旋式发展。通过这几次论战，人力资源管理实现了从职能化人力资源管理，到战略人力资源管理，再到人力资本价值增值管理三个阶段的蜕变[①]。

人力资源的"九年之痒"不禁让我们思考，HR 还有价值吗？怎样才能提升 HR 的价值？如何提升人力资源管理的有效性？

一、人力资源三支柱的理论诞生

（一）"四角色模型"，重新定义人力资源角色

面对业界对于人力资源管理的抨击和质疑，为了让 HR 能有效支撑组织发展战略，更好地支撑组织的多样化业务和管理，为员工提供更多人力资源服务，1997 年，美国密歇根大学罗斯商学院教授、人力资源领域的管理大师、人力资源管理的开拓者、现代人力资源管理之父——戴维·尤里奇（Dave Ulrich）基于

[①] 马海刚,彭剑锋,西楠. HR+三支柱——人力资源管理转型升级与实践创新[M].北京:中国人民大学出版社,2017.

咨询实践和对标杆企业的研究，在《人力资源转型》一书中首次提出"四角色模型"，他认为 HR 要想更好地创造价值应该扮演好四大角色：战略伙伴、效率专家、变革先锋以及员工后盾[1]，如图 1.2 所示。

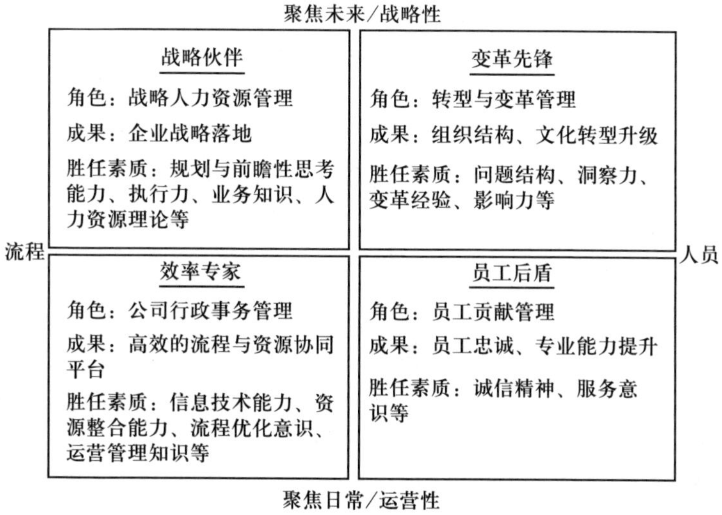

聚焦未来/战略性

战略伙伴	变革先锋
角色：战略人力资源管理	角色：转型与变革管理
成果：企业战略落地	成果：组织结构、文化转型升级
胜任素质：规划与前瞻性思考能力、执行力、业务知识、人力资源理论等	胜任素质：问题结构、洞察力、变革经验、影响力等
效率专家	员工后盾
角色：公司行政事务管理	角色：员工贡献管理
成果：高效的流程与资源协同平台	成果：员工忠诚、专业能力提升
胜任素质：信息技术能力、资源整合能力、流程优化意识、运营管理知识等	胜任素质：诚信精神、服务意识等

流程　　　　　　　　　　　　　　　　　　　　　　人员

聚焦日常/运营性

图 1.2　HR 四角色模型

资料来源：［美］戴维·尤里奇. 人力资源转型为组织创造价值和达成结果［M］. 李祖滨，孙晓平译，北京：电子工业出版社，2015.

1. 战略伙伴

战略性人力资源管理要求 HR 扮演好四角色中战略合作伙伴这一角色。它强调 HR 能够积极参与到企业战略制定中，在人力资源管理过程中能以公司战略为导向，能够设计匹配公司战略发展的组织结构、组织文化和变革方案，确保企业的人力资源战略与自身发展战略拥有高度的一致性。

2. 效率专家

基础事务流程管理要求 HR 扮演好四角色中效率专家这一角色。HR 在提高企业工作效率方面要发挥重要作用，要求 HR 能搭建资源优化配置的平台，通过企业的组织流程再造，对组织流程进行梳理，从而高效地完成其基础性业务活动。另外，HR 要成为人力资源服务的运营专家，从而使 HR 不断优化服务流程，提高服务质量，降低人力资源运营成本，提高管理效率。

3. 变革先锋

人力资源管理转型与变革要求 HR 扮演好变革推动者这一角色。HR 要作为变革先锋，应具备发现问题的意识和洞察力，能在不确定的、复杂的、动荡的多因素交叉的环境中发现问题的症结所在，并提出有建设性的意见和建议，能推动流

---

[1] Ulrich D. Human Resource Champions：The Next Agenda for Adding Value and Delivering Results［M］.Harvard Business School Press，1997.

程重组和文化再造，提供合适的变革模型、管理工具及方法，从而确保企业变革的顺利开展。

4. 员工后盾

员工贡献管理要求 HR 扮演好员工支持者这一角色。HR 不但要服务好组织，还应该成为员工最信赖的人，为员工代言，HR 要善于倾听员工的意见，积极行动并及时向高层反馈。同时，通过企业文化、管理机制和管理体系的设计，为员工提供通畅的职业发展通道，为员工提供更多培训和职业发展机会，不断提高企业员工的敬业度和满意度，促使员工为组织贡献更多的价值，并为自身的职业发展增值。

人力资源"四角色模型"重新定义了人力资源管理的战略价值，对人力资源管理产生了较为深远的影响，被很多优秀企业付诸实践，为人力资源"三支柱"管理模式奠定了深厚的理论基础。

（二）结果导向，重新界定 HR 理念

20 世纪 90 年代初，围绕"是否炸掉人力资源部门"，美国学术界掀起了一轮争论。许多 HR 专家、学者与托马斯·斯图尔特展开激烈论战，为人力资源部创造的价值和做出的贡献进行论证及辩白。面对专家、学者对人力资源管理的批判，戴维·尤里奇冷静地反思，用理论、实践率先为 HR 发声、为人力资源部门正名、为 HR 的价值辩护，让学术界和实践界重新审视 HR 扮演的角色，重构 HR 的部门架构，让 HR 重拾专业自信、重塑 HR 的专业地位。

戴维·尤里奇指出，"是否炸掉人力资源部"不是一个好的问题，一个好的问题一定是有价值的，好问题本身及答案对解决问题是有建设性意义的，可以引领人们跨越理想与现实之间的鸿沟。最应该思考的问题不是要不要炸掉人力资源部，而是人力资源部该如何更好地创造价值？戴维·尤里奇非常巧妙地转移了人力资源理论界和实践界的视线，把争论的焦点从"要不要炸掉人力资源部"转向"人力资源部该如何更好地创造价值"。他认为人力资源部门拆与不拆并不重要，重要的是 HR 要懂得经营，从官本位、专业的 HR 转变为熟悉业务、创造价值的 HR。HR 如何才能创造价值呢？戴维·尤里奇建议 HR 从四个方面做出转变：

（1）HR 的重心要转向企业价值链；

（2）HR 要提升企业盈利能力；

（3）HR 要聚焦提升组织能力；

（4）HR 要吸引和保留关键人才。

因此，HR 要转变理念，工作理念从"过程导向"转向"结果导向"，从关注"做了什么"转向"取得了什么成果"，即重点关注 HR 的工作产出是什么，给企业创造了什么价值。

（三）三支柱，重构人力资源治理结构

针对拉姆·查兰"拆掉人力资源部"的犀利言辞，2014 年 10 月，戴维·尤里奇在《哈佛商业评论》发表《不要分拆人力资源部》一文，大声疾呼"在不分拆人力资源部的情况下，CHO（首席人力官）也可以做得更好。""当 HR 能够在人才、领导力和组织能力方面为高层领导提供洞见时，他们就在创造巨大的价值。我认为与业务出身的 HR 相比，科班出身的 HR 能够在以上三个方面做得更好。"拉姆·查兰对整个 HR 群体的抨击"有些简单粗暴，显然也不公平。"[1]

（四）新型人力资源管理模式的诞生——HR 三支柱

人力资源三支柱模型的诞生，最初是从共享服务中心逐步演进而来。如图 1.3 所示，为提高运营效率，降低企业成本，福特、通用电气、杜邦等先后建立了财务共享服务中心，20 世纪 80 年代，通用电气（GE）在财务共享中心概念基础上进一步建立了人力资源共享服务中心，成为共享服务中心在人力资源管理领域的最早尝试者。20 世纪 90 年代，在 IBM、惠普、杜邦和微软等一些北美和欧洲企业掀起了共享服务中心的热潮[2]。根据德勤和国际数据公司所做的调查，早在 2003 年就已经有超过 60% 的《财富》500 强公司设立了共享服务中心[3]。花旗集团商业服务年度调查报告显示，2002 年，超过 90% 的欧洲 500 强企业已经或将要建立共享服务中心[4]。

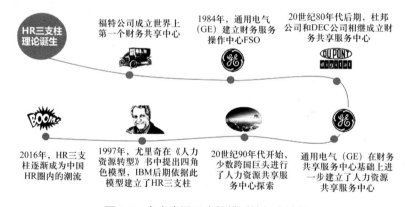

图 1.3　人力资源三支柱模型的衍生过程

资料来源：德勤.员工体验——HRSSC 先行，向人文体验迈进［EB/OL］. https：//www2.deloitte.com/cn/zh/pages/human-capital/articles/2020-china-human-capital-hrscc-experience-ahead.html.

在此期间，戴维·尤里奇开展了很多探索和研究工作。1987 年，戴维·尤里奇对 8000 多位 HR 的胜任素质开展了调查研究，得出一个结论：HR 要满足胜任

---

① Ulrich D. Do not Split HR-At Least not Ram Charan's Way［J］. Harvard Business Review Digital Articles，2014（7）：30.

② 李进生，赵曙明.VUCA 时代人力资源管理模式创新的取向与路径——以"三支柱"模式为主线[J].江海学刊，2021（5）：90-96.

③ Zeynep A O，Masini A.Effective Strategies for Internal Outsourcing and Offshoring of Business Services：An Empirical Investigation［J］.Journal of Operations Management，2008，26（2）：239-256.

④ Citigroup. Citigroup Business Services Annual Survey of European Shared Services［R］. NewYork：Citigroup Inc.，2002.

条件，需向业务伙伴转变①。1995年，戴维·尤里奇发现，与战略保持一致性的人力资源实践对组织绩效有重要影响，在系统论述共享服务理论的基础上，首次提出了人力资源共享服务中心理念②。

1997年，戴维·尤里奇在《人力资源转型》一书中提出了人力资源"四角色模型"理论，尽管"四角色模型"为人力资源管理带来了全新的视角，但企业界在践行的时候，发现"四角色模型"很难与部门或者岗位逐一对应，造成一个HR要同时扮演多重角色，于是HR变成了HR通才，而不是HR专才，不利于"四角色模型"的专业发展。

戴维·尤里奇经过长达17年的持续探索，在组织层面对人力资源管理部门进行了重构，提出了人力资源管理组织再造、流程再造的可行性方案，他认为，HR部门应该像企业一样运作，其职责应进行分工，他将整个人力资源管理部门及其相关的所有职能划分为人力资源专家中心（Human Resource Center of Expertise，HRCOE）、人力资源共享服务中心（Human Resource Shared Service Center，HRSSC）和人力资源业务伙伴（Human Resource Business Partner，HRBP），以此保证"四角色模型"的落地实施，并在2007年正式提出了"三支柱"人力资源新型管理模式。国际商业机器公司（International Business Machines，IBM）在戴维·尤里奇提出的三大中心构想的基础上，根据自身企业的实际情况，对人力资源管理部门及其职能进行了调整和重组，最终演变成为今时广为流传的"人力资源三支柱"③。

HR三支柱模型对企业的人力资源部门进行了重新定位，新型定位下的运作模式从功能导向转变为了业务导向，这种转变要求企业的人力资源管理为了实现其业务增值，必须如同业务单元一样运作。人力资源三支柱模型是将传统的人力资源六大模块功能进行重组，在基础的事务性工作上增加了对业务的关注度。专家中心制定政策，再由HRSSC执行政策，业务伙伴促进政策执行并将问题反馈回HRCOE，HRCOE对政策进行调整形成服务循环。人力资源三支柱模式（见图1.4）也称服务型人力资源模式，由HRCOE、HRBP和HRSSC组成。人力资源三支柱将人力资源管理部门和人力资源管理专业人员从传统的事务性工作中解放出来，使他们的工作更具战略性和专业价值。

1. HRCOE

HRCOE在企业中承担人力资源战略设计任务，设计组织的战略、目标和计划。COE是人力资源领域中的专家，其主要职责是为业务部门提供关于人力资源相关工作的专业咨询，以提升企业人力资源管理工作的效率；参与制定企业的中长期人力资源规划，帮助企业管理层制定未来的人才战略，同时为业务伙伴提供技术支持，其工作内容主要为人力资源管理六大职能模块中专业性较强的工作，

① Ulrich D.Strategic Human Resource Planning: Why and How? [J]. Human Resource Planning,1987, 10(1): 37-56.

② Ulrich D.Shared Services: From Vogue to Value [J].Human Resource Planning, 1995, 18(3): 12-23.

③ 马海刚,彭剑锋,西楠.HR+三支柱——人力资源管理转型升级与实践创新[M].北京:中国人民大学出版社,2017

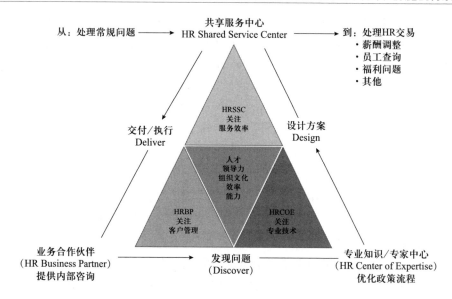

图 1.4 人力资源三支柱模型

资料来源：马海刚，彭剑锋，西楠：HR+三支柱——人力资源管理转型升级与实践创新〔M〕.北京：中国人民大学出版社，2017.

并从专业角度协助企业制定以及完善人力资源方面的各项管理制度，指导 HRSSC 开展服务活动。为了确保三支柱模式能够顺利地运行，HRCOE 要及时挖掘信息化系统中的数据并进行分析，对企业战略做出调整，及时了解 HRBP 和 HRSSC 的动向，促进企业战略有效推进。

HRCOE 需要具备业务知识、以客户为导向、沟通能力、系统分析能力、谈判和冲突解决能力、良好的信誉与诚信等专业核心能力，还需要具备影响和说服能力、管理咨询技能、推动和实施变革的能力以及合作和团队建设的能力等咨询能力[1]。

2. HRSSC

HRSSC 主要负责将企业中各部门与人力资源管理相关的基础行政事务性工作进行整合后做统一处理。它侧重于执行维度，以规范化的方法集中交付与解决事务性工作，改善 HR 的作业效率，节约企业的用工成本。德勤和国际数据公司对《财富》500 强企业的调查表明，共享服务项目的投资回报率平均为 27%，员工人数可以减少 26%[2]。美国管理会计师协会（Institute of Management Accountants，IMA）对《财富》500 强企业中实施和未实施共享服务的公司进行了比较，研究结果表明，后者所选择的六项共享功能的成本平均下降 83%[3]。

---

① Yeung A，Woolcock P. John SullivanIdentifying and Developing HR Competencies for the Future：Keys to Sustaining the Transformation of HR Functions〔J〕.Human Resource Planning，1996，19（4）：48-58.

② Tim R.Tech Report：Shared Services Share Where〔J〕.CFO，2000，16（10）：101-106.

③ Denburgh E V，Denis C.Doing More with Less〔J〕.Electric Perspectives，2000，25（1）：44-55.

同时，它能让 HR 得以把更多的精力置于与业务层、战略层有关的管理事务上，继而将 HR 从基础的行政事务性工作中解放出来。HRSSC 是将企业人力资源日常工作中涉及的各种信息统一集中起来，建立一个能够达成"统一处理方式"的服务中心，以确保各项业务能够协调运转；HRSSC 通过平台运营、数据分析为企业人力资源正常的制定提供数据和信息[①]，同时提供标准化、统一化的业务流程，方便员工在操作上简单容易上手，提高日常事务的工作效率。

3. HRBP

HRBP 是企业人力资源部与其余各职能部门间进行联系和沟通的重要载体。它需要深入了解和关心 HR 多个层面的职能诉求及其与各业务部门的业务需求。在管理的全过程，HRBP 既能应对各业务系统出现的问题，又能够结合自身专业能力来发掘各业务系统日常管理活动中存在的问题，进而增强自己的工作效率，促成满意的工作效果。HRBP 协助业务领导进行组织管理、团队管理和人员管理等工作。HRBP 运用专业知识和工具主动挖掘业务部门的人员需求、培训需求、薪酬激励、绩效考核等人力资源诉求，解决业务部门的问题，优化流程。HRBP 在业务决策上提出关键性的意见，同时为员工解答困惑。

HRBP 既需要掌握企业的运营模式、运营考核体系、财务报表、核心流程企业文化、公司业务等业务部门的知识，又需要掌握市场细分客户、竞争对手等企业所在行业的知识。另外，Robinson 提出，HRBP 需要具备分析能力，业务知识、变革管理能力、HR 体系和流程知识、战略性思维能力等[②]。

4. 人力资源三支柱之间的关系

人力资源三支柱模式使企业人力资源服务发挥了巨大效用，优化了"人"和"物"资源的配置。HRSSC 以业务效能为核心，以人力资源服务为定位，以信息手段实现简单、准确、共享的人力资源服务。HRBP 以客户管理为核心，是企业各部门间的业务合作岗，通过具体操作、识别、指导和纠正，满足企业的人力资源需求。HRCOE 注重设计方案的卓越性，定位高质量的人力资源管理，结合企业实际合理配置企业资源，以有限的资源实现效益最大化。

人力资源三支柱之间的流程关系：HRBP 实现与客户的沟通，识别业务中的实际问题，汇总问题并反馈给 HRSSC，HRCOE 分析问题并制定最佳解决方案，然后通过 HRSSC 反馈给客户。总体而言，HRBP 寻找问题，再交由 HRCOE 处理，HRSSC 提供后续保证，确保整个人力资源服务内容和标准的一致性与高效性。

5. 人力资源三支柱与人力资源四角色模型的关系

HRCOE 负责战略价值选择，它与人力资源"四角色模型"重点战略伙伴、变革先锋遥相呼应。HRBP 是人力资源通才，既要具备人力资源管理的专业技能，同

① Reilly P, Wlliams T. How To Get Best Value From HR: The Shared Srvices Option［M］. Gower Publishing Ltd., 2003.

② Robinson D G, Robinson J C. Strategic Business Partner: Aligning People Strategies with Business Goals［M］. San Francisco: Berrett-Koehler Publishers, 2005.

时，又要了解自身所在业务部门的业务。因此，HRBP对应"四角色模型"中的变革先锋、战略伙伴和员工后盾等多重角色。HRSSC负责人力资源平台和服务的选择，与它对应的是人力资源"四角色模型"中的效率专家和员工后盾。人力资源管理学术界和实践界一同用人力资源三支柱较好地回应了基思·哈蒙兹的质疑[1]。

二、人力资源三支柱的实践发展

自人力资源三支柱理论被提出以来，经由企业界近20年的不断探索和发展，逐步被公认为是一种行之有效的人力资源管理模式。IBM公司早在20世纪90年代初就着手推行HR三支柱，是名副其实的"第一个吃螃蟹的人"，它首次将HR三支柱全面地运用到企业实践中，历经十余年的尝试与摸索，重新规划和定位了人力资源部，并于2007年正式提出人力资源三支柱模式。之后，随着IBM在三支柱的成功运用，HR三支柱理念被国外知名企业广泛接受并开始运用于企业人力资源管理实践。随后，美国杜邦、美国数字设备公司（DEC）、通用电气等企业分别建立了HRSSC。随后HR三支柱在世界500强企业中广泛使用，为企业获得竞争优势提供了人力资源支持。

2021年8月12日，薪人薪事HR科学院联合中国人民大学劳动人事学院共同发布《2021中国企业HR数字化转型成熟度调研报告》，调研结果显示，中国已经有29%的企业采用了人力资源三支柱模式，其中，53%的企业认为人力资源三支柱模式达到了预期效果；近50%没有采用三支柱模式的企业表示将在未来5年内尝试三支柱模式（见图1.5）。相信在不久的将来，人力资源三支柱模式将成为人力资源的主流管理模式。

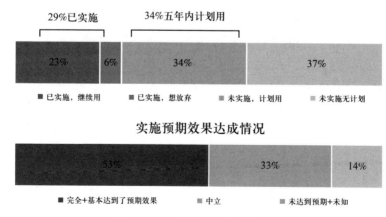

图1.5　人力资源三支柱实施情况

资料来源：德勤.2021中国企业HR数字化转型成熟度调研报告［R］.2021.

---

[1] 马海刚.HR+数字化：人力资源管理认知升级与系统创新［M］.北京：中国人民大学出版社,2022.

（一）人力资源三支柱对企业的价值

企业通过搭建人力资源三支柱模型，设置 HRBP、HRCOE、HRSSC 岗位，利用专业力提高人力资源工作效能，解决疑难问题，更好地了解企业、支持企业。

HRCOE 是领域专家，它的核心价值在于服务企业决策层，参与企业战略制定，并根据 HRSSC 和 HRBP 提供的基本数据，结合对企业外部环境发展变化的研究，制定、调整企业人力资源战略。另外，在 HRBP、HRSSC 遇到无法解决的问题时，HRCOE 第一时间提供必要的支持。因此，HRCOE 解决了 HR "上" 不能支撑企业战略的问题。

HRBP 协助业务部门经理进行组织管理、团队管理和人员管理，它主动洞察业务部门的人力资源管理需求，提供 "特种部队式" 的精准支持[①]，使人力资源可以更贴近业务，方便提供定制化、及时化、专业化的服务。因此，HRBP 解决了 HR "下" 与业务部门脱节的问题。

HRSSC 提供标准化、自助化、数据化、一体化的人力资源服务平台支撑。HRSSC 一方面可以实现企业人力资源数字化转型，另一方面使 HR 从基础性和事务性工作中解脱出来，提高了人力资源管理工作效率，从而专注于企业更重要的人力资源问题。

三支柱模式下的人力资源管理，既能有效支撑企业战略，又能服务于企业业务发展需要；同时，帮助 HR 从服务型向战略型、从管理驱动向业务驱动、从同质化向定制化转型，发挥更多的战略功能[②]。

（二）人力资源三支柱与大数据的关系

1. 以 HRSSC 牵引人力资源 "四化" 转型

面对组织新挑战和信息技术的飞速发展，为实现人才驱动的增长，组织亟须快速推进人力资源转型，为未来发展做好准备，那么人力资源如何转型呢？

工业时代的人力资源管理模式主要关注项目和职位，HR 负责人才招聘、薪酬福利发放、人力资源管理的合规以及职位设计。互联网兴起后，人力资源管理职能重点转移到流程和人员上，人力资源管理最关注 "管理效率"。如今，随着第四次信息技术革命的来临，数字化技术的强势推动使得 HR 持续展开管理模式的变革性转变，人力资源运营模式的演进方向已经逐渐由传统的、静态的转变为动态的、互联的。德勤将企业人力资源转型归纳总结成为四个阶段：

（1）HR 1.0 线上化：将人力资源基础模块信息从线下搬到线上，实现规范运营与效率提升；

（2）HR 2.0 体验化：优化并提升人力资源流程（如 "入、转、调、离"）的效率和体验；

---

① 马海刚.HR+ 数字化：人力资源管理认知升级与系统创新［M］.北京：中国人民大学出版社,2022.

② 张正堂.HR 三支柱转型：人力资源管理的新逻辑［M］.北京：机械工业出版社,2018.

（3）HR 3.0 数字化：强化信息技术在人力资源管理中的使用，嵌入移动端、大数据，增强员工体验；

（4）HR 4.0 智慧化：打造人力资源管理数字化的运营平台，为业务提供科学、有效的预测与分析[①]。

目前，多数企业的人力资源管理处于 HR 1.0 或 HR 2.0 阶段，并将 HR 转型目标定位在 HR 3.0 或 HR 4.0 阶段。如图 1.6 所示。

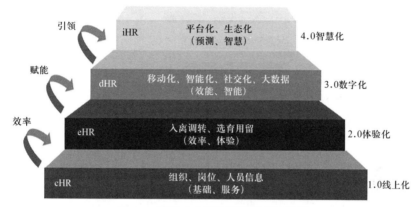

图 1.6　德勤人力资源转型路径四阶段

资料来源：德勤 . 以 HRSSC 牵引人力资源"四化"转型［R］.2020 年中国地区人力资源共享服务调研报告，2020.

近十年来，中国企业纷纷尝试人力资源转型，其中，HRSSC 建设是人力资源转型的关键环节，由此带来了人力资源的第一次"共享潮"。在第二次"人力共享潮"中，《德勤 2020 年中国地区人力资源共享服务调研》显示（见图 1.7），各企业建立 HRSSC 目的除降低运营成本、优化流程和提高服务质量外，推进人力资源数字化转型及战略转型也成为非常重要的目的之一，这是因为众多企业重新思考 HRSSC 的定位与价值，尝试以 HRSSC 为起点和抓手，优先整理和规范数据，提升人力资源管理标准化水平，释放 HR 的精力，以进一步促进人力资源的转型升级、提升 HR 价值与影响力。

德勤在《2017 德勤全球人力资本趋势报告——改写数字时代的规则》中指出，当企业整体趋于数字化管理，人力资源部门应成为企业数字化管理的领导者，这要求人力资源部门不仅要建立数字化管理平台，还要发展数字化的工作环境和数字化人才，并采用大数据技术以改变人们的工作方式和交流方式。值得一提的是，人力资源数字化管理的发展前景非常清晰明了，越来越多的平台、技术和工具可协助打造人力资源数字化管理的企业、人力资源和工作环境。

[①] 德勤 . 以 HRSSC 牵引人力资源"四化"转型［R］.2020 年中国地区人力资源共享服务调研报告，2020.

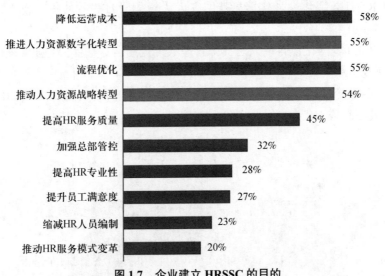

图 1.7　企业建立 HRSSC 的目的

资料来源：德勤．以 HRSSC 牵引人力资源"四化"转型［R］.2020 年中国地区人力资源共享服务调研报告，2020.

2. 人力资源管理技术现代化转型

随着人力资源管理向 HR 3.0 阶段迈进，人力资源三支柱提倡由管理走向服务，因此，人力资源管理更侧重于考虑员工体验而非流程卓越化。对于组织而言，部署一致且集成的人力资源数据架构至关重要。于是，企业将人力资源系统迁移到云端，实现可扩展性和灵活性；利用 AI 提升员工体验感；在 HR 团队中培养分析、人工智能和机器学习（Machine Learning，ML）等高科技技能（见图 1.8）。

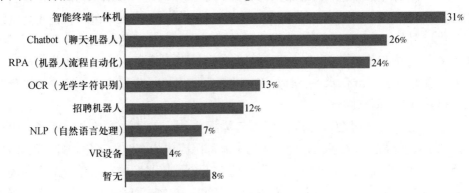

图 1.8　HRSSC 平台使用的技术手段

注：2018 年调研结果为 42%。

资料来源：德勤．以 HRSSC 牵引人力资源"四化"转型［R］.2020 年中国地区人力资源共享服务调研报告，2020.

比如，在 HRSSC 领域广泛应用，智能终端一体机因其提供了便捷高效的查询、打印、证件获取、文件签署等功能，大大释放了 HR 的精力。同时，各类智能机器人的应用领域越来越成熟和广泛，如 Chatbot 聊天机器人、招聘机器人等。聊天机器人广泛用于员工咨询领域，帮助 HR 回答了 90% 的员工咨询问答。

◎**名企实践**

德勤智能机器人，招聘数字化智能助理

在招聘应用领域，招聘机器人应运而生。德勤开发了一款智能机器人 Amelia，作为招聘数字化智能助理，Amelia 同时具备文字和语音两种响应方式，并支持多种语言与应聘者进行沟通与人机交互，也可以使用自然语言引导用户完成业务流程，并根据文字分析识别用户的情绪状态（见图 1.9）。根据求职者的职业目标和能力指引或推荐匹配的空缺职位，并根据求职者提问的招聘问题进行咨询应答，提升了岗位申请的精准度，大大缩短了人才筛选的时间，大大释放了 HR 的精力，提高了应聘者体验。Amelia 还是一个聊天机器人，它可以充当数字员工，具备完善的自然语言处理（Natural Language Processing，NLP）能力和内置的流程执行工具，并可以根据用户的意愿采取相应行动[1]。

图 1.9 智能机器人

资料来源：https：//view.inews.qq.com/k/20201204A0HPR600?web_channel=wap&openApp=false.

3. 大数据赋能 HRSSC 提供卓越服务

2020 年以后，随着信息化、数字化的持续推进，在 HR 由传统的职能部门向三支柱转变的过程中，无论是企业对于人力资源管理的需要，还是员工对于服务体验的诉求，HRSSC 的建设和完善亟须信息化平台、数字化平台、移动化平台的支撑。为了提升 HRSSC 的工作效率和服务质量，HRSSC 开始布局人力资源数字化管理。《德勤 2020 年中国地区人力资源共享服务调研》表明，系统管理、数据管理开始成为 HRSSC 的重要服务内容之一，特别是各行业龙头企业中，将人事系统管理、数据管理、统计分析与管理报告作为 HRSSC 主要服务内容的比例高于平均水平约10%。依托人力资源数字化系统，HRSSC 可开展日常信息维护、处理员工考勤、薪

---

[1] 德勤.六大关键发现助力第二次"人力共享潮"的企业弯道超车[R].2020 年中国地区人力资源共享服务调研报告,2020.

酬核算和人事薪酬数据统计、处理员工端的各类服务查询和问题解答[①]。

数据赋予人力资源管理部门借助数字证据做出正确决策的能力，特别是与组织整体战略息息相关的决策。大数据在人力资源管理领域的应用主要体现在对人才的分析上，即和人有关的所有方面，如薪酬、绩效、员工离职率等。为了从收集到的海量数据中获得洞察，领先的公司对人力资源分析进行大量投资，收集来自组织内外的实时、非结构化数据，并在人力资源部门培养深度的专业知识和技能，再加上先进的分析工具和 AI 技术的加持，利用大数据技术为组织相关人才管理决策提供数据信息，并提高决策的含金量。这既规范了 HRSSC 工作流程，拓展了专业服务范围，也提升了客户满意度，拔高了人力资源共享中心的定位，使 HRSSC 从事务处理中心转变为业务提供价值的服务中心或卓越中心。

（三）大数据在人力资源三支柱中的应用——以腾讯为例

2012 年是中国的大数据元年，虽然中国的大数据研究与应用比国外晚了将近十年的时间，但一些优秀的先驱互联网企业纷纷布局大数据的研究。经过数十年的发展，BAT（B 指百度、A 指阿里巴巴、T 指腾讯）作为中国互联网巨头坐拥数据金矿，工作过程产生的数据可达 GB 级别。随着人力资源数据的不断增长，结合 BAT 三巨头领先的大数据理念与分析技术，三巨头的 HRSSC 不谋而合地在人力资源管理领域布局大数据，试图将大数据作为其产品、服务在分析和预测领域的延伸，以实现人力资源转型成为价值创造者的目标。

◎名企实践

大数据在腾讯人力资源三支柱中的应用

腾讯公司作为国内首屈一指的互联网头部企业，已是中国最大的互联网服务提供商。在大数据的基础设施方面有着先天优势。腾讯是中国最早开始在人力资源管理领域布局和实施大数据的企业，并为其他企业提供第三方大数据管理服务，因此，腾讯的大数据人力资源管理最为成熟。腾讯的人力资源实现大数据管理经历了如下几个阶段：

2010 年 3 月，腾讯提出创建由共享服务中心、专家中心和业务伙伴组成的人力资源三支柱组织结构。

2010~2011 年，腾讯正式启动人力资源信息化项目，实现了将信息"孤岛"及系统数据的大整合，加强数据决策力，提升人力资源服务质量。

2012 年，腾讯启动换"心"工程，将大数据同人力资源领域进行了连接，通过 PeopleSoft 人力资源软件搭建起了一个 HR 的数据库。

2013 年，腾讯 SDC 与微信团队开发了基于移动端的人力资源产品——HR 助手，以微信企业号的形式为员工提供便捷、快速的人力资源服务。

① 德勤．六大关键发现助力第二次"人力共享潮"的企业弯道超车[R]．2020 年中国地区人力资源共享服务调研报告，2020

2014 年，为了提升其人力资源管理工作的效率，腾讯将人力资源共享服务中心（SSC）升级为共享交付中心（Shared Deliver Center，SDC），SDC 内部成立了人力资源大数据团队，旨在为用户提供更加全面的服务和体验。通过在人力资源价值方面的重新定位，腾讯确保人力资源部门成为推动和执行公司战略的可信赖的合作伙伴。

2015 年，COE 邀请外部顾问建设活力实验室。

腾讯大数据团队由 SDC 中心直管。大数据为最底层的核心技术，为大数据平台的建立奠定了坚实的基础，不断为各个平台提供丰富的数据。因此，腾讯的人才数据非常完善。腾讯的大数据人力资源管理的具体实践大致如下：

1. 人力资源大数据平台的搭建

大数据的处理需要一个良好的数据平台，为此腾讯开启了人力资源大数据基础设施的建设，SDC 在平台建设过程中有着举足轻重的作用。腾讯的人力资源大数据架构自下而上包括四层：源数据层、派生数据层、建模层、应用层。源数据层解决数据汇集和数据质量问题。派生数据层聚焦分析效率和标准化，建立全面、统一、易于调取的派生数据。数据建模是问题分析的思路或逻辑大纲，建模层关注问题分析应包括哪些模块。应用层解决大数据的应用场景以及需求响应和落地方面的问题。腾讯 SDC 根据业务需求，自下而上建立了信息建设中心、系统开发中心等，形成了部门内的产品闭环。

2. HR 三支柱协同合作

COE 负责专业建议的提出，明确方向，制定政策；HRBP 负责人力资源领域的数据模型的效果验证和落地，并反馈意见和建议；SDC 负责所有数据的收集、清理、分析及数据建模。在三个模块的合作下，大数据为人力资源策略提供了一个闭环支持，也变得更加有实践意义。如图 1.10 所示。

（1）HRCOE——HRM 的研发设计。COE 是腾讯人力资源管理体系中提供专家支持的部分，在腾讯的人力资源三支柱体系中，COE 发挥着面向未来的前瞻性牵引作用，负责面向未来的人力资源政策、制度和流程研究与制定，是企业未来变革活动的加速器。腾讯 COE 由人力资源部、腾讯学院、薪酬福利部、企业文化与员工关系部四个部门构成，其主要职责是根据企业自身战略制定未来的人力资源战略，在各专业领域推动变革，为公司及业务创造价值（见图 1.11）。

（2）HRBP——满足现场的业务需求。腾讯的 HRBP 负责企业内各业务部门的工作，是在各个事业群内从事人力资源管理工作的人员，HRBP 紧贴业务部门，对于迅速发现个人和企业团体中的人力资源管理问题至关重要。腾讯有七个事业部群和一个职能系统，每个板块下都设有一个 HRBP 中心，他们作为业务部门的专业人力资源顾问，需要诊断并满足不同的业务部门的独特需求，为业务部门提供相对灵活的解决方案。

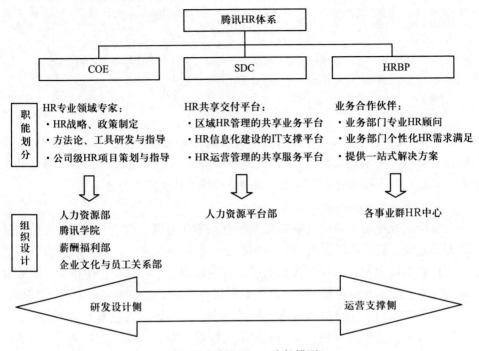

图 1.10　腾讯 HR 三支柱模型

资料来源：马海刚.HR+ 数字化：人力资源管理认知升级与系统创新［M］.北京：中国人民大学出版社，2022.

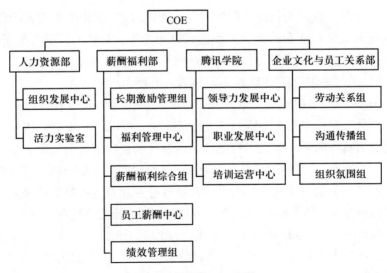

图 1.11　腾讯 COE 架构

资料来源：马海刚，彭剑锋，西楠.HR+ 三支柱——人力资源管理转型升级与实践创新［M］.北京：中国人民大学出版社，2017.

（3）SDC——HR 工作高效交付的专家。在腾讯的人力资源三支柱体系中，SDC 扮演着系统支持的角色，发挥着体系支撑的作用，是一个为企业有效提供人力资源服务以及相关产品的平台。腾讯的 SDC 包括信息建设中心、系统开发中心、运营服务中心和"北上广成"四个区域人力资源中心。SDC 的主要职责是完成人力资源管理的日常职能工作，实施 COE 制定的人力资源战略；根据 HRBP 提供的各业务部门人力资源需求，SDC 处理招聘、培训、员工关系管理等人力资源需求。

3. 大数据在人力资源相关模块的具体实践

（1）人才供应产品线。腾讯 SDC 主要分为三大产品线和两大基础平台：人才供应产品线（人才供应链）、助能产品线（能力成长链）、员满专案产品线（员工服务链）、HR 信息服务平台以及人力外包服务平台。

人才供应产品线在工作中，SDC 通过灵活多样的手段，帮助业务部门打造进行选拔人才的招聘服务产品。其中，SDC 的"人才早市"和"移动伯乐"等产品能够在企业挑选人才的过程中发挥有利作用，提高选拔人才的效率。

腾讯考虑到 HR 交付管理的能力不仅包括具备选人用人的知识，还需具备交付的理念和使用工具的能力。为此，腾讯设计了一个人才输送的产品——"人才早市"。在腾讯内部人才库中，有着数十万的人才数据，在进行选拔过程中，首先是机器进行初步筛选，以标签化的方式快速收集 10 万份，并筛出 1 万份，然后进行人工筛选进一步匹配，确定与职位相匹配的 300 份，最后利用"人才早市"将选出的人才输送到当下各紧急业务口[①]，从而使人才招聘服务从"被动响应"走向"主动服务"。如图 1.12 所示。

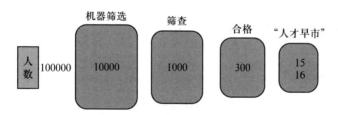

图 1.12　人才筛选过程

资料来源：http：//www.360doc.com/content/20/1219/11/37044708_952341636.shtml.

移动伯乐被腾讯认为是选拔人才效率最高的渠道，腾讯内部 46% 的人才都来源于该渠道。腾讯员工（伯乐）无论在何场景发现适合腾讯的人才时，可以随时随地将发现的人才上传到移动 App 端（登录移动伯乐系统），"移动伯乐"可以实现人才标签化基础上的精准配置。

（2）利用大数据设计培训体系。在培训方面，通过大数据平台分析和 E-learning 上面的数据分析员工的学习时长、个人学习喜好和最受欢迎课程，并根据这样的数据设计最有效的培训体系和课程体系，以提高培训效率和效果，节省

---

① 马海刚. 移动互联网时代腾讯 HR SDC 的新生态［J］. 中国人力资源开发，2015（18）：6-10+19.

培训成本。

（3）利用大数据构建人才评估模式。腾讯积极探索大数据与员工招聘的融合，HRSDC大数据团队利用大数据分析技术，构建了基于大数据的人才评估模式，并将各职位的胜任力模型与应聘者的个人资料进行比较，从而更好地指导企业进行人才的选择[①]。

腾讯在招聘过程中善于运用大数据手段，将求职者的信息进行有效整合，之后通过技术的预测和推算，筛选出最适合该岗位的人才，从而实现人力资源的最优化配置。比如，在招聘过程中，腾讯人力资源部通过网络的方式，向各业务单位的面试者提供一套网络招聘系统，并且在企业内选取至少3名在岗位上表现突出的优秀员工，对3名员工进行数据收集、整理、建模和分析，找出优秀员工优秀的根源，进而反推出一个优秀员工应该具有的行为特征，并据此更好地反推出胜任该岗位需要具备的能力，在人才测评中有针对性地设计出相应的面试题目，进而从海量的应聘者中迅速选出优秀的人才，实现"人"与"岗"的二次匹配。当然，这样的匹配是一种双向的，它打破了传统单一化的招聘方式，因为它既可以根据岗位的需求进行人才推荐，又可以根据人才的需求进行岗位推荐，这有效地解决了传统招聘中的主观性和片面性，使得招聘变得更加合理化。

第四节　拥抱变化

一、新时代人力资源管理的特点

（一）人力资源管理向三支柱模型转变，由管理转向服务

人力资源三支柱转型大大提高了HR的管理效能和工作效率。HRSSC是企业集团将各业务单元与人力资源管理有关的行政事务性工作集中起来，建立一个服务中心。通过HRSSC提供标准化、流程化的服务，使主管和HR从操作性事务中释放出来，提升HR整体服务效率。与传统管理模式相比，HRSSC的定位发生了根本性的变化，主要职能从过去的人力资源管理者转变为人力资源服务的提供者[②]。

（二）人力资源管理数字化转型

大数据时代，数据已成为国家基础性战略资源。因互联网、大数据、人工智能等技术的影响，各行各业都在经受着大数据浪潮的洗礼，大数据不仅运用在采购、生产、物流、营销等一系列企业运营上，不同部门也经历着数字化转型，他们开始重新审视自己的行业定位，将数据资源和数据价值逐渐提升到核心战略中，

① 吴路易."互联网+"时代人力资源管理新模式研究[J].中国管理信息化,2022,25(24):127-129.
② 陈磊,崔晓燕等.人力资源共享服务（中级、高级）[M].北京·高等教育出版社,2021.

人力资源管理也不例外。

数字化人力资源管理时代已经来临，AI技术已经逐渐替代人力资源运营管理中简单、标准化、重复性和事务性的工作，e入职、e离职、电子签、机器人、机器人流程自动化（Robotic Process Automation，RPA）等新技术在如今的人力资源管理实践中如雨后春笋般应运而生，令人应接不暇。科学技术从未像现在这般深刻地影响着HR的命运和员工的雇用生命旅程体验，并给人力资源管理带来管理理念、组织架构、管理模式的转变。

比如，Google Hire是一款由Google开发的应用程序跟踪系统，它不但可以安排面试并对相关候选人进行追踪，还可以开展背景调查、职业信用评级、人才测评、绩效考核、离职预测、个性化培训、灵活用工及时间管理等工作[1]，提升了人力资源管理的智能化和数字化水平。

（三）从注重人力资源运营转变为注重员工体验[2]

2015年下半年，硅谷共享经济新贵Airbnb任命了一位高级员工担任新设立的"员工体验全球负责人"以替代首席人才官。"员工体验全球负责人"负责推动"员工体验"工作的推进，员工体验官的概念由此诞生。

德勤认为，员工体验是员工与企业在物理办公场所、数字化技术和组织层面的互动的集合，敬业度和满意度的提升则是员工体验改善后的成果显现。

物理办公场所：包括合理的、多功能的办公场所布局，搭配合理、使用便捷的工作设施，便于沟通协作的工作环境，与企业文化相匹配的办公场所风格和氛围等。

数字化技术：包括安全、顺畅的网络环境，自动化办公及协作软件，界面友好、操作便捷的移动端应用，快速、高效、敏捷的工作流程等。

组织层面：包括公平、包容、多样化的企业价值观，清晰、透明的工作目标与持续辅导支持，以员工为中心的思维方式以及对员工价值诉求的洞察积极、持续的辅导支持等[3]。如图1.13所示。

随着"90后"员工渐渐成为职场的中坚力量，"00后"慢慢在职场中崭露头角，作为互联网时代的原住民，他们自信、自主、自由，追求工作价值和认同感，追求价值感和体验感。在职场中，他们更追求体验至上，希望获得安全感、职场存在感及幸福感。他们对于与企业和HR的互动要求与在线购物、社交聊天一样的互联网消费级体验。传统的PC端、流程、审批、邮件已经无法满足他们的要求，而更加注重智能设备的应用，渴望工具的强交互性、便捷性，公司需要考虑代际差异，迎合年青一代的需求，通过丰富的激励活动、消费场景，重塑未来职场生活方式。因此，提升员工体验是新时代人力资源服务工作关注的重点之一。

---

① 郑奕．人工智能在我国人力资源管理领域的应用研究［J］.遵义师范学院学报,2021,23（6）:105-108.

② 刘风瑜．人力资源服务与数字化转型：新时代人力资源管理如何与新技术融合［M］.北京:人民邮电出版社,2021.

③ 德勤．员工体验——HRSSC先行,向人文体验迈进［EB/OL］.https://www2.deloitte.com/cn/zh/pages/human-capital/articles/2020-china-human-capital-hrscc-experience-ahead.html.

HR应将注意力从人力资源管理的制度和体系转移到员工身上，重新把焦点回归到人，从聚焦"人力资源管理"转变到聚焦"员工体验"[①]。

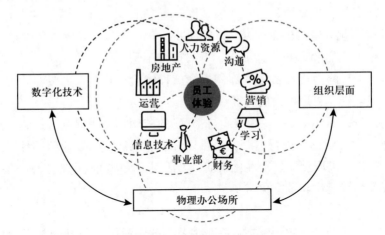

图1.13 德勤员工体验示意

资料来源：德勤.员工体验——HRSSC先行，向人文体验迈进［EB/OL］.https：//www2.deloitte.com/cn/zh/pages/human-capital/articles/2020-china-human-capital-hrscc-experience-ahead.html.

（四）移动端与自助服务正在成为主流

随着AI、5G等信息技术的飞速发展，移动终端设备更新换代飞快，迫使HRSSC在服务模式方面不断向智能化、便捷化等转型升级，其中移动端和自助服务是企业中应用最为普遍的两大方式。一项调查数据显示，已经在HRSSC中应用移动端与自动服务的企业达50%左右，但大部分企业在两大应用方面不太成熟，仍处于起步阶段。尚未实现两大应用的企业中，25%左右的企业正在尝试或即将打算尝试在HRSSC中实施。因此，移动端和自助服务将是HRSSC发展中不可或缺的技术支持手段。

比如，中国石化搭建HRSSC历经五载有余，在境内企业实现了薪酬计发、信息维护、企业年金、社保办理、退休审批、员工关系、统计报表等业务的员工自助服务，在规范人力资源管理、提高工作效率、支持管理决策等方面取得了一定成效。

◎**名企实践**

海尔HR云大厅，赋能员工自助服务[②]

海尔HRSSC成立于2008年，经历了"组建—成长期""发展—成熟期""数字化—转型期"三个发展阶段，海尔HRSSC现已拆除掉共享物理大厅，转型为数字化"HR云"大

---

① 刘凤瑜等.人力资源服务与数字化转型：新时代人力资源管理如何与新技术融合［M］.北京：人民邮电出版社，2021.

② HR智享会.海尔HRSSC如何实现数字化转型［EB/OL］.http://www.hrechina.org.

厅。海尔 HRSSC 的定位是"体验为王",从"零跑腿""零延误""零签字"三个"零"切入,建立非线性"HR 云"大厅,助力员工无忧创业,加速小微引爆,实现"高体验""高效率""高价值"。

一、"HR 云"大厅

为确保"HR 云"大厅用户体验感,项目设定 5 个原则(蓝图设计→用户交互→系统开发→用户交互→上线爆款),事前设计好"HR 云"大厅项目整体蓝图,项目开发前通过线下交互会、线上体验云众播等方式主动交互各产业平台 HR、创客,以确保需求是真实来源于用户,而不是闭门造车,更好地做好事前响应。事后继续通过"线上+线下"的方式同用户交互,上线爆款场景。如图 1.14 所示。

图 1.14　海尔"HR 云"平台

资料来源:https://www.sohu.com/a/594559205_121124319.

二、"HR 云"场景

为用户提供高效和便捷的体验,海尔 HRSSC 通过整合区块链、电子签章、CA 认证、RPA、OCR 等技术创新应用,HRSSC 已经在"HR 云"大厅上线 20 多个云场景,实现员工手机自助办理。

(一)入职场景

传统服务模式下,海尔员工入职的全流程包含九个环节,海尔 HRSSC 梳理后发现诸多痛点:节点多、流程长、跑腿多,签订纸质劳动合同和线下体检带来诸多不便,门禁、邮箱等办公权限不能实时开通。

为提升用户体验,海尔启用 App 移动端实现了员工全流程在线自助办理入职。新员工在入职之初就可了解入职的全部环节,既可提前做好准备,也可实时追踪进度,全流程可视化。入职场景主要分为以下五个环节:

1. 入职前准备

主要准备两方面内容:一是证件,可拍照上传;二是个人相关,如个人信息采集、入职体检、社保、档案等转移。其中,关于体检,员工可直接线上预约,体检报告及体检结果将由体检机构直接回传,也可以上传有效的体检报告。

2. 入职报到

在新入职员工报到之前,系统会生成预入职工号,并开通车辆入园、办公楼、打印机等权限。到达约定入职时间后,员工将按照指引自助报到。

3. 入职办理

在直线/HR 确认其已报到后，系统将自动推送电子劳动合同给该员工，员工自助完成合同签署，并可随时下载查询。

4. 启航助力

为了帮助新员工更快更好地融入海尔，海尔 HRSSC 编写了一本电子书——《新员工启航攻略》，内含海尔的文化价值观、在海尔"生存"的必备技能和各项工具等。

5. 建议与反馈

新员工入职办理完毕之后，弹出调研以及打分评价，让每位入职的员工基于感受和体验给出最真实的评价，并提出过程中不满意之处，从而为负责该场景的业务主人明晰差距，进而寻找路径，关闭差距，持续迭代升级。

(二) 电子工卡场景

以前海尔采用的是物理工卡，新冠疫情期间希望减少面对面业务办理，物理工卡还存在易丢失、易忘记带、耗材多等痛点，但搭建工作较为困难，因为工卡上承载的信息很多，海尔从员工使用最多的就餐切入，成功后并联各资源方共同推进各场景复制推广。目前电子工卡场景生态圈还在逐渐扩大中，将逐步并联更多的资源方，共创打造员工全生命周期一站式最佳体验平台，让员工工作、生活更便捷，实现"手机在手即可吃喝玩转海尔"。如图 1.15 所示。

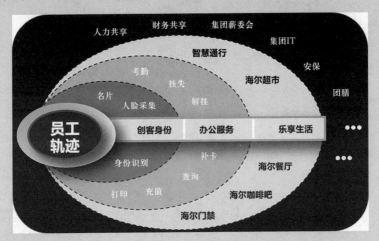

图 1.15　电子工卡场景生态圈

资料来源：http://www.hrecchina.org/resource/?ID=18.

(三) 体检场景

为了让员工入职体检更省心，海尔通过与各地区多家体检机构建立合作关系，搭建了线上一站式的体检平台，让体检认定更专业、更诚信、零风险。首先员工扫码进入身份确认界面，输入信息后进入医院选择界面，选好医院后再预约体检时间，按照约定时间去体检即可。经与专业医生审核和确定体检合格标准，然后将体检结构发布的体检结果和医师意见上传至平台，省去体检报告复核过程。一站式体检平台不仅科学、专业，而且高效并全程免费，而且给用户带来了优质的体验。目前吸引了全国超过 200 家医院加入海尔的体检生态圈，实现共创共赢。

（四）证明场景

证明场景主要适用于用户买房落户时，需公司提供收入和在职等证明的情况。

1. 用户痛点

"证明"这一服务是员工在日常生活中使用频率最高的，痛点也是最多的，算得慢、用印难、跑腿多、数据线下采集，一般需要耗费1~2天时间，流程复杂，需要通过"层层签字"。

2. 迭代后

员工只需要打开"iHaier—'HR云'大厅—证明场景"，选择收入证明/在职证明，即可一键预览、一键加盖电子签章，并发送员工的邮箱，同时打印的证明上面有防伪二维码，第三方校验人员扫码即可验证数据的真伪。对员工来讲实现了秒开、秒打、秒用和"零跑腿"。

三、搭建"政企直连"运营新模式

传统社保办理的模式需要HRSSC登录社保中心，逐一录入每个员工的相关信息与数据，从入职到社保办理，需要多次手工录入信息，没有通过线上审核的员工还需前往人社局进行线下办理。如此一来，耗时长且效率低。而实现社保直连后，通过"HR云"大厅实现企业系统与青岛市政府社保中心的信息共享与链接，可以将首次录入员工入职采集的信息与数据直接上传至社保中心，实现一次信息录入多平台共享与流转。避免了重复手工录入，减少了线下办理社保的业务量，缩短了社保办理的周期，实现了高效的信息化社保办理，办事效率显著提高，时间从10分钟缩减到1分钟，以五险一金业务办理40000+笔/年计算，仅此一项便节省了1.8万小时。同时，一键直连信息录入零风险，系统自动识别员工合同单位，自动匹配社保单位用户名，实现投保零差异，社保中心等公共服务的满意度也更高（见图1.16）。

图1.16　证明场景

资料来源：http://www.hrecchina.org/resource/?ID=18.

海尔HRSSC政企直连已实现社保直连、医保直连、公积金直连及税务直连四大类，合计30多项功能，包含社保、医保、公积金缴纳的增减补业务，账务核销所需的五险一金单位缴费明细、单位缴费汇总以及电子票据等，实现围绕员工五险两金产生的各类业务、数据与政府网站的互联互通。通过政企直连模式，推动数字化、智能化、移动化的人力服务运营新模式的创建与发展，保障业务合规与风险可控，提升效率，持续不断地赋能企业的发展。如图1.17所示。

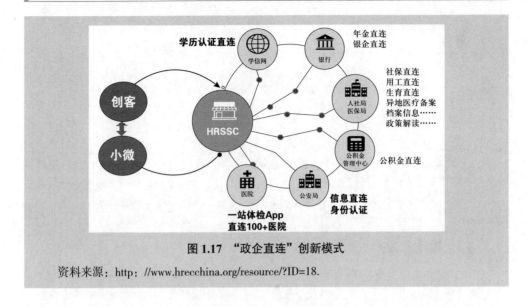

图1.17 "政企直连"创新模式

资料来源：http：//www.hrecchina.org/resource/?ID=18.

二、大数据、AI技术助推人力资源管理数字化转型

随着AI技术和大数据的快速发展，为了提高员工体验感，更好满足员工便捷性、个性化需求，越来越多的企业在HRSSC领域尝试应用OCR、刷脸技术、RPA、机器人、电子签等智能技术和产品，促使HRSSC的核心价值实现日趋平台化、社交化、智能化。如图1.18所示。

（一）OCR技术

OCR技术，也称光学字符识别技术，指通过扫描等光学输入方式将身份证、票据、报刊、书籍、文稿等印刷品上的文字转化为图像信息，再利用文字识别技术将图像信息转化为可以输入计算机的信息技术。在HRSSC领域，OCR技术主要应用于纸质简历的电子化，入职证照的信息提取，文档、票据及图像的识别等场景。如图1.19所示。

（二）刷脸技术

刷脸技术广泛应用于安防、金融、机场等一些重要领域及行业，在生活方面，刷脸技术还应用于智能门禁、电子门锁、手机、数码相机、智能玩具等领域。在人力资源管理领域，刷脸技术多运用于考勤、门禁刷脸、会议签到、自助打印证明、入职手续的办理等。如图1.20所示。

（三）机器人流程自动化（RPA）

RPA指通过软件机器人模仿人与软件应用程序交互的方式来执行日常业务流程[①]。《德勤2020年中国地区人力资源共享服务调研》显示，在HRSSC领域，RPA

---

① 马海刚.HR+数字化：人力资源管理认知升级与系统创新[M]北京·中国人民大学出版社,2022.

主要在工资核算、招聘、学历验真、考勤、培训、社保公积金结算、个税申报、工资单发放、发票验真、人才报表、学习助手、差旅费用管理等方面广泛应用。比如，一家国内领先的房地产企业在算薪发薪流程中，对流程内容进行了改进，并对上游数据整理和离职结算的流程步骤开展了 RPA 适配开发，以 RPA 取代了人工整理和计算过程，大大提升了薪酬核发的效率和准确性。

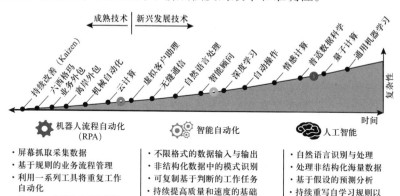

图 1.18 HRSSC 智能技术应用发展进程

资料来源：德勤 . 2020 年中国人力资源共享服务调研报告［R］. 2020。

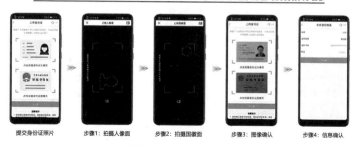

图 1.19 OCR 技术

资料来源：https：//www.360kuai.com/pc/9064181748b7c61cf?cota=3&kuai_so=1&sign= 60_57 c3bbd1&refer_scene=so_1.

图 1.20 刷脸技术

资料来源：http：//www.yunmais.com/news/news-412.html.

再如，一家跨国饮料生产集团应用 RPA 助力招聘优秀人才及分析技能趋势，利用 RPA 在知名职业社交网站上根据条件筛选合适人才，并发送企业职位空缺信息通知邮件，还利用 RPA 定期下载选定的标杆企业及竞争对手的关键岗位资格数据，自动产出分析图表、生成会议报告材料，大大提高了 HRSSC 的自动化程度[1]。如图 1.21 所示。

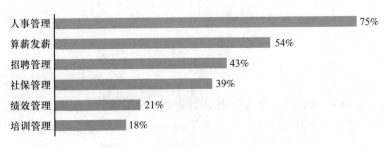

图 1.21　RPA 技术在 HRSSC 的应用

资料来源：德勤 . 2020 年中国人力资源共享服务调研报告［R］. 2020。

◎名企实践

RPA 在海尔薪酬支付中的应用

海尔 HRSSC 主要有两大类应用：一是数据治理；二是智慧薪酬。海尔薪酬支付负责整个集团 160 万人次 / 年的支付工作，以前这是很困难的一项工作，需要通过人工线下收集信息进行核算和报账。在 HRSSC 数字化转型过程中，通过梳理工作节点可以看出，薪酬支付存在大量重复性人工操作，不仅耗时长，而且烦琐低效。基于此痛点，通过 RPA 自动核算、数据并联、系统逻辑自生成等技术创新，实现数据采集、智能核算与报账、费用出账、对外报表 / 对内数据分析、自助查询五个场景智能化覆盖。通过薪酬的数字化转型，服务效率显著提升[2]。

（四）聊天机器人

目前，世界上最火的人工智能聊天机器人非 ChatGPT 莫属。一夜之间，ChatGPT 火遍全球。ChatGPT 是美国人工智能研究实验室 OpenAI 新推出的一种 AI 技术驱动的 NLP 工具，拥有语言理解和文本生成能力，尤其是它会通过连接大量的语料库来训练模型，使得 ChatGPT 能根据聊天的上下文进行互动，真正像人一样聊天，还能编程、翻译、写诗歌、市场分析、平面设计、视频脚本……ChatGPT 几乎无所不能。

ChatGPT 自 2022 年 11 月 30 日推出以来，上线仅 2 个月，就取得活跃用户破

---

① 德勤 . 2020 年中国人力资源共享服务调研报告［R］. 2020.
② HR 智享会 . 海尔 HRSSC 如何实现数字化转型［EB/OL］.http://www.luccchina.org/.

亿的战绩，成为 2023 年首位顶流，更成为史上增长最快的面向消费者的应用。它不仅能帮助人们减少繁杂的数据检索工作，还能在教育、金融、媒体、医疗等领域提高人们的工作效率（见图 1.22、图 1.23）。比如，在教育领域，89% 的美国大学生在用 ChatGPT 写作业。

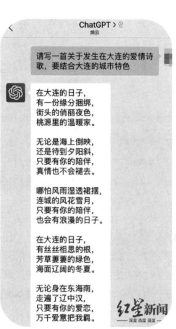

图 1.22　ChatGPT 聊天

资料来源：https://www.163.com/
dy/article/HT4SA8U40534P59R.html.

图 1.23　ChatGPT 写诗歌

资料来源：https://finance.sina.com.cn/
tech/roll/2023-02-07/doc-imyewywn3272387.shtml.

　　人力资源聊天机器人（HR Chatbot）利用 NLP、情绪识别、语音分析、知识图谱（Knowledge Graph，KG）等相关智能技术（见图 1.24），通过不断完善 KG，从招聘到入职、在职、离职的全生命周期各个环节，协助 HR 为满足员工的需求提供及时、便捷、个性化的自助服务，灵活解决招聘、入职流程、员工服务、人才发展、人事政策和程序等各类常见问题的解答和查询，还能收集员工信息、数据或评论。聊天机器人 7×24 小时在线，全天候运作，可以同时处理大量对话，Chatbot 将 HR 从重复烦琐的日常咨询解答类事务中解放出来，腾出更多时间和精力提升自身技能，为员工提供更为人性化、定制化的高质量工作体验和满意度，给求职者带来优秀的面试体验，让企业更加高效运转。

图 1.24　聊天机器人技术在 HRSSC 的应用

资料来源：http：//www.itclub16.com/post/67.html.

◎ **名企实践**

中国平安：AI 智能助理

中国平安 HR-X 智慧人事系统运用云技术、大数据、AI 等尖端科技，智能化支持招聘、薪酬、绩效、培训、员工服务等传统人事服务模块的工作。它通过大数据和人工智能算法驱动 HR 产品智能化，提升了人力资源管理效能。平安每个员工均拥有 AI 智能助理，使用 Chatbot 7×24 小时提供智慧问答，自动解答超过 97.2% 以上的日常人事问题，自助办证、移动打卡等员工服务实现 90% 自动处理，将员工入职办理时间由 2 个工作日缩短为 10 分钟，人事证明由线下办理转变为线上办理，而线上办理仅需 3 分钟就能完成，大大降低了人力成本，提升了人力资源管理效率。

（五）电子签

目前，电子签约已经在员工从入职、在职和离职的全生命周期中都得到了广泛应用。在招聘阶段，电子签可以应用于签订三方协议、要约和通知等工作场景；在入职阶段，电子签在签署入职登记表、劳动合同、员工手册、保密协议、竞业限制协议等工作环节中广泛应用；在职期间，电子签通常应用于工资单确认、在职证明开具、岗位调整、岗位变更确认函、劳动合同的变更和续订、期权股票、终止、离职证明、工作交接清单的签署等场景也已经有所覆盖。如图 1.25 所示。

图 1.25　电子签在 HRSSC 的应用

资料来源：https：//baijiahao.baidu.com/o?id=1628500079075106011

◎ **名企实践**

电子签在海尔劳动合同签署中的应用

原来线下纸质合同签署容易出现排队等待、信息重复填写、地域局限，员工需要多次往返等问题，全流程耗时烦琐。此外，还存在他人代签、合同文本查阅不便捷、新员工数量巨大等挑战。为解决以上弊端，海尔 HRSSC 决定上线电子签替代传统纸质劳动合同签署。出于对电子签潜在风险和法律合规性的顾虑，海尔 HRSSC 前期与青岛市人力资源和社会保障局、青岛市劳动仲裁院进行多次协商沟通，以确认电子合同和纸质版合同具有同等法律效应。在得到权威部门的认可之后，海尔 HRSSC 向前推进电子合同签署。海尔内部系统通过检索系统内用户信息，智能锁定需要进行合同签署的人员。不论是新入职人员还是合同到期需要续期的人员，系统都将为有合同签署需求的人员生成用户个人专属版本的合同，然后发送至用户手机端并提醒其进行合同签署[①]。如图 1.26 所示。

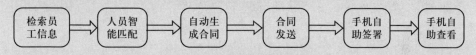

图 1.26　海尔劳动合同电子签

资料来源：https://www.sohu.com/a/594559205_121124319.

（六）机器学习（Machine Learning，ML）

机器学习是谈到 AI 时提及频率最高的词汇，其主要研究领域是通过提升算法能力优化模式识别效率，包括决策树、随机森林、人工神经网络、贝叶斯学习等。在人才管理中，对候选人简历进行解析、根据员工的特点推荐不同的课程、提高人才测评的识别效果都涉及这一技术的应用。

（七）自然语言处理（Natural Language Processing，NLP）

自然语言处理是 AI 的一个分支领域，在人才管理中主要用于对非结构化语言和文字的语义的理解。例如，在北森的 AI 面试闪面中使用 NLP 技术对候选人录制的面试视频进行分析，从中提取候选人的胜任力特征、情绪特征等对人才决策有价值的信息[②]。

（八）知识图谱（Knowledge Graph，KG）

知识图谱是 AI 的重要分支技术，它在 2012 年由谷歌提出，是结构化的语义知识库。知识图谱不仅可以描述通用知识，还可以描述行业特有知识，从而形成知识库，不但可以用于信息检索，还可以用于自动问答系统。员工经常向 HR 咨询休息休假、薪酬福利、招聘等重复性问题，聊天机器人可以有效处理类似问题。

---

① HR 智享会.海尔 HRSSC 如何实现数字化转型［EB/OL］.http://www.hrecchina.org.

② 北森.数字化人才管理：从现在到未来［R］.2021 年中国人力资源管理年度观察,2021.

美国科技公司 Loka 开发的机器人 Jane 可以实时回答员工提出的多种类型问题，比如，我的牙医保险包括哪些内容等[①]。聊天机器人首先使用自然语言处理问题，然后到知识库中搜索相对应的答案[②]。基于知识图谱建立的聊天机器人可以帮助 HR 处理大量重复性工作，让 HR 有更多时间和精力专注于更战略性和职能性工作[③]。

时至今日，毫无疑问，大数据、云计算和 AI 已成为企业管理的重要技术手段，不仅给企业人力资源管理带来了机遇和挑战，也助推了人力资源管理向数字化转型。一方面，大数据、AI 等新技术革命促进了新经济和新就业形态的产生，"平台经济""零工经济""自适应组织""新雇用经济"的出现，打破了传统 HR 面临的静态现实，对人力资源管理模式和管理水平提出了更大挑战；另一方面，移动终端设备、社交媒体、可穿戴设备等在工作场景中的应用逐步大众化和普遍化，组织能轻而易举地获得大量的员工行为数据。HR 利用数据分析技术充分挖掘员工数据中的潜在价值，从而帮助组织打造核心竞争优势，已成为 HR 必须面临的不争事实。

以谷歌、IBM、百度、腾讯等为代表的知名公司已经率先开展了探索。谷歌把数据分析作为 HR 决策的基础；IBM 则利用其认知计算平台和沃森分析系统，运用人工智能的方法，挖掘数据分析在人力资源管理领域的应用潜力；百度公司提出并建立基于数据分析的智能化人才管理体系；腾讯公司建立了活力实验室，利用已有的技术优势和数据优势，尝试进行组织活力分析。可见，分析数据、挖掘数据价值已成为 HR 转型的重要方向。

① Meister, J. The Future of Work: The Intersection of Artificial Intelligence and Human Resources [EB/OL]. https: //www.forbes. com/sites/jeannemeister/2017/03/01/the-future-of-work-the-intersection-of-artificial-Intelligence-and-human-resources/?sh=4d 0fa7076ad2.2021-10-10.

② Majumder S. Mondal A. Are Chatbots Really Useful for Human Resource Management [J].International Journal of Speech Technology, 2021, 24(4): 969–977.

③ Malik A. Budhwar P, Patel C, Srikanth N R. May the bots be with you! Delivering HR Cost-effectiveness and Individualised Employee Experiences in an MNE [J].The International Journal of Human Resource Management., 2020(1): 7–14

第二章　大数据为人力资源管理插上科学的翅膀

21世纪后，物联网、云计算、移动互联网、智能终端设备、社交网络得到了广泛普及，随之而来的是海量用户行为数据，从亚马逊、天猫、去哪儿网、京东商城等平台上的电子商务数据，到QQ、MSN等即时聊天内容，再到Google、Bing、百度的搜索数据，又到抖音、快手、小红书等短视频播放数据和直播数据，然后到Twitter、Facebook、微信、微博等社交网络平台上的社交数据，无一不在产生和承载着大数据。大数据已经卷席企业管理领域，在需求预测、科学调度、洞察规律等方面开始应用。人力资源作为企业最重要的资源，在企业管理过程中扮演着非常重要的角色。过去，人力资源管理采用"经验＋感觉"的"拍脑袋"式的决策模式，而循证式变革是人力资源管理的未来发展趋势，它提倡"用数据说话""用证据说话"，大数据技术为循证式人力资源管理提供了契机。本章分析了大数据人力资源管理的概念、价值、应用场景，探讨了大数据对人力资源管理的影响，以及大数据驱动下的人力资源管理变革。

第一节　大数据人力资源管理的概述

从2009年开始，大数据仿佛一道光照进普通人的视野，成为家喻户晓的热门词汇。尽管人们对"大数据"一词并不陌生，但真正对大数据有深刻了解的人并不太多，那么，何为大数据呢？

一、大数据的定义及特征

（一）大数据的定义

最早对"大数据"的描述可以追溯到1980年，著名未来学家阿尔文·托夫勒在《第三次浪潮》一书中首次提到了"big data"，并称之为"第三次浪潮的华彩乐章"，引发人们对大数据的畅想。2008 年 9 月，《科学》杂志发表文章 "*Big Data: Science in the Petabyte Era*"，文中正式提出"大数据"一词，自此以后"大数据"被人所熟悉并广泛传播。

目前，对于大数据的概念国内外学者众说纷纭，人们普遍把"大数据"认识为巨量资料、海量数据，但并未有统一的结论（见表 2.1）。

表 2.1　大数据的定义

机构	定义
维基百科	大数据是以企业经济活动为实际载体，改变传统数据处理方式为目的，在不同信息技术和软件的辅助下，实现对复杂数据业务的处理，属于信息技术的管理范畴
麦肯锡全球数据分析研究所	大数据就是大小超出了典型数据库工具收集、存储、管理和分析能力的数据集
《科学》杂志	大数据代表着人类社会认知发展过程的进步，数据集的规模是无法在可容忍的时间内用目前的技术、方法和理论去获取、管理、处理的数据
美国国家科学基金	大数据是通过仪器设备、网络交易、媒体软件等多种方式所产生的，规模庞大且可长期存在的，复杂、多样且分布散乱的数据集[①]
国务院	大数据是以容量大、类型多、存取速度快、应用价值高为主要特征的数据集合，正快速发展为对数量巨大、来源分散、格式多样的数据进行采集、存储和关联分析，从中发现新知识、创造新价值、提升新能力的新一代信息技术和服务业态[②]

尽管目前业界对大数据并没有形成统一的定义，但表 2.1 中的定义无一例外地认为大数据是大量数据，具有"大"的特点，其表现形式为多样化、复杂化、分散化，只有采用新的信息技术和软件才能高效获取、发现和处理，从中挖掘和分析出有价值的数据信息。

（二）大数据的特征

关于大数据的特征，IBM 公司把大数据概括为 3V，即规模化（Volume）、快速化（Velocity）和多样化（Variety）[③]。目前，在 IBM 原"3V"的基础上又发展成了广大专家学者认可的"6V"。

1. 大规模（Volume）

传统的数据以 MB 甚至 KB 为计量单位，而大数据的体量可以达到千万亿（PB）、百亿亿（EB）乃至十万亿亿（ZB）级别，在数据体量、复杂性和产生速度方面远远超出了传统的数据形态[④]。比如，淘宝拥有大约 4 亿会员，每天产生约 20TB 的商品交易数据，Facebook 拥有大约 10 亿用户，每天产生超过 300TB 的日

---

① NSF.Core Techniques and Technologies for Advan cing Big Data Science & Engineering（Big Data）[EB/OL]. http://www.nsf.gov/funding/pgm_summ.jsp? pims_id504767.

② 国务院.国务院关于印发促进大数据发展行动纲要的通知[EB/OL].中国政府网,2015–09–09.

③ 和云,安星,薛竞.大数据时代企业人力资源管理变革的思考[J].经济研究参考,2014(63):26–32.

④ 冯芷艳,郭迅华,曾大军等.大数据背景下商务管理研究若干前沿课题[J].管理科学学报,2013,16(1):1–9.

志数据。

2. 多样性（Variety）

大数据的数据来源广，包括网页、互联网日志文件、电商平台、搜索引擎、社交平台、电子邮件等形成的数据，以及源于传感器、可穿戴设备、物联网和小型设备等新兴数据源上的数据。大数据的多样性主要是指其类型多，包括结构化数据、半结构化数据和非结构化数据。对于非结构化数据需要进行清洗、整理、筛选等才能变为结构数据。

3. 高速率（Velocity）

大数据的交换和传播是通过云计算、互联网等方式实现的，因此，大数据生成和创建速率高、数据增长快速、处理速度快，需要数据能够快速响应、高速处理、实时动态更新。

4. 价值（Value）

大数据的价值密度低、价值高。虽然大数据的种类与数量变多了，但许多数据可能是不正确的、不完整的，无法利用的，单个数据的价值密度降低了。尽管如此，大数据蕴含着巨大的商业价值和社会价值，被称为"数字生产力"。

5. 真实性（Veracity）

大数据的真实性指数据真实、准确和具有可信赖性，这是由于数据源可信，处理过程建立在可信计算基础上，存储受到保护且所有数据真实可信，使用过程中经过授权和访问控制的，其所有修改能够溯源，因此，能够确保大数据在整个生命周期内真实可信。但目前大数据很难区分哪些是真实数据、哪些是虚假数据，这也是当前大数据技术面临的一个难题。

6. 易受攻击（Vulnerable）

大数据分析和挖掘虽然价值高，但由于大数据发展仅经历了十余年的发展，仍不够成熟，在数据获取、处理分析、挖掘等方面存在一些漏洞，容易受到攻击。

二、大数据在管理领域的应用场景

目前，以商业智能（Business Intelligence，BI）为代表的数据分析已经成功应用在生产运营、市场营销、财务管理、金融等领域，并取得了显赫成绩，在上述领域中，数据如水和空气一般成为企业生产及发展必需品，成为管理着商业决策的重要依据。谷歌等作为 BI 领域的"领头羊"表示，其一切商业决策都将基于数据分析。大数据应用作为 BI 的演进，其触角已经延伸到电子商务、国防、市政、市场情报、金融、智能硬件、教育、医疗保健与安全、汽车、社交网络等各个层面，谷歌、百度、阿里巴巴、腾讯等互联网巨头和传统企业纷纷应用大数据。在管理领域，大数据技术主要应用于以下工作场景：

（一）把握工作重点

每个大城市都有自来水、煤气、污水地下管线等八大类 20 种井盖。美国纽约市在每个井盖下面都安装了感应器，通过大数据实时汇聚各方信息，掌握重要信息情报，通过自动筛选，可以掌握工作重点，因此，工作人员每天仅需打开 50 个井盖，就能保障整个纽约平安运行[①]。

指纹识别技术早已被广泛应用于刑侦调查中，成为打击犯罪的有效工具。目前，中国各个城市都建有各自的指纹数据库，该库储存着来自不同时间和空间的约 3 亿枚指纹，访问需求量为每秒钟 80 万枚指纹。为此，中国社会科学院大学设计了新型指纹识别算法和优化模型，建立了东方金指指纹自动识别系统（GAFIS），上海借助该系统在 2005~2015 年抓捕了 1500 余名犯罪嫌疑人，清理了 3000 多件案件。

（二）预测发展趋势

维史托·迈尔 – 舍恩伯格在其代表作《大数据时代》中说："大数据的核心就是预测。"基于此，无论是在商业和经济领域，还是政府、安全、医疗卫生及其他领域中，人们的决策行为从靠感觉转变为基于量化的数据和分析，数据像一座神奇的、取之不尽用之不竭的钻石矿，通过不断地挖掘而不断给人们带来惊喜。运用大数据进行预测的例子数不胜数：

孩子在尚未出生时，医生能根据大数据提前预判早产儿会出现的问题并且有针对性地采取措施，避免早产婴儿夭折。

电视节目会根据观众的偏好选择播放节目的内容，通信公司会根据用户的消费层次推荐不同的套餐，零售商会根据消费的水平给产品定价[②]。

今日头条会根据读者的阅读习惯推送相应的文章和广告，很多电商平台会根据消费者的购物车和浏览痕迹推送相关商品，甚至有专业的预测公司会预测奥斯卡金像奖与诺贝尔奖的得主。

2008 年，谷歌利用个人搜索词汇的大量数据，早于流行病专家两周预测到甲型 H1N1 流感即将大规模暴发[③]。

（三）洞见管理规律

美国通过大数据探索出了汽车交通事故的规律：公共交通事故造成死亡的高峰一般发生在每天的 18~21 点，天气越炎热死亡率越严重。依此规律，交警在交通事故高发时期加强管理，从而降低了事故的发生概率。

农场主通过连上云端的牛角环收集和分析乳牛的行为，比如，通过乳牛的生育能力和休息时间来判断乳牛的身体健康状态。农场主通过图形交互界面查看奶牛的体温、休息时间等丰富的数据，从而根据牛群的信息有针对性地进行监测和处理。

① 王爱敏，王崇良，黄秋钧 . 人力资源大数据应用实践：模型、技术、应用场景［M］. 北京：清华大学出版社，2017.

② 赵光辉，田芳 . 大数据人才管理：案例与实务［M］. 北京：机械工业出版社，2019.

③ 王通讯 . 大数据人力资源管理［M］. 北京：中国人事出版社，2016.

（四）科学调度

农夫山泉未使用大数据前，数据统计速度极其缓慢，仅数据汇总就需要一整天的时间，于是造成了农夫山泉调度混乱，效率极低。使用大数据后，农夫山泉的数据汇总从原来的 24 小时缩短为 0.67 秒，而且可以实时捕捉准确的数据，并进行科学调度[1]。

（五）大数据用户画像，洞察客户需求

当今，很多企业都热衷于全方位扫描、抓取、挖掘、分析诸如博客、微博、社交平台、浏览器日志、电商平台、在线评论等形形色色的客户行为数据，通过构建数据模型来分析消费者的主观情感，为体察用户需求、偏好和心愿提供依据，以供企业策划营销方案、市场乃至产品提升等环节。以今日头条高度自动化的推送机制为例，算法采集用户数据，根据点击、搜索、订阅等数据解读用户兴趣、形成用户画像，在自动推送新闻的同时，根据用户的反馈，优化用户画像和推送算法[2]。比如，家电企业可参考相关社交平台上家电内容的阅读量、电商平台浏览日志等数据而分析消费者需求偏好，预先推出广受关注的家电产品。

为了洞察消费者对乳制品的消费需求，伊利多年前已经开始布局大数据应用系统，建立了伊利大数据雷达平台和商情通。当前，大数据雷达平台覆盖 420 多个数据源，收集 8.4 亿余条销售数据，有效数据量级达到全网声量的 95%，并实现实时更新，全方面收集、提取、挖掘、分析消费者各类场景下的大量数据。伊利利用大数据深度挖掘、洞察用户行为和习惯，立体的、多维度的精准实现消费者需求画像和创新研发产品的配套策略。伊利通过大数据洞察到客户对高品质常温酸奶的需求，成功研发出安慕希，一经上市就受到消费者热捧，销量节节攀升，2018 年销售额达 140 亿余元，常年稳居国内常温酸奶第一品牌。《2018 全球品牌足迹报告》显示，伊利蝉联中国市场消费者首选十大品牌榜榜首，消费者触及数年度增长 6%，再度领跑中国快消品市场。

在国外，大数据技术在洞悉消费者购物行为方面的经典应用案例非沃尔玛莫属。沃尔玛对消费者购物行为进行数据分析时发现，男性顾客在购买婴儿尿片时，经常会顺带购买几瓶啤酒来慰问自己，于是沃尔玛就推出了将"啤酒＋尿布"捆绑销售的促销方式，实施后效果显著。

随着大数据分析和挖掘技术的发展，根据生活习惯和消费行为等信息，抽象出一个全景化的用户模型，以帮助企业寻找潜在目标客户，精准营销、预测与决策。电商行业掌握着当下的流行趋势、消费热点，广泛收集了用户的社会属性、需求偏好、消费习惯、消费行为、不同地域的消费特点等数据，因此，电商企业很早便利用大数据寻找潜在目标客户、精准营销。另外，电商企业一方面手握商

① 王通讯.大数据人力资源管理［M］.北京:中国人事出版社,2016.

② 谢小云,左玉涵,胡琼晶.数字化时代的人力资源管理:基于人与技术交互的视角［J］.管理世界,2021,37(1):200-216+13.

品订单，另一方面通过销量和客户评价等数据分析，知道哪些产品广受欢迎。因此，很多生产厂家都要从电商企业获得客户订单需求。今后，电商可能会"反客为主"成为最牛的生产性企业。

（六）掌握员工绩效

在人力资源管理领域，开展工作分析的一个常用方法叫作"工作日志"或者"工作写实"。"工作日志"是让员工把一天的工作都记录下来，当天干了哪些工作，花费了多长时间。国外高科技企业也要员工做"工作日志"，但目的不是为了工作分析，而是利用记录的这些数据来分析员工的工作表现，也就是"勤奋镜像"，这既能够洞察员工的真实工作表现，又能对员工的工作表现进行干预，避免绩效下降。

（七）洞察客户诚信

众所周知，当银行放款时，开具征信报告是必经的一道程序，从而提升贷款准确性，避免风险，这是所谓的央行征信。近年来，社会上广泛流行征信大数据。所谓征信大数据是指一些民间征信系统利用大数据技术抓取来自互联网各大平台的用户信贷行为，并通过数据分析和模型进行风险评估，同时依据评估分数来预测用户的信用情况、还款能力、欺诈风险等，甚至能够反映信息主体的行为习惯、消费偏好、社会关系甚至社会地位，能更加全面地评估信息主体的信用风险，但权威性不如央行征信[①]。

芝麻信用是常见的大数据征信。芝麻信用通过云计算、机器学习等技术收集来自个人在淘宝、支付宝、社交媒体及金融系统留存的大量的网络交易及行为数据，对用户进行信用评估，帮助互联网金融企业对用户的还款意愿及还款能力做出评估建议，为金融企业提供风险评估服务，继而为用户提供快速授信及现金分期服务。

目前，利用大数据开展员工招聘已经在知名企业广泛使用。大数据可以收集整理人才教育背景、工作资历和职业背景、薪酬待遇、专业影响力等多维度的信息，并以此进行精准人才画像，精准地实现人岗匹配，快速为企业猎取到合适的候选人，大大提高了招聘效率和质量，降低了招聘成本。比如，国外已通过大数据挑选合适的电视电影剧本演员，并且可以预测票房价值。百事可乐通过大数据挑选出了中国代言人吴莫愁。

三、人力资源管理中的大数据

（一）相关定义

目前，各行各业都在尝试将大数据渗入到行政、财务、市场、营销等领域中，

---

① 王爱敏，王崇良，黄秋钧. 人力资源大数据应用实践：模型、技术、应用场景［M］. 北京：清华大学出版社，2017.

尽管人力资源管理领域在大数据应用并不是最早和最为成熟的，但 HR 也在人力资源管理领域内开展各种尝试以"分取一杯羹"。对于何谓人力资源管理大数据或者何谓大数据人力资源管理目前尚未定论。如表 2.2 所示。

表 2.2　大数据人力资源管理的定义

作者	定义
西楠、李雨明，彭剑锋，马海刚（2017）	大数据人力资源管理以员工在工作中产生的非结构化数据为出发点，通过数据分析技术、经验、工具，向员工和管理者提供人才方面有实时性或洞察力的决策参考①
姚凯，桂弘诣（2018）	大数据人力资源管理是指充分运用大数据技术和其他数据处理技术，获取和分析包括人力资源大数据在内的一切有价值的数据，并将其转化为与人力资源管理相关的商业洞察，用于指导人力资源管理实践，最终实现商业价值提升的人力资源管理模式②
未知学者	大数据人力资源管理，是以人力资源管理过程中产生的海量过程、结果，以及员工行为等类型的数据为出发点，在大数据分析技术、经验、工具的支撑下，向员工和管理者提供人才方面有实时性或洞察力的决策平台
Wang 等（2018）	人力资源管理大数据的概念是通过分析大数据的影响，结合人力资源管理中的具体过程，为人力资源提供更好的解决问题的方法，它渗透在人才需求、人才招聘和选拔、人才激励和绩效考核、人才评估和发展等方面③
廉串德，刘佰明（2021）	人力资源大数据是指在信息技术和互联网技术发展的背景中产生的，可动态反映组织及其个体的行为、关系或状态的，并能够用于宏观微观层面人力资源管理研究的海量数据集④
刘善仕等（2018）	人力资源大数据是指在信息技术和互联网技术发展的背景中产生的，可反映组织及其个体的行为、关系或状态的，并能够用于宏、微观层面人力资源管理研究的海量数据集⑤
姚凯，桂弘诣（2018）	人力资源大数据是指一切对于人力资源管理中的决策支持、洞察发现和流程优化具有潜在价值的大数据的集合⑥

从上述学者的定义可以看出，无论是人力资源管理大数据，抑或是大数据人力资源管理，都有以下共同点：一是大数据背景下的人力资源管理是基于海量数据基础上的；二是通过大数据技术对人力资源管理数据进行处理，从而为人力资源管理提供洞察。两者主要的区别体现在，大数据人力资源管理侧重管理，而人

① 西楠，李雨明，彭剑锋，马海刚 . 从信息化人力资源管理到大数据人力资源管理的演进——以腾讯为例［J］. 中国人力资源开发，2017（5）：79-88.

②⑥ 姚凯，桂弘诣 . 大数据人力资源管理：变革与挑战［J］. 复旦学报（社会科学版），2018，60（3）：146-155.

③ Wang H，Tan D，Liu W.Electronic Human Resource Management Survey Enabled by Big Data Analysis［A］//IEEE International Conference on E-business Engineering［C］. IEEE Computer Society，2018.

④ 廉串德，刘佰明 . 人力资源管理大数据：理论、技术与实践［M］. 北京：经济管理出版社，2021.

⑤ 刘善仕，孙博，葛淳棉，彭秋萍，周怀康 . 组织人力资源大数据研究框架与文献述评［J］. 管理学报，2018，15（7）：1098-1106.

力资源管理大数据是从数据集角度进行定义的。

（二）人力资源管理领域中大数据的缘起

"量化"是大数据的核心思想，数据是大数据的基础。在人力资源管理每一模块都会产生一些业务数据，诸如在培训与开发、员工招聘、绩效管理、薪酬管理等工作场景中都会创造出一些数据痕迹，这些是 HR 数据分析的基础。

1.记录个人信息的原始数据

记录个人信息的原始数据主要有个人基本信息、学历学位信息、工龄、就职情况、离职率等，它反映了员工的各项原始能力和素质，对此进行量化处理可以预判员工的个人成长轨迹，为人员的选育用留提供帮助[1]。

2.再现培训情况的能力数据

能力数据主要包括员工接受教育培训的数量与质量情况、证书的考取与技能提升情况、职业生涯与规划、晋升情况，以及企业的人才储备计划等量化数据，此数据能评估员工的能力情况，亦可为企业人才选拔和甄选提供参考，为人员培养与开发提供帮助。

3.反映工作成果的效率数据

反映员工工作效率的数据一般指能反映工作成效的绩效考核数据。绩效数据主要包括反映员工工作任务完成效率、单项任务完成时间、绩效计划数据、考核数据、绩效反馈数据等。绩效数据能够帮助企业快速诊断出个人绩效状况以及经营管理中存在的问题，为员工培训计划提供建设性参考意见。

4.预示发展前途的潜力数据

员工发展潜力的数据通常可以反映员工的进步与发展潜力情况，这部分数据一般需要通过对基础数据的加工处理而来，常见的数据类型包括人才测评结果、业绩提升率、收入变动情况等。潜力数据与员工能力有较大的关联性，反映了员工的工作成效，一般在人岗匹配度、干部选拔、评选评优、人才储备等方面使用，经常被用于测算企业的优秀人才匹配度[2]。

（三）人力资源管理大数据的来源

人力资源管理大数据的数据主要来自企业内部和企业外部。企业内部的数据来源主要包括智能手机、可穿戴式设备、办公场所物联网和传感器、内部通信、数字化办公系统和 ERP 系统等。外部数据主要包括与网络运营商、电子商务网站、社交平台[3]、即时通信软件厂商等合作所产生的数据[4]。当前人力资源管理大数据主要来自以下六个方面：

① 刘迫,张佳乐,王德智.大数据时代移动 HR 的应用、挑战及对策[J].中国人力资源开发,2014(16):10–14+19.

② 王元元.大数据时代互联网企业人力资源管理研究[D].中央民族大学博士学位论文,2017.

③ Zeynep Tufekci. Big Questions for Social Media Big Data: Representativeness, Validity and Other Methodological Pitfalls［J］. IC W SM, 2014(14)：505–514.

④ H V Jagadish, et al.Big Data and Its Technical Challenges［J］. Communications of the ACM, 2014,7(57)：86–94.

1. 在线招聘平台

随着互联网的发展，领英、前程无忧、应届生求职网、猎聘、企业门户招聘网站等网络招聘平台的不断涌现，使得招聘形式发生了很大变化，由以往的现场招聘转变为线上招聘，招聘活动涉及的材料由以往纸质形式转变为电子形式。在简历投递、招聘信息浏览和推送回应等过程中会产生大量的招聘数据信息，比如籍贯、年龄、学历、婚育和健康状况等个人基本信息以及工作经历、求职意向等职业生涯信息。由此，给企业和求职者带来了求职者简历、用人单位的需求信息以及人岗匹配信息等方面的数据。

2. 社交网络平台

脸书、推特、微博、微信等社交网络是基于用户关系的在线内容创造与传播平台，人们在此平台上分享或者交流个人意见、情绪、经验和观点等，由此产生了大量基于内容的数据、基于用户互动的关系数据以及基于用户的使用行为数据，这些数据的表现形式大多为文字、图片、视频和音频等。

3. 线上人才市场

随着移动互联网的发展，线下人才市场向 Mturk、Upwork、猪八戒网、阿里众包等线上转移，求职者在线上申请工作、浏览招聘信息等，这一系列行为产生了与工作任务和工作者相关的信息，比如招聘职位要求、劳动力供需状况、雇用匹配等数据信息。另外，人才外包业务范围不断扩大，包括灵活用工、劳务派遣、人事代理、税务代办、猎头、校园招聘等业务，在此过程中积累了大量的人力资源管理数据，比如，劳务派遣成本、人工成本、外部行业人才数据等[1]。

4. 搜索引擎

Quora、知乎、果壳等在线知识问答社区以及谷歌、雅虎、百度等网络搜索引擎是人们在工作和生活中遇到问题寻求解答的在线空间，由此而产生基于搜索行为的数据及其求教相关的信息[2]。

5. 人力资源管理信息系统

互联网的普及产生了许多人力资源管理信息系统，如 Oracle、Workay、SAP、金蝶、用友等，用来收集、管理和分析组织在招聘、培训、薪酬、绩效管理等人力资源管理过程中产生的信息数据。

6. 传感器等新兴数据源

传感器、物联网、可穿戴设备以及小型设备等已初步用于人力资源管理，产生了大量的非结构化数据[3]。

① 廉串德，刘佰明. 人力资源管理大数据：理论、技术与实践[M]. 北京：经济管理出版社，2021.

② 刘善仕，孙博，葛淳棉，彭秋萍，周怀康. 组织人力资源大数据研究框架与文献述评[J]. 管理学报，2018，15(7)：1098-1106.

③ [美]奈杰尔·古恩诺，乔纳森·费拉尔，谢丽·芬泽. HR 的分析力：人力资源数据分析实践指南[M]. 王军宏译. 北京：清华大学出版社，2016.

（四）人力资源管理大数据的类型

为了顺应大数据技术的发展浪潮，实现数据驱动的人力资源管理转型，HR 不再局限于围绕人力资源管理各职能模块的结果数据进行统计、问题分析与监控，而主要围绕选、育、用、留相关的问题进行数据预测与分析。比如，识别高潜人才、管理员工的健康水平、帮助员工积累成熟的工作经验、改进员工绩效表现和完善员工工作习惯等。HR 除收集和挖掘员工在人力资源职能模块产生的数据，还通过互联网、移动终端设备、传感器或者可穿戴设备等跟踪员工个人和团队在互联网上留下的行为足迹，在工作、办公场所的物理移动以及与他人的交流互动的行为数据[①]、社交数据、环境数据等，通过这些数据，HR 能够更全面精准地预测和理性决策。

目前，学术界对人力资源管理大数据类型划分还没有统一的标准。有学者认为人力资源管理大数据可以分为生理大数据、行为大数据和关系大数据三种基本类型[②]。如表 2.3 所示。

表 2.3　人力资源管理中的大数据

数据类型	主要指标
生理大数据	①生理指标：包括心跳、体温、睡眠、激素水平以及其他理化指标 ②人类基因数据
行为大数据	①教育行为大数据：在线教育资源的使用、图书资料的购买和借阅、参与非正式的技术分享等数据 ②求职行为大数据：在线浏览职位和公司信息、投递简历、与猎头的接触以及参加面试等求职行为中产生的数据 ③工作行为大数据：在办公场所的移动、办公软件设备的使用情况、使用讨论室的频率、使用工作场所休闲设施的频率以及在会议中的发言等工作行为中产生的数据
关系大数据	①在线互动行为：员工电话、邮件系统以及其他即时通信系统上的联系行为，及其在各种社交网络中的发布信息、互动、点赞、转发、分享等线上互动行为中产生的数据 ②线下互动行为：项目团队内部的沟通和合作、茶水间的交流行为以及非工作场所的互动等线下互动行为中产生的数据

资料来源：姚凯，桂弘诣.大数据人力资源管理：变革与挑战［J］.复旦学报（社会科学版），2018，60（3）：146-155.

有学者认为，人力资源管理大数据主要分为四类，即基础数据、能力数据、效率数据和潜力数据，并匹配不同的大数据类型。如表 2.4 所示。

---

① Gerard George，Martine R.Haas，Alex Pentland. Big Data and Management［J］.Academy of Management Journal，2014，57（2）：321-326.

② 姚凯，桂弘诣.大数据人力资源管理：变革与挑战［J］.复旦学报（社会科学版），2018，60（3）：146-155.

表 2.4　人力资源管理中的大数据

数据类型	主要指标	大数据类型
基础数据	年龄、受教育水平、专业、技能、工龄、岗位、职务、实践经历、人员总量、人才结构、人员状态、人力资源配比等	结构化数据为主，少数为半结构化和非结构化数据
能力数据	培训经历、考核情况、参与竞赛结果、奖惩等	半结构化和非结构化数据
效率数据	人均单产、人工成本利润率、工作完成效率、单项任务、坏件率、故障率等	多为结构化和半结构化数据
潜力数据	工作效率提升、收入涨幅、业绩提升率、职称提升频率等	多为结构化和半结构化数据

资料来源：

① 廉串德，刘佰明 . 人力资源管理大数据：理论、技术与实践［M］. 北京：经济管理出版社，2021.

② 潘啸鸣 . 大数据背景下 X 通讯公司人力资源管理研究［D］. 云南师范大学博士学位论文，2018.

③ 王通讯 . 大数据人力资源管理［M］. 北京：中国人事出版社，2016.

（五）案例：腾讯大数据人力资源管理实践

作为一家互联网大户，腾讯在大数据领域作为"领头羊"走在行业前列，在社交广告、游戏和视频等业务领域进行了大量前沿性探索，这为 HR 探索大数据人力资源管理奠定了实践基础。2014 年，腾讯在 SDC 内部成立了大数据人力资源管理团队，该团队由人力资源管理、HR 信息化、数据库、HR 咨询复合工作经验和背景的员工组成[①]，这为大数据人力资源管理的成功运作提供了技术支撑。大数据可以帮助 HR 进行科学分析和理性预测，实现人力资源前端管理。

1. 大数据人力资源管理基础设施

腾讯的大数据人力资源管理架构包括四层，自下而上分别是：源数据层、派生数据层、建模层、应用层。

（1）源数据层。源数据层最关注数据的收集、数据质量和品质，因此，需要对源数据进行清洗转换，然后存放在数据仓中。腾讯人力资源数据包括结果数据、过程数据、行为数据和心理数据。其中，结果数据基本来自招聘、培训、绩效、薪酬和员工关系等人力资源各职能模块产生的数据。过程数据源于员工在各职能模块信息系统中的操作日志以及操作轨迹。行为数据是关于员工行为和行为发生时环境的观察报告。

目前，腾讯 SDC 与源数据层的关联最多。主要体现在三个方面：

首先，源数据信息维护类服务。源数据来自两个方面：一是由 SDC 在系统操作产生，数据信息包括 OD 发文操作、员工转正、数据提取、荣誉数据维护、权限维护、校招生信息更改、简历入库等。二是由企业微信中的"HR 助手"产生，源数据主要来自员工办理的自助事务。

① 张欣瑞，范正芳，陶晓波 . 大数据在人力资源管理中的应用空间与挑战——基于谷歌与腾讯的对比分析［J］. 中国人力资源开发，2015（22）：52–57+73.

其次，权限配置和系统运维。主要包括人力资源系统的权限维护、清理和监控、SDC自建系统的运维。

最后，数据安全和质量。主要包括数据安全审计、数据质量规范梳理和需求响应、监控运营[1]。

（2）派生数据层。派生数据是对源数据进行计算，形成的便于分析、再次使用的二级数据。HR鲜有机会直接用到源数据，更多地使用派生数据。如对于司龄的计算为当前日期减去入职日期，应用层可以根据此派生数据，在员工入司纪念日当天向员工发放贺卡、纪念品等礼物。好的派生数据层应符合两个方面：

首先，有明确的统计范围和计算逻辑。明确的数据统计范围和计算逻辑有助于提升人力资源数据分析的效率和标准化，可建立全面、统一、易于调取的派生数据。

其次，派生数据的存储和再利用。派生数据层能储存经过初步计算的二级数据，并且存储的数量远远高于源数据层，从而减少数据冗余和浪费。

（3）建模层。数据建模是分析问题的思路。建模层通过需求收集、需求分析、逻辑建模、方案设计等步骤建立对某一个问题分析的指标体系。这些问题一般是管理层较为关注的，例如，如何识别高潜人才、如何实现人岗匹配、如何提升员工绩效水平等。建模层根据问题设计并分析所囊括的指标体系和模块。

（4）应用层。应用层将关注点聚焦于数据在人力资源业务中的应用和支撑。腾讯人力资源管理的服务对象主要是HR（COE、HRBP、SDC）、管理者和员工。腾讯的人力资源产品类型丰富，包括成熟型、订单型、定制型的人力资源产品，腾讯通过人力资源产品为HR提供业务洞察、运营管理和专业研究，为管理者提供辅助管理决策，为员工提供个人自助的数据服务。如SDC的管理者应用平台。SDC的HR在后台进行数据提取、数据分析和报告制作，管理者能直观、清晰、实时地了解团队的人事信息。COE的活力实验室主攻应用层，通过许多预判性的大数据分析为管理者决策提供支持[2]。如图2.1所示。

2. 人力资源大数据

腾讯的人力资源大数据包括结构化数据和非结构化数据。结构化数据是在人力资源信息系统产生的招聘、薪酬、绩效、人事等HR业务统计数据。非结构化数据主要指员工每时每刻在社交网络上产生的交流、搜索、视频和所在地理位置等数据，它分散在腾讯各个体系里。非结构化数据涉及的数据量庞大，因此，属于大数据范畴，非结构化数据成为突破结构化数据的关键。尽管在技术上对非结构化数据进行扫描、拦截与分析已成为可能，但因涉及员工内部沟通、聊天等隐私，因此，腾讯高层反对使用隐私信息进行数据分析。

---

①② 西楠，李雨明，彭剑锋，马海刚. 从信息化人力资源管理到大数据人力资源管理的演进——以腾讯为例[J]. 中国人力资源开发，2017(5)：79-88.

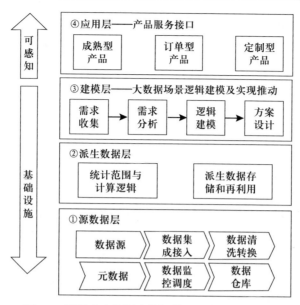

图 2.1　腾讯人力资源大数据基础设施的架构层次

资料来源：西楠，李雨明，彭剑锋，马海刚．从信息化人力资源管理到大数据人力资源管理的演进——以腾讯为例［J］．中国人力资源开发，2017（5）：79-88.

3.腾讯大数据人力资源管理实践的成效

大数据分析能为人力资源管理实践创造价值，比如，大数据为 HR 发掘人才信息，帮助企业降低人工成本，为 HR 提供前瞻性的业务洞察等，从而提升企业绩效，帮助企业获得竞争优势。腾讯 HR 开展了一系列大数据人力资源管理实践，为企业创造了价值。

（1）对离职进行预警的"红线"项目："红线"项目的目的是探索员工离职前会有何异常表现及其行为规律，当员工表现出异常行为时，系统向管理者发出预警，以便于管理者采取相应的行动方案。该"红线"项目是一项基于员工的非结构化数据基础的大数据分析，它是由 COE 的活力实验室牵头组织、多部门配合开展的。

（2）降低运营量的"先知"项目：腾讯自 2013 年建立了 HR8008 员工服务热线，为员工提供了一站式人力资源专业服务，帮助 HR 从繁重的事务性工作中解脱出来。HR8008 热线日常有大量运营工作，"先知"项目致力于通过大数据分析降低人力资源运营量，根据过往同期员工某类业务咨询数据找到相应规律，预测该类咨询的高峰期出现于何时。比如，通过对 2014~2015 年的员工业务咨询数据进行大数据分析，发现法定节假日前后是"休息休假"问题询问的高峰期，每年七八月是"实习生留用考核"问题咨询的高峰期。大数据人力资源管理团队通过抓取几个关键时间节点，预设好问题及其解答，并将其接入门户热点问题及搜索后台知识库，员工可以快捷地找到相关解答，大大减少了员工问询量，并提升了员工满意度。

自 2016 年实施"先知"项目以来，腾讯大数据人力资源管理团队绩效考核指标导向发生了变化，由实施前的人均咨询量、处理量越高越好转变为越低越好。腾讯人力资源管理理念也发生了变化，让员工感受不到人力资源的存在成为 HR 的不懈追求。

（3）助力员工招聘与保留的"员工稳定性分析"项目：为了预测候选人的稳定性，提高人才招聘与选拔的精度、效率和质量，提升候选者与目标岗位胜任力要求的匹配度，腾讯 SDC 开展了员工稳定性分析项目。此项目将腾讯成立以来的全部员工纳入研究对象[1]，按照员工的稳定程度进行分组研究，对 600 多万条相关数据收集整理并进行分类分级，通过对大数据技术的挖掘与分析，探索出了与稳定性相关的员工关键特征因素，构建了能够科学合理地识别求职者稳定性的数学模型。腾讯 SDC 将数据分析结果应用于招聘系统，根据候选人的求职简历，腾讯招聘系统能自动对应聘者的稳定性做出评价，从而识别稳定性较高的应聘者，以供 HR 和业务部门负责人在招聘与录用决策时使用，极大提升了招聘的效率和效果。

四、大数据人力资源管理的价值

大数据已经无处不在，它不仅出现在人们的生活中，也影响到企业的生产运作与经营管理，人力资源管理也不例外。通过大数据，HR 可以更好地履行人力资源管理职责，提升员工体验，服务好管理者和员工。那么，大数据能给人力资源管理带来什么价值呢？福布斯人力资源委员会的 9 名贡献者针对大数据能为人力资源管理部门带来何种价值发表了各自的观点。如表 2.5 所示。

表 2.5　大数据给人力资源管理带来的价值[2]

贡献者	价值点	大数据人力资源管理的具体价值
威尔逊 HCG 猎头公司的金·波普	完善人才队伍规划	大数据可以改变人才招募工作，但是组织必须正确分析结果。全面检查所有的人力资源数据，有助于深入了解如何管理由于不同类型员工（如合同制、兼职等）而造成的分散的人才格局
虚拟职业公司的劳拉·斯潘根	降低成本，更多地回馈员工	在人力资源部门使用大数据带来的最大好处之一，就是可以选择使用软件进行日常的人力资源管理，而不是为整个人力资源部门添加人手。在人力资源和福利管理方面，有很多价格合理、全方位的在线服务，可以涵盖人力资源和福利管理的方方面面。充分利用这些专门的系统以降低成本，并且更好地回馈你的员工

① 西楠,李雨明,彭剑锋,马海刚. 从信息化人力资源管理到大数据人力资源管理的演进——以腾讯为例[J].中国人力资源开发,2017(5):79-88.

② 薪人薪事. 数据对人力资源管理的意义,以数据驱动绩效提升[EB/OL].https://www.donews.com/news/detail/4/3144748.html.2021-04-09.

续表

贡献者	价值点	大数据人力资源管理的具体价值
Engagedly 公司的斯里坎特·切拉帕	挖掘隐藏的人才	组织面临的最大问题在于组织内部隐藏着人才，但是领导们却始终认为他们需要从外面聘请人才。使用神经语言程序分析过的大数据可以帮助分析反馈、项目评价和整体人才档案数据，从而近乎实时地建立组织内部的员工技能档案，这些档案可以被用作员工队伍规划的工具
克菲公司的查特尔·林奇	提供强大的洞察力	数据就是知识，知识就是力量。员工分析具有强大的洞察力，可以挖掘会影响公司营业利润的因素：应聘者体验、员工敬业度、客户满意度等。大数据可以帮助企业识别机会，塑造企业文化
Insperity 公司的约翰·费尔德曼	预测招聘需求	在招聘环节，雇主可以利用大数据更好地预测招聘需求，同时提高招聘质量和员工保持率。通过挖掘员工数据并确定技能、绩效等级、任期、受教育程度、过往职位等因素之间的相关性，企业可以缩短招聘时间，提高员工敬业度和生产效率，并且能够最大限度地减少员工流失
雪莉·马丁	提高员工稳定性	在人力资源领域拥抱大数据趋势的好处之一就是聚焦组织的健康状况。在当今人才短缺，员工对雇主的期望节节走高，公司文化对企业的长期生存颇有影响。企业在人员决策方面必须和业务决策一样，采用同样严谨程度的数据和分析
PEMCO 保险公司的 M J 维吉尔	实现理性决策	保险业以其对数据的掌控力著称，这个行业高度重视人力资源数据，并以数据支持好的决策。有效的数据能够为生产运作、组织结构和创新提供支持。有意义的数据分析可以监控人口统计信息、环境、健康和安全、总薪酬、技能、培训、流动性和职业发展，还能够监控敬业度、员工关键绩效指标
Skill Path 的卡梅伦·毕晓普	实现流程自动化	对于数据分析会在人力资源中剔除"人"的因素，有些人心怀疑虑，但是拥抱大数据让你能够使用工具，并且实现流程自动化，从而减少人为错误。当你将任务和流程自动化了之后，你的人力资源团队可以腾出手来，更好地完成战略规划、服务好员工并完成让公司变得更好

五、大数据在人力资源管理中的应用场景

目前，大数据技术尚未在人力资源管理中大规模普遍使用，使用大数据技术的大多为知名大中型企业，但大数据的"身影"早已遍布在了人力资源管理的各个板块。如表 2.6 所示。

表 2.6 大数据在人力资源管理中的应用场景

板块	应用场景	场景应用预期
人力资源规划	人力资源供需分析	通过自动分析企业战略、经营环境、人力资源现状与预期，抓取相应的数据，通过建模分析，得出科学的人力资源供需平衡计划
	人力成本预算	通过数据挖掘技术，根据各项指标的实时数据，实现可量化的成本管理方法，降低用人成本，减少经营成本，提高经济效益

板块	应用场景	场景应用预期
招聘与配置	岗位画像	在岗位说明书、岗位胜任力的基础上，结合行业内外优秀人才的基本特质，通过岗位历史数据建模和网络大数据分析来明确岗位所需的特征和行为
	人才画像	运用大数据分析、ML、数据挖掘等信息技术智能提取职位和简历中的信息，得出一个或多个虚拟可视化人像，能够快速、精准、标准化地描述出空缺职位所需人才的胜任素质特征
	简历智能解析	可自动从整份简历中抽取个人信息、教育经历、工作履历等诸多字段信息，以智能化的筛选方式快速处理、分析、导入简历，将复杂的简历解析，批量解析导入企业自己的人才数据库，有助于企业更快锁定人才
	人才雷达	通过云端、利用大数据定向分析和挖掘，从个人的网上行为中获取其兴趣图谱、性格画像、能力评估，帮助企业更高效地实现人岗匹配
	候选人社交网络信息挖掘	除了候选人提供至企业的个人信息，通过社交网络信息的关联查询及挖掘，形成更加立体的候选人信息，让企业更清晰、准确地了解候选人的情况（涉及授权）
	AI面试	招聘流程中的初步面试可以由聊天机器人代替，以及通过自然语言处理技术进行面试评估，以筛选出最适合的候选人
	人岗匹配	通过提取绩优或"高潜"员工的人才特征，得到不同的人才画像，并与候选人匹配，从而获得匹配信息，快速、有效找到优秀人才，实现人岗匹配智能化
培训与开发	培训需求预测	根据数据分析结果，发现并分析员工工作中的不足，提前提出培训需求，并形成问题点，辅助培训教材内容制定
	用户偏好建模	通过收集用户在学习过程中的学习时长、课程类型、常规行为、学习风格等基本信息，提取有效数据并结合云计算建立数据模型，深度分析、挖掘用户的潜在偏好，为个性化课程推荐提供支持
	培训课程个性化推送	根据员工绩效与个体行为偏好等特征，为员工定制个性化培训方案，自动推送适合的培训课程，提高培训效率
	培训评估	分析培训课程后员工绩效等数据，对培训方案及结果进行再评估，分析培训课程对员工工作的改善情况
绩效管理	绩效考核智能化	识别与员工绩效高低相关的个人特征和行为，并预测个人特征、既往业绩、培训与开发、近期行为表现、员工参与度和绩效等因素之间的关系，对其个人业绩做出预测分析，辅助绩效反馈与辅导，从而避免员工绩效下降
	绩效改进需求与方案建议	分析现有绩效制度与指标，发现绩效影响因素与变化关系，根据企业绩效导向与业务发展，发现并提出改进建议

续表

板块	应用场景	场景应用预期
薪酬福利	薪酬数据分析	根据现有数据，分析挖掘薪酬数额、薪酬区间、薪酬结构与绩效表现之间的变量关系，辅助企业激励方式决策
	薪酬调查	根据内外部数据，对标岗位薪酬在市场所处地位，分析薪酬吸引力与吸引人群特征，辅助企业制定薪酬策略、辅助人才招聘与保留
	智能算薪	通过人工智能的技术手段，结合企业的工资政策、企业规模和员工绩效等因素，自动计算员工薪资福利
	薪酬管理看板	通过汇总、分析和呈现薪酬相关数据，帮助企业管理人员了解和把握员工薪酬状况，协助企业实现薪酬费用的管控和优化
	薪酬福利体系	企业可以对内部社交平台数据，以及员工消费能力、消费偏好、工作状态等数据信息进行分析，从而了解员工的薪酬福利偏好和诉求，以帮助企业建立更加有效的薪酬福利体系，为员工量身定做福利待遇
员工关系管理[①]	离职风险预测	预警人才离职风险，降低企业用人风险，及时辅导修正员工职业心态，降低人力资本流失率
	离职原因预测	挖掘、识别、判断可能导致员工离职的客观原因和主观原因，尽早得到预警信息，以便在员工离职之前采取有针对性行动，避免给工作带来更大影响
	智能化考勤管理	灵活设定排班策略和员工考勤信息，通过自动分析得出完整的考勤汇总结果，满足员工和管理人员的即时查询和日常管理，并自动转入薪资系统进行计算处理
	员工关系信息实时反馈	通过数据挖掘，优化员工实时反馈机制，通过根据舆情信息统计，调整企业、管理人员与员工之间的关系，增强员工归属感和认同感
	劳动用工风险预警	通过对员工从入职到离职过程中可能产生的风险点进行筛选，分解和提取相应的法律条文和风险后果，解决对政策理解的信息化和标准化；通过对已经发生的劳资纠纷案例分析、跟踪、统计，实现对用工风险的预判及后果的预测

第二节　大数据对人力资源管理的影响

　　将大数据技术和理念融入企业人力资源管理中，有助于企业人才将"选、育、用、留"工作纳入量化范畴，实现全过程的定量化、科学化，并且可对企业人力资源管理的未来发展趋势进行科学的研判和分析，以提升 HR 的工作效率，使人

---

① 王素梅，黄小龙，王和生，陈婷玮. 大数据技术在电力企业人力资源管理中的运用探索 [J]. 经营与管理,2022,(01):

力资源管理更精准、使 HR 更有话语权。大数据技术给人力资源管理带来的影响如下。

一、大数据促使企业人力资源管理网络化发展

"大量的数据""海量的数据"是大数据的最重要特征之一，因此，大规模的数据是应用大数据分析的基础，但企业内部存储的数据并不能满足的"大量"的要求，因此，企业要实施大数据分析必须协同外部互联网络进行有效联动，形成人力资源数据库。比如，将企业内部的人力资源管理系统与员工通过外部社交网络平台产生的数据进行联动，通过数据分析可以判断员工绩效高低、离职与稳定性等原因，以便企业有针对性地对员工进行关怀或者激励。

大数据促使人力资源管理与互联网紧密结合，既拓宽了人力资源管理数据来源，又可以实现内外部数据的有效结合，助力人力资源管理决策更加精确化和科学化，但也给 HR 带来严峻挑战，大数据既要有存储空间的要求，又要具备一定的信息采集能力，还要懂算法及构建科学有效的数学模型，才能实现大数据的收集、挖掘、计算和分析等功能。

二、大数据助力人力资源管理逐渐进入科学化管理阶段

从管理学正式作为一门科学诞生之日起，管理者一直在不遗余力地推进管理对象的量化，并且使自己的决策能够更多地基于数据和模型而不是直觉，人力资源管理也不例外。

传统的人力资源决策主要依赖于各类人事统计数据及人事报表。大数据时代背景下的人力资源管理，通过对员工的兴趣爱好、知识、技能与能力、综合素质、人格等非结构化数据信息的采集，通过建模对上述特征进行量化，实现人力资源管理的科学化与精确化。更关键的是，大数据有助于市场化、专业化和职业化的职场环境的形成，以充分释放 HR 的价值。

大数据分析试图从繁杂海量的数据中探索数据存在的价值并总结规律，利用其进行科学合理的预测未来发展趋势，做出理性决策，这与人力资源量化管理的理念不谋而合。大数据帮助 HR 从凭借经验的思维模式逐步转变为依靠事实数据的思维模式。大数据可以收集员工行为、视觉、语音视频、文本文档等方面的信息，将这些数据信息采集整合到数据库，然后通过利用合理的算法对数据进行深度挖掘与分析，实现数据的可视化和量化，让大数据为人力资源工作添翼助力。

三、大数据可以赋能人力资源管理提升员工体验

大数据将打破传统的层级式的组织模式，员工与管理者之间不但可以通过传统的行文与语言沟通，还可以通过社交网络平台和即时通信工具进行互动，这样会产生较多的交互性数据。另外，员工能参与到企业管理工作，对企业在生产运作和运营管理过程中出现的问题提出宝贵的建议或意见，促进企业建立和完善管理制度及流程。此外，管理层可以通过员工反馈的信息，以及与员工的互动获取信息，根据员工的需求给予员工更多、更及时的关怀和服务，提升员工体验。

随着人们物质的不断丰富，员工个性化需求不断增长。在大数据的冲击下，HR 的管理重点由关注群体行为的模式转变为关注员工个性化需求，从强调标准化向注重个性转变。通过大数据技术 HR 能收集到有关员工个人物质和精神需求、专业背景、工作经历、兴趣爱好等数据，通过数据挖掘与分析，可以了解员工的个性化需求，据此，HR 可以根据员工需求针对性提供薪酬福利项目，满足员工需求的个性化、精准化，提高员工体验。

四、大数据可以促进人力资源管理的数字化转型

随着大数据分析和移动互联网的深入，数据作为企业的核心资产日益被重视，很多企业通过数字化转型来提升企业效率。人力资源管理在大数据的洗礼下也需要进行数据化的转型，即利用数字化技术手段，对人力资源业态关键环节进行数字化整合，提供更加智能化、精准化的数字服务[①]。互联网时代，数据无处不在，信息技术的腾飞使得人们间的沟通与交流变得便捷和直接。在大数据技术时代，人才的能力与技能、特质、素质与行为都可以用数据衡量。通过对人力资源"入离升降调，选用育留辞"等环节的数据进行收集与清洗，建立有效的人才管理数据模型，比如，离职预测模型、人才预测模型、人才画像、岗位画像等，通过数据分析和呈现，提供数据分析报告与决策建议以供决策参考及预测分析，大数据为人力资源管理创造了巨大价值，通过数据分析使人力资源管理融入企业数据化转型中。

五、大数据促进 HR 的角色定位发生转变

大数据给 HR 带来角色定位的转变体现在两个方面：

---

① 杨晓光，王倩．巧用算法，精准预测员工离职［J］．人力资源，2022（2）：148-149．

一是 HR 思维模式从"经验＋感觉"转变为"事实＋数据"。传统 HR 缺乏大数据技术支持，采用的是经验导向式的决策风格，依据"经验＋感觉"式主观判断，如个人经验、直觉或者感觉，或是关系亲疏。在大数据时代，HR 采用数据导向的决策风格，依据客观数据反映"事实＋依据"，从而降低决策误差，提高决策的科学性和精准化[①]。

二是人力资源管理人员从数据收集者转变为管理决策者。大数据兴起前，HR 主要从事考勤、人事报表、薪酬报表等数据采集分析工作，大数据兴起后，HR 可以利用人事信息系统、人工智能工具等高效开展数据的采集、汇总、统计、管理、分析和决策。比如，通过收集员工学习行为数据，HR 可以对员工能力及工作效率进行数据化分析，更加精准地发现员工培训需求，从而为后续培训方案的制定提供依据。

第三节　大数据驱动下的人力资源管理变革

大数据和 AI 引发了产业升级和变革创新，人力资源是企业的第一资源，是打造企业核心竞争力的关键，会随着大数据和 AI 的发展而转变。人力资源管理必须顺势而为，形成数据化管理和智能管理思维，有效提高人力资源管理效能。

一、大数据促进人力资源职能的变革

（一）大数据改变了人才招聘模式

过去，人才搜寻方式采用的是被动搜寻，企业从招聘网站上搜寻人才简历。大数据背景下，企业采用人才定位的主动搜寻。人才在网络平台留下"数字足迹"为企业主动定位人才提供可能，HR 通过大数据技术对人才教育背景、工作经历、薪资水平、业界口碑等多维度的信息进行收集整理。例如，人才在社交网络上发布的简历、在搜索引擎中的搜索记录、移动智能终端记录的地理位置信息，以及包括 GitHub 等专业网站上的活动记录等[②]。Telefonica 是世界上最大的电信公司之一，它创建了基于 SAP 平台的 Reskill 应用程序，并让员工在该程序上填写他们的技能简介，通过机器学习算法，智能地将员工技能与空缺职位需求匹配起来。

（二）大数据改变了绩效管理模式

1. 大数据技术改变了绩效考核周期

因绩效考核数据收集成本高，费时费力，过去部分绩效指标的绩效评价周期

① 和云,安星,薛竞.大数据时代企业人力资源管理变革的思考[J].经济研究参考,2014(63):26-32.
② 姚凯,桂弘诣.大数据人力资源管理:变革与挑战[J].复旦学报(社会科学版),2018,60(3):146-155.

大多为半年或一年。大数据能提供实时更新的量化的绩效考核数据、能反映员工的绩效变化情况，并可以通过 RPA 自动将员工的绩效数据及时反馈给员工，企业可以依据绩效考核结果及时、动态调整薪酬待遇。因此，绩效考核周期从过去的周期性考核转变为大数据技术下的实时跟踪绩效波动。例如，容器商店公司（The Container Store）使用可穿戴设备实时跟踪其店员与同事、顾客之间的交流互动情况，以及店员在店内的位置移动状况，将此作为绩效考核的依据之一[①]。

2. 绩效评估变得更加客观

大数据下的绩效评估主要依据数据说话，过去难以量化的因素也可以量化，绩效评估的主观因素降低，评估方式更为透明。另外，大数据下的绩效评估不仅能衡量工作成果、反映员工工作过程，还能阐明产生结果的缘由，为绩效反馈提供更细化的改进建议。

二、大数据使人力资源管理的工作方式发生了根本转变

数字化管理对于提升 HR 职能的效用和价值注入了新的驱动能量。随着大数据技术的广泛应用，人力资源管理的职能除常见的六大模块外，还包括对数据的分析和整理，数据将成为 HR 转型的有效载体，因此，有学者认为人力资源数字化管理被认为是人力资源管理的第七大职能[②]，与之前的六大模块相互支撑、高度融合[③]。科学地量化员工的兴趣爱好、人格特征以及行为数据，可以帮助 HR 更客观地分析员工。

首先，大数据技术促进人力资源管理决策模式从"经验 + 感觉"驱动向"事实 + 数据"驱动转型，即从"经验型"转向"预测型"，通过洞察数据背后的意义和价值，发挥人力资源管理的预测作用，为组织战略目标的实现提供决策分析支持。

其次，大数据技术提高了人力资源管理效能与效率，提升了预测与分析能力，使人力资源管理从被动处理问题型转变为主动发现潜在问题型，增加了发现商业价值的机会。

最后，大数据技术提高了人力资源管理的敏捷性和快速反应能力，人力资源管理工作从周期性转变为实时连续跟踪，能立即处理问题、立即反馈问题。

三、大数据技术促进人力资源管理模式发生变化

农耕时代靠体力，工业时代机器取得了体力劳动，信息化时代进一步提高了

---

① 姚凯,桂弘诣. 大数据人力资源管理：变革与挑战[J]. 复旦学报(社会科学版),2018,60(3):146–155.

② 和云,安星,薛竟. 大数据时代企业人力资源管理变革的思考[J]. 经济研究参考,2014(63):26–32.

③ 刘飞. 大数据背景下组织人力资源管理流程创新研究[J]. 吉首大学学报(社会科学版),2017,38(S2):33–35.

劳动效率。在社会演进过程中，社会协同模式和决策模式发生了翻天覆地的变化，从最早自己说了算的"个人制"，到老板说了算的"科层制"，到面试官说了算的"矩阵制"，如今已经进入"大数据说了算"的网络型组织。与之对应，人力资源管理模式也在不断演进[①]。

（一）从管理到"自理"

以阿里巴巴为例，组织规模大且复杂，业务范围广，这就要求员工具备独立工作和复杂协同的能力。为此，阿里巴巴所需人才不再是"外驱型"，而是"内驱型"人才。阿里巴巴在人才选拔时将自我管理、自我学习、自我驱动能力作为非常重要的胜任素质严格考察候选人，并且在员工入职后不断通过系统化教育与培训以强化员工的自驱力，"借假修真，借事修人"。

（二）从管理到"智理"

数智化时代，移动互联网、大数据、AI技术的普及与使用推动了社会的智能化发展，人力资源管理顺势而为，将大数据和人工智能技术逐步应用于人力资源管理各个领域。比如，企业招聘时采用的人才画像和岗位画像技术，正是通过大数据算法对候选人和招聘岗位进行精准识别，实现人岗智能匹配，提升招聘精准度。人才画像和岗位画像技术颠覆了传统的招聘模式，使招聘工作变得科学化、精准化和智能化。AI的出现，比如，人脸识别、聊天智能机器人、RPA、OCR等技术的兴起，促进部分人力资源管理工作从线下转移到线上，AI取代人力资源管理中那些简单的、偏事务性的工作后，人力资源管理工作从事务性向战略性转变，从而使人力资源管理逐步向科学化、智能化、数字化模式转型[②]。

[①] 姜中华.阿里巴巴组织演进和人才发展背后的故事[EB/OL].http://app.myzaker.com/news/article.php?pk=5ca18e0b77ac6429 f83132d2, 2019-04-01.

[②] 李进生，赵曙明.VUCA时代人力资源管理模式创新的取向与路径——以"三支柱"模式为主线[J].江海学刊,2021(5):90–96.

第三章　大数据时代背景下的人力资源规划

《哈佛商业评论》指出,"大数据分析开始驱使企业作出与人有关的决定。越来越多的公司董事会、首席执行官、首席人力资源执行官意识到,通过运用数据分析工具来完善人才策略,可以帮助企业提升收益和利润"。

人力资源战略规划决定了企业人力资源管理的发展方向,是企业人力资源管理的"火车头",它主要预测企业人力资源供给和需求,在预测分析时,需要大量外部宏观环境数据信息和企业内部业务和人员数据的支撑,并需要对大量的数据进行采集、处理、分析,若想人力资源供求预测科学、准确,必须有大数据技术的支持。本章分析了大数据对人力资源规划的影响,梳理了大数据在人力资源规划中的应用,并探讨了大数据背景下企业人力资源规划的策略。

第一节　大数据对人力资源规划的影响

一、何谓人力资源规划

对于何谓人力资源规划,很多教材都给出了定义,定义大多如此:人力资源规划是在某一段时期内根据企业战略规划目标和内外部的环境,对人力资源供给和人力资源需求进行预测,从而为企业发展提供人力资源支持和智力支撑。

2011年,在世界大型企业联合会(Conference Board)的邀请下,人才管理高管为人力资源规划下了一个定义:战略人力资源规划能保证组织拥有在特定岗位和特定时间所需要的人才[①]。从此定义可以看出,人力资源规划是为了保证企业战略目标的实现而制订的人力资源保障计划,"所需人才"既包括人才数量,也包括

---

① [美]吉恩·皮斯.HR 的大数据思维:用大数据优化人力成本[M].赵磊,任艺译.北京:人民邮电出版社,2018.

人才质量。如何才能测量出"所需人才"，这需要对人才供给数量和质量以及人才需求数量和质量进行预测，预测人力资源配置需求以避免人才短缺。而实现人力资源规划需要用到预测性数据分析，这意味着需要应用定量分析的方法从数据分析中得到数字。预测人力资源供给需要定量分析，预测人力资源需求也需要定量分析。人力资源规划能帮助企业洞悉人力资源的当前和未来状况[①]。

二、人力资源规划存在的问题

（一）对人力资源规划不重视

尽管大家都知道，"凡事预则立不预则废"，但受现有人力资源体系的约束，业界对 HR 的认同度不高，自人力资源管理诞生以来，世界上对 HR 的质疑声从未消失过，"炸掉人力资源部""拆掉人力资源部""撤销人力资源部"呼声不断。很多企业的人力资源管理体系并不完善，大多还停留在"入离升降调，选用育留辞"等环节，很少有企业制定人力资源规划。另外，战略规划大多体现在企业高层口头上，并且是对企业战略层面的规划，是企业三五年甚至十年二十年的目标，但没有结合企业实际制定战略规划，更没有人力资源规划去支撑企业战略规划。于是，公司战略规划成为"空中楼阁""只可远观而不可亵玩"，无法落地实施。还有些企业认识到人力资源规划的重要性，制定了人力资源规划，但并没有付诸行动或者无法付诸行动，以致于无法支撑企业战略的落地。

（二）人力资源规划缺乏灵活性和及时性

当今，信息技术突飞猛进，企业所处的社会政治环境、经济环境、法律环境、科技技术环境、社会文化环境等宏观环境日新月异，人力资源规划需随着外部环境的变化及时、灵活地调整。另外，人力资源规划是为了支撑企业在某一时期内的战略目标，当企业战略目标调整时人力资源规划也要随之调整。但是，现在很多企业的人力资源规划比较滞后，当社会宏观环境或组织战略规划发生改变时，人力资源规划并未及时调整，当企业业务或者经营管理方式等发生变化时，人力资源规划未随之改变，导致人力资源规划停留在纸面上，无法落地。

（三）人力资源规划缺乏针对性

在制定人力资源规划时，HR 需熟知企业战略规划目标，并全面了解整个公司的宏观环境、业务运营、企业发展规模、未来的定位和方向及各个部门的业务现状，梳理企业人力资源现状，诊断出人力资源的具体问题，进而制定合理的人力资源规划。但现实是 HR 对整个公司的战略目标理解不到位，对各个部门的情况不是太了解，因而人力资源规划缺乏客观性和针对性，不能够准确地识

---

① 罗斯·斯帕克曼.大数据与人力资源:Facebook 如何做人才战略规划[M].谢淑清译.杭州:浙江大学出版社,2019.

别问题，也无法做出符合企业实际情况的人力资源规划，更不能支撑公司战略目标的实现。

三、大数据对人力资源规划的影响

（一）大数据使人力资源规划更具科学化和精准化

当前，企业预测人员需求和供给大多根据以往的员工需求数量、公司业务量、劳动生产率等，依据德尔菲法、比率分析法、回归分析法等，需要运用历史数据来预测某一段时间企业所需要的人力资源数量。在预测时，需对企业未来几年的工作量、工作效率等做出准确测算，需依据员工年龄、人格特质、经验、发展潜力和晋升空间、职业目标等信息进行分析，这样预测的结果才会趋于合理。而要获得这些信息就需要查询大量的资料和数据，并且有些资料是难以收集和统计分析的，以致于造成预测分析数据并不太科学和合理。在大数据技术下，上述信息是可以收集、挖掘和统计分析的，大数据技术预测的人力资源供求数据更加科学，并节省了大量的人力物力。

（二）大数据使人力资源规划更具及时性

人力资源规划大多是中期或者是长期的，一般至少一年起步，但现在社会环境变化日新月异，内外部环境使得企业战略规划不再符合市场的需求，为了更好地发展，企业会对战略规划和发展目标进行调整，故此，人力资源规划随之调整非常有必要。

大数据时代拥有庞大的数据体，为人力资源规划带来了巨大的发展潜力。大数据技术可以扫描、收集、挖掘企业内外部相关数据信息，利用数据分析预测人力资源的需求和供给，并帮助企业作出相应的人力资源供求决策。企业可以在瞬息万变的时代及时调整战略，并随之调整人力资源规划。

（三）大数据提高人力资源配置的合理性

在人力资源规划过程中应用大数据和 AI 技术，可以收集企业外部的宏观环境数据信息，比如，利用人口、教育和地理等数据评估当地的潜在劳动力，并结合企业战略发展目标和人力资源战略目标、企业未来几年业务量、劳动生产率、人员流动状况、员工的数量、质量、结构、技能、能力、效率与潜力、人员的流动性等数据，运用预测性分析技术对人力资源供求进行精确分析，合理配置人力资源，为人才储备计划提供科学的决策依据，提高人才利用率，推动人力资源规划从凭"拍脑袋"决策方式转向用事实依据和数据决策。

（四）大数据改变了人力资源供求预测方式

众所周知，人力资源规划是为了实现公司战略目标，对某个时期人力资源需求和供给进行预测，根据预测结果采取相应的措施实现人力资源的供需平衡。大数据使人力资源规划的时间发生了改变，由事后规划转变为事前规划或事中规划。大数据技术下的人力资源规划，以人力资源供求分析为目标，通过企业人力资源大数据、企业生产运营和财务大数据、产业和市场大数据以及宏观经济大数据，采用机器学习等技术预测人力资源供给和人力资源需求。预测的内容不仅包括人力资源的数量，还包括人力资源的人才质量和具体类别。预测的时间范围可以延伸到未来的 5~8 年，使得中长期人力资源规划有据可依。

例如，陶氏化学（Dow Chemical）根据企业 4 万名员工的历史数据，结合市场、产业和资金大数据，预测出整个化工行业以 7 年为一波动周期的劳动力需求情况，据此测算企业的员工晋升率、内部职位调动和人力资源供应等情况，并开发了陶氏战略性人员配置模拟模型工具，该工具在测算 5 年后的人员需求量以及员工剩余量方面，取得了较好的成效 [1]。

第二节　大数据在人力资源规划中的应用

一、人力资源规划大数据常见的方法——预测分析

当今，市场、财务、消费者行为研究等很多部门都在使用预测分析进行商业决策。在人力资源管理领域，预测分析成为培训开发与人力资源规划的规则变革者。HR 被期待利用数据驱动且科学合理的预测分析，以证明人力资本投资对商业决策的价值。IBM 在其 2016 年首席人力官报告中发现，使用预测性分析的首席人力官的数量在过去两年内约增加了 40%，这有助于他们在不同的人力资源工作中做出更加明智的决策。

"大数据大师"伯纳德·马尔（Bernard Marr）对"预测分析"给出如此定义："预测分析是指通过使用数据、统计、建模和机器学习，根据历史数据来预测未来可能的结果的过程。"它依据过去发生的事情，通过建立模型以预测未来会发生什么。预测分析是一个非常有效的工具，它可用来预测事务发生的可能性和风险等级，尤其是在预测关键员工离职时。例如，谷歌采用预测技术得出一个结论：四年内未获得晋升的销售新人，有较大概率会离职。由于大数据技术的加持，数据量和计算能力正在逐年提升，预测未来的准确性越来越高。

---

[1] Jean Paul Isson, Jesse S.Harriott. People Analytics in the Era of Big Data: Changing the Way You Attract, Acquire, Develop, and Retain Talent[M]. Wiley, 2016.

二、大数据在人力资源预测分析中的应用

当今，大数据作为新的生产要素，对生产力的发展有推动作用，大数据成为真正有价值的资产，云计算、人工智能、物联网等都是为大数据服务的技术手段。企业交易经营信息、货物的物流信息、人人交互或人机交互信息、人所在的地理位置信息等，都成为有价值的数字资产。将这些数据资产用于商业决策，会给企业带来价值。对于人力资源规划而言，收集、盘活企业内外部信息（见图3.1），也将为企业的人才招聘、人才保留、培训、绩效、薪酬等业务模块带来价值。

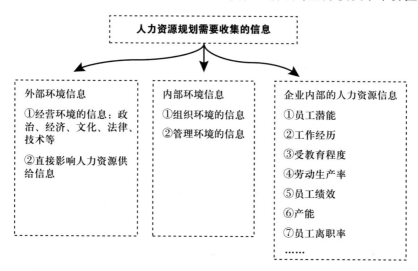

图 3.1　人力资源规划所需收集的信息

在人力资源规划中，企业需要对人力资源需求和人力资源供给进行预测，而要进行有效分析，就应该对员工潜能、产能、员工流失率、员工绩效等项目进行分析。

（一）员工潜能分析

分析企业内部的人力资源供给时，不仅要考虑人力资源数量，还要考虑人力资源质量。分析人力资源质量时，员工潜能分析是一个非常重要的项目。潜能与员工的专业水平和技能有关，潜能分析能给企业识别出业务所需的或个人的特质及核心能力。能力不但包括职业资格和专业技能，还包括潜在能力。通过员工已具备的技能、潜能与职位胜任素质对比分析，可以了解员工还存在什么问题和差距，从而有针对性地对员工开展培训或者鼓励员工弥补不足，从而提高人力资源质量，增加人力资源供给，减少人才招聘，降低人工成本。

传统的潜能分析采用面谈或者调查问卷以获取相关资料与数据，云计算的出现大大改变了现状。通过大数据和云计算技术，可以进行详细的潜能分析，从而建立一个涵盖特定和通用技能的能力框架，预测哪些潜能将被时代淘汰、哪些潜

能需要提前培养。能力框架能帮助 HR 制订合理的培训方案和招募计划，以启动技能转变。

（二）产能分析

产能分析旨在分析单个员工的工作效率。大数据技术背景下，如何预测员工产能呢？这需要跟踪员工时间支配的数据系统，如考勤系统、员工随身携带的传感器等设备。产能分析能够跟踪员工花在实际工作上的时间及做其他事情的时间，还能了解在新项目上需要花费多少时间。《财富》分享了一个例子，一家制造企业发现一些基层管理者每周要花 30 个小时以上的时间进行"向上管理"，即参加会议或向高管汇报。显然，这让他们每周只剩下 10 个小时来做产生效益的工作。根据此分析结果，该公司发布了一个减少会议的管理制度[①]。

（三）员工流失率分析

人力资源是一个组织中最重要的资产，是第一资源。员工流失意味着企业资产的流失，也意味着组织内部的人力资源供给减少。流失率过高会降低组织士气，降低组织生产效率和生产力。

员工流失率分析指通过以往员工流失数据来预测未来趋势，从而提前干预并减少员工流失的过程。根据业务的波动性，组织应至少每 6 个月或每年跟踪一次员工流失率。

如何预测分析员工流失率呢？通过组织常用的 KPI（关键业绩指标）可以预测，比如员工满意度、员工敬业度、员工绩效评分等。此外，可以结合离职面谈记录表、绩效评价、社交媒体平台等相关数据挖掘更多信息。

◎名企实践

IBM 和 Watson "预测减员项目"，预测人员流失

沃森（Watson）是当下人工智能的最高端应用平台。IBM 与 Watson 合作开发了一个以企业内部数据为基础的"预测减员项目"，旨在预测分析员工流失率，并为管理者制订留住和吸引员工的方案。沃森在对以往和现在的员工数据进行简单分析后，可以识别出与员工流失相关的因素，并根据离职员工的数据，预测职业角色和绩效评价与员工流失之间的关系[②]。员工加班时长、能力、年龄、现任经理的在任时长等都是影响员工流失的主要因素。沃森还根据职业角色对数据进行了分类，结果显示，HR 或管理者比销售人员或品控人员更具有稳定性。预测显示，每周加班时长在 15 个小时以上的员工最有可能离职，这是因为过度劳累的人更有可能离职，也证明了加班时间是员工流失的一个主要因素。

凭借该项目，人力资源部门可以及时发现员工是否有离职风险，并提前与有离职倾向的员工进行交流，了解到员工对企业的哪些地方有所不满，从而通过加薪、福利补贴等方式留住人才。员工离职预测系统有效降低了企业的人员流失率，节省了大量员工留存成本。

---

①②［英］伯纳德·马尔.人力资源数据分析：人工智能时代的人力资源管理［M］胡明，黄心璐，周桂芳译.北京:机械工业出版社,2019.

IBM首席执行官吉尼·罗梅蒂（Ginni Rometty）在美国全国广播公司财经频道举办的"职场人才＋人力资源峰会"上表示，"IBM的AI技术对员工离职率的预测准确率已达95%""AI已经为IBM节省了近3亿美元的保留成本""自从IBM更广泛地实施包括云服务和其他现代化在内的技术以来，这家科技巨头已经将其全球人力资源部门的规模缩减了30%"。

（四）员工绩效分析

分析人力资源质量时，员工绩效分析是一个非常重要的指标。员工绩效分析旨在评价员工个人的绩效水平，由此可洞察哪些员工的业绩好、哪些员工在哪些绩效指标上还存在问题和差距，对员工有针对性地开展培训或者指导，从而提高员工绩效水平，增加人力资源供给，降低人工成本。

在大数据和人工智能技术盛行的当下，收集和分析员工绩效的方法很多，从企业绩效评价系统到员工胸牌上的传感器，通过对文本信息、情绪信息和声音信息等进行数据分析，分析结果可以用于帮助改进生产管理模式。例如，一家大型银行制定了集体休息条例，从而使业绩提高了23%。

对于员工流失率较高的组织，比如电话服务中心，员工绩效分析也特别重要。通过大数据可以掌握电话客服人员每一次通话时长、每小时通话次数、通话中矛盾升级的次数、解决问题的通话次数、客户满意的通话次数，通过对以上数据的分析，可以分析每名客服人员的绩效情况，既能发现谁是最佳员工，也能显著降低员工的离职率和招聘成本。

（五）宏观数据分析

除了上述分析外，企业在开展人力资源规划时，还要学会用大数据技术和AI去收集、使用宏观数据，比如经济数据、技术数据、法律数据、文化数据等。

◎名企实践

美国富国银行：用失业率预测人才供给变化

美国富国银行（Wells Fargo）建立了一支卓越的人力资源数据分析团队，该团队通过对宏观经济数据分析而了解银行的日常运营情况，并提出改善建议。该团队从美国劳工统计局提取地区失业率，以帮助预测未来不同市场上的人才变化情况。当失业率低的时候，员工离职去更换工作的可能性更大，相反，当失业率高的时候，员工离职的可能性就小。该团队也会使用宏观经济数据来了解不同地区、不同职业可招聘人才的情况。通过分析何时何地有可招募的人才，富国银行可以制定明确的人才吸引战略目标，来招募所需的人才。比如，有针对性地决定在哪里发布广告或者去哪所高校开展招聘会①。

---

① ［美］吉恩·皮斯. HR的大数据思维：用大数据优化人力成本［M］. 赵磊，任艺译. 北京：人民邮电出版社，2018.

第三节　基于大数据的人力资源规划策略

一、树立数字化管理意识

（一）培养 HR 的数据化管理意识

随着大数据的脚步日益加快，HR 正经历着数据冲击的革命浪潮。数据化的爆炸式增长意味着 HR 拥有越来越多的数据，HR 要跟上时代发展的步伐，就必须培养大数据化意识，将传统的人力资源管理转变为数据驱动型的人力资源管理。也就是说，HR 可以利用数据、电子传感器、物联网等智能工具，通过建模和分析工具将数据转变为洞察力，利用大数据进行人力资源管理决策。比如，谷歌利用大数据分析员工满意度，做出了提高员工的福利待遇的决定，如丰厚的带薪休假待遇、免费工作餐、免费通勤车、午睡舱等，这大大提高了员工满意度。

在人力资源规划时，HR 作为员工的管理者和培训与开发者，其数字化意识会对员工产生直接影响。HR 依据大数据技术进行人力资源供给预测和人力资源需求预测时，分析出的供求数据更为客观和精准，依此制定的人力资源规划更精准、科学和高效。

（二）培养员工的大数据意识

只有让员工意识到大数据技术的价值和意义，并致力于收集真实的、高质量、有价值的数据，才能让人力资源管理工作更具科学性、有效性、准确性，才能让企业更具竞争力。

人力资源部门是人力资源规划的制定者，员工是人力资源规划的执行者，只有让员工建立大数据的意识，才能实现人力资源规划的数据化、才能让人力资源规划顺利展开，并减少人力资源规划在执行中的偏差。

二、搭建大数据平台

在企业制定了中长期人力资源战略规划后，每年末企业人力资源部门会根据组织内外部环境的变化，适时调整人力资源年度计划，这需要对人力资源现状进行盘点。如果每年如此操作的话，则极大地浪费了企业的财力、物力、人力。另外，在企业各职位的人数、员工胜任能力进行盘点分析时，需要花费大量时间才能得到较为准确的结果。

如果企业搭建一个大数据平台，将上述工作日常化处理，通过大数据平台每天记录员工的出勤、工作业绩、薪酬福利、员工招聘和离职等信息，不但可以大大节省人力、物力和精力，还能检验员工工作的规范性、监控员工的行为，确保数据的及时、准确和有效。另外，借助大数据平台，既可以评价员工的绩效，还可以对员工能力进行分析，并将分析结果提供给管理人员以供决策时参考。数据化平台还能及时记录企业高管所制定的企业目标和长期规划，并将年度目标、当月计划、每天的生产计划传递给员工，还能及时统计往日生产状况。

HR 可以通过企业内部数据分析，结合外部宏观环境，及时绘制企业目标走势图，合理预测各个岗位的人力资源需求，然后，根据需求量、岗位需求以及人员质量等因素配置相应数量的员工，实现工作量的合理分配。比如，当数据平台中显示员工工作量过于饱和并且无法完成工作任务时，企业可以通过员工调配、招聘、加班加点、业务外包等措施，以补充人员供给；对于任务量经常不达标或者业绩较差的员工，企业可以开展培训与开发、绩效辅导、调换职位等措施。人力资源规划是人力资源管理的基础和平台，为人力资源管理其他业务模块的工作奠定基础。

三、发挥大数据的预测功能

大数据时代，无论是语音信息、情绪信息、文本信息、谈话信息，还是电子邮件信息、照片和视频信息、传感器信息等，几乎所有的信息都可以数据化。传统的人力资源管理在数字管理方面，一般涉及数据的收集、存储和简单的汇总、统计、查询等业务范围，而大数据背景下的人力资源管理通过对海量数据进行描述、诊断、预测，从而分析人力资源的现状、动态与发展趋势，为及时发现人力资源管理中的问题、洞察总体发展态势提供科学、直观的依据。因而，大数据人力资源管理开启了颠覆性的预测式分析、图论分析的新阶段[1]。

企业可以利用大数据快速获取有关战略发展规划相关的数据，比如，外部环境数据和企业内部生产运作和经营管理数据，员工基本信息、家庭状况、教育背景、工作履历、工作效率、绩效成果等，以及关键人才比、关键人才离职率、员工离职率趋势等。同时，结合企业战略目标和员工个人发展需求以及企业近年来的人员流动情况等，对员工的数量、质量、结构、人员的流动性等做出客观、精确的分析，为人才储备规划提供决策依据。通过数据挖掘和分析，精准有效地进行人力资源规划，通过对人才需求的分析，构建预见性的企业需求。

---

[1] 孙雯.大数据人力资源管理的实践与探索[J].税务研究,2018(3):111-114.

◎**名企实践**

沃尔玛用大数据预测求职者供职时长

沃尔玛在人力资源大数据预测应用领域取得了一定成效，比如，沃尔玛利用"雇用预测回归法"提升了人力资源规划水平。通过回归方程分析，沃尔玛能够预测某个求职者在其应聘职位上能工作多长时间，例如，能精确预测某个应聘者的供职期限是30个月，还能预测求职者供职不会超过15个月的概率是多少。

沃尔玛对求职者抛出这样一个问题："不墨守成规的人在每家公司是否都有生存空间？"应聘者的答案要么"是"，要么"否"，经过大数据分析，沃尔玛发现，回答"是"的求职者比回答"否"的求职者供职期限要少2.8个月。发挥大数据的预测分析，人力资源规划就可以提前有所作为，而不是被动应付。

四、制定基于数据分析的人力资源规划

人力资源规划的主要目标是预测企业的人员需求供给情况，并根据预测结果采取一系列措施实现供需平衡。人力资源的供求预测中常用的方法有定性方法也有定量方法，定性方法主观性比较强，主要凭直觉、靠"拍脑袋"进行预测，科学性不强；定量方法虽然也运用历史数据预测企业未来某一时期人力资源的变化趋势，但利用这种方法需要对未来的业务量、人均生产率做出准确估计，而且还要基于一定的假设条件下，预测结果也存在一定的局限性[1]。

（一）借助大数据技术分析人力资源供给

企业可以借助大数据技术抓取基于求职简历的职业生涯数据，分析本地区或本行业的人力资源存量、结构与人员流动情况，从而预测人力资源市场供给情况。企业可以通过大数据技术建立员工信息模型，自动整合网络、已有数据、社交网络平台等各种信息源，根据职位素质模型生成企业人岗匹配数据，多角度、全方位、多层次地考察员工能力素质水平，帮助企业筛选出企业需求的候选人[2]。

（二）借助大数据技术分析人力资源需求

企业可以借助大数据技术提取本地区或本行业内企业的招聘信息，从而预测分析出人力资源市场的需求状况和特点。比如，SHEN等基于"智联招聘"2008~2010年超过105万条的招聘数据，研究了中国企业在招聘中是否存在性别偏好的特点[3]。

---

① 韩燕. 大数据在人力资源管理领域的应用价值与挑战[J]. 经济研究参考, 2016 (56): 51–56.

② 王素梅, 黄小龙, 王和生, 陈婷珥. 大数据技术在电力企业人力资源管理中的运用探索[J]. 经营与管理, 2022 (1): 130–135.

③ Shen K, kuhn P. Do Chinese Employers Avoid Hiring Overqualified Workers? Evidence from an Internet Job Board [M] //Polachek S, Tatsir– Amos K. In Labor Market Issues in China. West Yorkshire: Emerald Group Publishing Limited, 2013.

（三）借助大数据技术匹配人力资源供求

企业基于人力资源市场的供需动态可以实现人力资源供需的动态匹配。利用大数据技术构建人力资源规划模型，结合趋势预测法和成本控制法，根据历年招聘数据与人工成本预算，计算出人员增长幅度预测与招聘人数。通过大数据分析组织结构、人员配比、异动等相关内部信息及外部社交数据，模拟可能发生的各种变化情景，评估其合理性与风险，给出人力资源供需分析报告，包括目前人力资源需求预测（如年度人力资源需求总量、按岗位和职务等分类的需求数量及质量）和人力资源供给预测（如内部供给量即一定时间节点上人员的拥有量、外部供给量即一定时间节点上各类人员的可供量），自动显示人力资源供求对比分析结果，以便企业管理层决策[1]。

举个例子，陶氏化学利用大数据构建了一个人力资源规划数据分析模型，该模型可以根据行业发展趋势、政治和法律等因素及时对人员规划进行动态调整[2]。陶氏化学以数据和事实为前提而制定的未来人力资源规划，确保了人力资源规划的科学性和合理性。

---

① 王素梅,黄小龙,王和生,陈婷玮.大数据技术在电力企业人力资源管理中的运用探索[J].经营与管理,2022(1):130-135.
② 韩燕.大数据在人力资源管理领域的应用价值与挑战[J].经济研究参考,2016(56):51-56.

第四章　大数据时代背景下的人才招聘

在人才招聘领域到处充斥着结构化和非结构化的数据，诸如简历里的求职者基本信息、工作经历、教育经历、在人才测评环节中留下的笔试、面试数据以及在网络中留下的"数字痕迹"，许多知名企业借助大数据和 AI 技术，将这些数据应用在人才画像、岗位画像、人才雷达、简历智能解析、人才测评、人岗智能匹配、AI 面试等方面，促进人才招聘向科学化和智能化迈进。本章分析了大数据对人才招聘的影响，梳理了大数据在人才招聘中的应用，并探讨了大数据背景下企业人才招聘的策略。

第一节　大数据对人才招聘的影响

一、大数据改变了人才搜索模式

德勤在《2017 德勤全球人力资本趋势报告——改写数字时代的规则》中提出，人才获取是如今企业面临的第三重要的挑战，新型认知技术将改变人才获取模式，领先企业利用社交网络和认知工具等新方式发掘人才、吸引人才、选拔人才。在互联网和数智化时代，人们必然会在网络平台上留下"痕迹"，这些"痕迹"为企业主动获取所需的人才提供了线索。比如，人们在诸如领英、智联招聘等招聘平台上发布的求职简历、在搜索引擎中的搜索记录、在知网等相关数字图书馆上发表的学术作品、移动智能终端记录的位置信息、在电商平台上的购物和浏览信息，以及在包括脸书、推特、微信、微博等社交平台上发表的言论、在行业专业网站上的活动记录等。大数据为企业提供了与以往完全不同的人才搜寻模式，从过去基于公开招聘信息的被动搜索到大数据技术下人才定位的主动搜寻。

◎ **名企实践**

Teamable：AI 赋能内部推荐智能化

当前，当 HR 习惯用招聘 SaaS 平台提升招聘效率时，Teamable 已用 ML 和社交网络将员工内部推荐更加智能化。Teamable 是美国一家利用社交网络、AI 和 ML 以帮助企业获得求职者人脉关系的服务公司。Teamable 的工作原理大致如下：企业在 Teamable 平台上建立自己的"人才库"，而这一过程则需要员工来完成。员工只需要将他们的社交网络 Twitter、Facebook、GitHub 等连接到 Teamable，通过 Teamable 平台搜索并推荐他们社交网络中的人脉到企业的人才库中，由系统经过计算后推荐匹配的人选给 HR，以帮助企业充实人才库数据。Teamable 运用 AI 算法让人才推荐更加精准，除考虑企业的用人基本要求外，这些网络人脉的个人经历、特长等因素都是可以用来匹配企业需求，帮助寻找最适合人才的信息。除了用人推荐，Teamable 的 AI 还会对招聘过程中的面试对话进行收集计算，结合面试合格率、薪酬水平等因素为企业提供用人建议，从而提高招聘效率[①]。

二、大数据改变了人才筛选模式

传统的招聘管理中，招聘人员要花费大量时间和精力手动搜索及筛选简历。美国招聘网站 Glassdoor 的一份权威调查报告显示，每个职位平均会收到 250 份简历申请。如果一位 HR 每 2 分钟浏览一份简历，250 份简历则需要花费约 500 分钟（约 8 小时），这意味着 HR 每个工作日仅能完成一个职位的简历筛选。因此，HR 面临工作量大且工作效率低下的困境。

信息技术时代，网络招聘早已成为企业当前最主要的招聘手段，它主要是在互联网平台上发布招聘信息、收集和整理求职简历、在线人才测评等，在此过程中会形成求职简历、求职者网申、人才测评、求职咨询信息的数据量呈指数型增长，产生海量的求职者数据信息，依靠人工筛选简历或招聘平台关键词筛选等方式无法高效处理这一巨量数据。于是，造成 HR 简历筛选工作量大且效率不高、无法有效识别潜在候选人、招聘成本高、候选人与职位匹配度不足等问题。

在大数据背景下，大数据技术可以改善人才市场中信息不对称问题，帮助企业用最少的投入而挑选出最合适的候选人。首先，运用大数据的分析挖掘技术进行岗位需求分析，构建岗位画像和人才画像以帮助组织找到最能胜任某个职位的候选人。其次，AI 技术可以帮助 HR 筛选简历。面对海量的求职简历，NLP 技术可根据岗位的关键词解析简历内容，快速筛选出符合岗位描述的简历，基于文本分析的大数据技术可以对简历进行挖掘，准确地帮助企业找到适合的目标候选人，

---

① 周卓华.大数据和人工智能时代企业人力资源管理策略探析[J].领导科学,2020(12):98–101.

从而提高 HR 的工作体验，将 HR 从机械、繁杂的工作中解放出来。

◎ **名企实践**

简历筛选，人机大战

2017 年，北美猎头公司 SourceCon 举办了行业大赛，机器人 Brilent 仅用 3.2 秒就完成了 5500 份简历的筛选工作，名列第三，而 HR 则用时长达 25 小时[①]。

无独有偶，同年，猎聘网也曾组织了一场简历筛选的人机大战，参赛的一方是 5 名资深 HR 和猎头，另一方是猎聘机器人。比赛规则如下：从 3700 万份猎聘简历库中随机挑选一个职位，看谁能以最快速度挑选出和该职位需求最匹配的简历。比赛开始后，参赛双方均筛选出了 10 份简历，但所花费的时间却差异甚大，猎聘机器人仅耗时 0.015 秒，而 HR 和猎头却花费了 23 分钟。本次比赛重质量，而不看速度。最终猎聘机器人以低于 HR 和猎头 0.36 分的成绩惜败，但其惊人的速度及精准度还是令人惊叹和震撼不已[②]。

三、大数据和人工智能改变了人才测评模式

（一）人才测评方式将愈加便捷化和科技感

随着个人电脑、智能手机和无线网络的普及，线上测评逐渐取代了传统的纸笔测试，人才测评方式变得更加便捷。而随着人工智能的发展，AI 面试（也被称为人工智能面试）逐渐兴起，知名跨国企业一般将其用于首轮筛选面试。可口可乐、联合利华、欧莱雅等一些大型企业在招聘场景中采用了 AI 技术辅助面试。AI 面试流程和真人面试大体一致，求职者回答 AI 面试官提出的系列问题。但在 AI 面试的过程中，面试视频会被录制下来，除采集求职者回答问题的内容，还通过摄像头和麦克风采集求职者的微表情、肢体动作、性格、情绪、声音等。AI 面试通过视频分析、语音分析、语义分析和测量分析，AI 自动生成候选人画像及其解析，包括候选人的知识、技能、情绪、性格、素质、动机、价值观等分析数据，候选人情绪波动、微表情分析结果，AI 自动生成招聘建议报告，企业可以从中获取更精准、更深入的候选人信息，从而提升招聘准确率。

---

① Stroud J. Human vs. machine: Who sources Best? The Results of the 2017 Grandmaster Competition [EB/OL]. https://www.sourcecon.com/human-vsmachine-who-sources-best-the-results-of-the-2017-grandmastercompetition.

② 郑奕. 人工智能在我国人力资源管理领域的应用研究[J]. 遵义师范学院学报,2021,23(6):105-108.

◎名企实践

HireVue：AI 面试分析求职者特征

对于美国"第一个吃螃蟹的"AI 面试公司 HireVue 来说，招聘机器人 HireVue 可以通过分析求职者的语音、语调、措辞、面部表情，对其情商与人格特质进行评估[①]。一场 30 分钟的面试，HireVue 从超过 15000 多个特征对面试者进行分析，从面试者选择的语言、声音中透露出来的"紧张"、使用的词汇、表情出透露的情绪、眼睛活动、速度、声音大小、肢体语言等，都会被算法进行解读。HireVue 结合语音识别软件以及获得许可的面部识别软件，运用 AI 算法分析面试者的肢体语言、语调与关键词数据，帮助企业筛选合适的求职者（见图 4.1）。

·肢体语言
·声音大小
·音调
·面试成绩单

自然语言处理
＋
面部识别

图 4.1　AI 视频面试

（二）人才测评内容更丰富、更趋行为化

传统的人才测评采用履历分析、心理量表、行为面试、公文筐测验、评价中心技术等方法，采取专家评价、无领导小组讨论、心理测验、结构化面试等方式，对人的智力、知识、职业兴趣、性格特征、素养和发展潜力等进行测评，为招聘与配置、考核和职位变动提供科学依据[②]。测评结果容易受主观因素的影响。考察的内容只是诸如技能与知识等浅层的职业能力，价值观、动机、个性等深层次要素无法准确衡量[③]。

社交招聘模式和互联网技术的兴起恰恰能弥补这些不足，相对于传统招聘模式，求职者的行为更加容易被记录，大数据和人工智能驱动人才测评方式向科技化转变，数据采集向日常化、无意识化和行为化转变。求职者在社交平台上的言行，如网上发帖内容、时间、回复他人帖子的频次、语气、关注内容、乐于分享

---

① Hmoud B, Laszlo V. Will Artificial Intelligence Take over Humanresources Recruitment and Selection [J]. Network Intelligence Studies, 2019 (13): 21–30.

② 萧鸣政，楼政杰，王琼伟，张满. 中国人才评价的作用及十年成就与未来展望 [J]. 中国领导科学，2022 (6): 47–55.

③ 李育辉，唐子玉，金盼婷，梁骁，李源达. 淘汰还是进阶？大数据背景下传统人才测评技术的突破之路 [J]. 中国人力资源开发，2019，36 (8): 6–17.

的话题等，这些均是应聘者真实的行为流露，对受测人员行为、个性、人格、学习偏好、动机、工作兴趣等的评估分析，有助于企业更早对候选人进行分析判断。比如，DDI（智睿企业咨询公司）通过实证研究发现，在创意性工作中表现更好的人往往是在社交性网站上回复原帖数量越多的人。

◎**名企实践**

欧莱雅：AI 面试测评内容多元化

欧莱雅 AI 面试主要考察应聘者是否具备学习能力、共情能力、判断力、复原力与职业抱负五大潜能，比起传统的面试方式，AI 面试考量得更加多元。比如，智联招聘旗下的 AI 面试产品"易面"能够捕捉到硬技能、软技能、性格、动机四大模块的岗位素质，硬技能方面主要捕捉诸如普通话、个人信息、动手能力等外在因素；软技能方面包括沟通、学习、抗压能力；性格方面能捕捉的有世故性、坚韧性、宜人性等；动机方面包括内驱力、职业认同等。

◎**名企实践**

普华永道：人才测评形式更具游戏化

普华永道在 2020 年的校园招聘中引入了游戏测评，游戏测评顾名思义就是基于游戏的一种测评方式，申请人将在提交在线申请后的 24 小时内收到游戏测评邀请，按照企业电子邮件的引导下载游戏 App，并在规定时间内开始游戏测评。在完成普华永道的游戏测评后，测评者会看到他们的测评分数，这个分数通常在 7000~12000 分，但高分不一定意味着通过，低分也不意味着被淘汰，候选人看到的分数只是游戏本身的得分。而从企业后端看到的分数在评分和维度上都有所不同，后端的分数是由测评平台根据候选人游戏时的决策过程、游戏态度和完成时间，通过复杂的计算转换为百分制的目标岗位匹配分数，该分数是筛选候选者进入下一关 AI 视频面试的标准。

四、大数据增强人才匹配性

人岗匹配是人力资源管理工作的起点，是最终目的，是招聘关注的核心问题，也是检验招聘结果的关键指标。企业招聘的目的是实现职位与候选人间的有效匹配，大数据技术可以高效精准地实现人岗匹配。数据挖掘可以帮助企业 HR 构建数字化的岗位画像和人才画像，并快速筛选候选人的简历，以精确定位目标人才。大数据和 AI 技术可以向企业和求职者提供双向服务，既根据职位需求智能推荐求职者，又能够根据求职简历向招聘端智能推荐招聘职位，真正地实现"人岗匹配"。

◎名企实践

智能招聘机器人，提升人岗匹配度

AI 人才智能招聘机器人的 AI 算法，能对求职者的专业背景、专业技能、胜任力素质、社交圈、岗位经验、兴趣爱好、职业规划、发展潜力因素等多维度评估，深层次收集和挖掘候选人的信息，完成候选人与招聘职位的比对，确保"人适其岗"。

MoBot 既能帮助 HR 实现人岗匹配，又能根据求职者的搜索、浏览、点赞、收藏、投递、转发等微信历史行为数据，构建出独特的"候选人画像"，为候选人推荐其感兴趣的职位，从而实现双向的人岗匹配。

智能招聘管理系统 Moka 基于前沿的 NLP 技术、KG、深度学习模型，借助大量的招聘行为数据进行训练，Moka 形成了一套人岗匹配算法，这套算法会在企业后续招聘的过程中主动学习调优，智能化的人岗匹配算法极大地提升了人岗匹配的科学性。

五、大数据和人工智能驱动招聘精准化

AI 驱动下的招聘，不仅实现了人岗匹配的高效率，而且实现了搜索匹配的准确率，它具有传统招聘不可比拟的优势。因此，运用大数据和 AI 算法进行招聘已在大型企业实施，它是未来人才招聘的大势所趋。

（一）大数据和 AI 可以规避主观偏见

传统的人才招聘过程中，不管是筛选简历还是人才测评，HR 判断候选人是否匹配应聘岗位主要靠直觉和经验。而 AI 算法和大数据分析可以为 HR 提供候选人客观的数据资料，帮助 HR 做出科学的录用决策。例如，招聘机器人可以利用机器学习技术对求职者进行预测和判断。在预测方面，机器学习拥有许多无可比拟的天然优势。在一个典型的有监督学习任务中，机器会被给予一组既往诸如个人属性与绩效的经验数据，并被告知哪些数据是"高绩效"，哪些数据是"低绩效"。最终，通过"观察"这些数据，机器使用算法拟合出一个规则，计算出具有什么属性的人具有高绩效。机器可以对庞大复杂数据进行处理，还可以避免主观偏见，使预测更具科学性和准确性[1]。基于此，在决策时，HR 经常使用机器学习提供支持[2]。

比如，Kenexa 是美国的一家全球领先的招聘和人才管理软件及服务供应商，

① Tambe P, Cappelli P, Yakubovich V. Artificial Intelligence in Human Resources Management：Challenges and a Path Forward［J］. California Management Review, 2019, 61（4）：15–42.

② Colomo–Palacios R, González–Carrasco I, López–Cuadrado J L, Trigo A, Varajao J E. I–Competere：Using Applied Intelligence in Search of Competency Gaps in Software Project Managers ［J］. Information Systems Frontiers, 2014, 16（4）：607–625.

它采用了大量基于云端的人力资源管理应用功能，如人才招聘、薪酬管理、绩效管理等。2012 年，IBM 斥资 13 亿美元收购了 Kenexa。Kenexa 每年对 4000 万应聘者进行问卷调查，利用大数据对求职者的素质及行为特征进行分析，以获得基于大数据的人员特质分析，实现了人岗匹配更加精确，大大提升了招聘效率。

（二）大数据和 AI 提高招聘的准确性

大数据和 AI 可以预测候选人入职后的工作表现，从而帮助 HR 提高招聘准确性。员工的求职简历、面试表现、工作绩效、工作能力、离职情况、诚信记录等一系列工作将在网络平台中留下数据痕迹，在 Facebook、LinkedIn、Twitter、微信、微博等社交网站上也会产生一些行为数据，AI 可以筛选出数以百万计的非结构化数据快速解析，通过使用 ML 和适应性在线评估及游戏而预测特定角色的工作表现。HR 基于 AI 预测候选人在入职后是否具有最佳生产力的算法进行精准招聘，从而提高了招聘效率和准确率。

在面试方面，AI 面试能根据求职者使用的语言、词汇、眼睛活动、提问速度、声音大小、身体语言和语调等自动评分，对高分者做智能推荐，AI 面试大大节约了面试官的面试时间，提升了人才筛选效率。

第二节　大数据在人才招聘中的典型应用

一、大数据技术在人才搜寻方面的应用

谷歌作为全球最大的搜索引擎公司，是大数据运动的倡导者和先行者，它非常擅长大数据技术和算法，建立了诸如招聘预测模型、离职预测模型等数学预测模型，并将其技术优势（开发算法）应用在人力资源管理模式创新方面，取得了显著的成效，实现了所有人力资源管理决策基于数据并用数据驱动决策，重构了人力资源管理。

作为全球五大互联网公司之一，谷歌受到了广大求职者的青睐，每年收到的求职简历超 200 万份。为此，谷歌充分发挥其搜索引擎赖以成功的秘诀——计算机算法，建立起一套在海量简历中自动搜罗人才的方法[①]。

为勾勒高绩效人才的"数字画像"，2007 年，谷歌花费 5 个月开展了一项问卷调查，调查对象为谷歌 10000 余名员工。问卷涉及的内容较为广泛，题量为 300 多题，从生活习惯到学习经历，再到"饲养什么宠物""订阅哪类杂志""是

---

① 秦丹，陈进.大数据当道，招聘难题怎么破？——以谷歌公司为例[J] 企业管理,2015(9):75-77.

否出过书"等。通过对相关联数据的收集、整理和分析,数据分析师建立起一套搜寻人才和识别人才的算法,在此基础上,勾画出不同职位高绩效人才的"数字画像"。最后,数据分析师会根据职位类别创建几份不同的调查问卷,通过对求职者的问卷评估,精准快速地识别人才并自动化完成人岗匹配工作。正是有了这套"人才算法",使得谷歌公司拥有了快速检验人才的"试金石",在申请获聘率高达130∶1的情况下,仍能轻松高效地识别人才,并保持每年人均创造市值大约100万美元的生产力[①]。

谷歌的人力资源大数据实践是基于数据和事实的科学决策,弱化凭借感觉的主观决策,它以大规模数据为基础,开发数学算法分析 HR 问题,然后根据数据分析的结果支持 HR 决策。如图 4.2 所示。

进行问卷调查	实现人才算法	建立数字画像	自动化人岗匹配
· 面向10000多名员工 · 为期5个月 · 500道细致题目	· 人力部门数据分析师 · 数据分析挖掘整理 · 建立起搜寻和识别人才的算法	· 以人才算法为基础 · 描绘不同岗位的高素质人才	· 按岗位类别建立多份问卷 · 对求职者问卷进行评估 · 自动化完成精准人岗匹配

图 4.2　谷歌高效人才搜罗算法

二、大数据技术在简历筛选方面的应用

(一)猎聘网:大数据算法简化简历推荐

AlphaGo 击败柯洁不仅给世人带来了震惊,也向世人宣告了 AI 时代的来临。大数据及 AI 技术代表了人力资源管理领域最前沿的方向,将极大地提升招聘效率,丰富招聘生态,并重新定义 HR 的角色。

企业大多在传统招聘网站发布招聘信息,从而获取求职者简历,HR 在搜寻、筛选简历需花费大量时间和精力,导致招聘效率低下以及人岗匹配精确性降低。大数据算法和 AI 技术可以通过持续的 ML 识别企业的用人偏好及求职者的求职偏好,然后实现求职者和企业的双向智能匹配,从而提高 HR 的招聘效率及求职者面试概率。

2017 年,猎聘网推出一款基于大数据的新产品"简历透镜",它从量化的角度呈现求职者的画像、求职意愿、求职轨迹、工作特长、发展潜能和职场信用等招聘端关注的重点,通过 AI 精准而客观地评估求职者,帮助企业、HR 以及猎头顾问多维度、立体化地了解求职者。另外,猎聘网能为求职者智能诊断简历,帮助求职者找到简历存在的问题,并提出优化建议。如图 4.3 所示。

---

① 秦丹,陈进.大数据当道,招聘难题怎么破?——以谷歌公司为例[J].企业管理,2015(9):75—77.

简历诊断

看看你的简历能否受HR喜欢

说明
INSTRUCTIONS

1. 简历诊断服务是由专业的HR提供的**免费求职服务**，发现简历中存在的问题，为您提升获得面试的几率

2. HR会针对您当前简历存在的**主要问题**，给出一些简历优化的建议

3. 整个诊断过程会花费几分钟时间，诊断完成后可返回本页面查看诊断结果

*诊断只有一次机会，请确认需要诊断的简历

*诊断的简历：中文简历　　完整度：95%

预览　修改

诊断已完成
完成于2023-01-30

收起 ∨

诊断报告

这份简历诊断会指出你当前简历存在的问题，希望帮助你在找工作的路上更加顺利。以下是你简历中存在的问题：

❙ 简历格式与结构

你的简历结构不匀称，缺少关键词阵列形式的表达。HR第一眼浏览你的简历会被整齐的结构吸引，在工作经历、项目经历、自我评价中提炼段落关键词，并整齐提炼成句呈现给HR，这种简历更容易被记住。

❙ 简历写作内容

当我读到你的简历时，我没有发现那种能让你的简历栩栩如生的语言。相反，我看到一些不太好的词语，作为一个HR，我想把这些词语指出来。诸如"参与"、"配合"之类的短语被过度使用，单调乏味，这对你的简历没有什么价值。强有力的动作词，用令人信服的语言来概括示范性的成就，是一个结构良好的简历的重要组成部分。

在你的工作经历叙述中，你的工作描述是偏向任务型的，而不是基于结果。这意味着你只是在讲述你做了什么，而不是你取得了什么。招人方想知道你以前的贡献，尤其是你是如何改变的。更重要的是，他们想知道你将如何在自己的公司做出重大的改变。你可以按任务、目标、动作、结果对工作内容进行拆解，应用STAR法则是帮你完成这一步的有效途径。

现在，让我举个例子，如何通过更好的叙述方式，让以往经历充满光彩。

原版的用户简历："与供应商谈判合同"

优化后的表达："通过协商定价和费用，在合同中确保服务利润的延续，消减管理费用30%"

这样的改变会带来很大的改善，让HR更容易接受你。

❙ 建议&下一步

作为一个有14年经验的专业人士，你的简历很畅销，但也还有诸多问题。

这些问题都是可以通过优化解决的：

· 你的简历当前重点是你所做的事情，而不是你所取得的成就，个人亮点不突出。

· 你的简历有些口语化，需要重新选取措辞和自我表达的方式。

· 你的简历需要包括更多的关键词和技巧来帮助你把你列为一个更强的候选人。

· 使用更多的段落符号来结构化展示你的成就。你的履历应该包含至少2-3组格式规范的能力介绍，用于你的之前的每一段工作。

简历顾问是解决这些问题的专家。把繁重的简历任务交给我们，给你一份能让你成功的简历。

图 4.3　猎聘网简历诊断

资料来源：猎聘网。

（二）倍罗：简历智能解析

智能简历解析指提取简历中的信息，并进行有效的简历评估。它拥有可以模拟人脑阅读和理解思维的技术，通过使用语言结构，能够以高于10倍人工分析与输入的速度，准确地抽取出电子履历的关键性资讯。该软件分析包含了许多关键词，有个人信息、教育经历、工作履历、特定行业技能、职业资格、技能、资格认证等，利用智能的筛选方式，可对简历进行快速处理、分析、导入，将复杂的简历解析，批量解析导入到企业自己的人才管理系统库中，协助企业更快地锁定人才。

倍罗专注于利用 AI 技术提升企业用人效率，它涉及的业务范围主要包括简历智能解析、招聘 KG、人岗画像分析、RPA 招聘自动化等。如图 4.4 所示。

倍罗将基于自主研发的 NLP、RPA 等领先的 AI 技术应用于招聘，结合特有的招聘职场 KG，开发了智能简历解析功能，深度智能解析简历。倍罗智能简历解析产品可以快速将结构化的简历文档解析为结构化良好的数据格式，具备 AI 初筛投递简历、简历亮点和风险点提示、简历增强解释和简历智能画像等功能，具体如图 4.5~ 图 4.8 所示。它可以快速、精准解读候选人的行业、资历、能力经验，查阅既往工作经历、专业背景等具体信息，识别候选人背景，还能对简历进行增强解释，能够对简历中的学校信息、证书、姓名拼音等进行归一化、分类、标注和解释，也可以通过 AI 算法智能计算岗位与候选人背景的匹配程度，准确判断候选人与职位的匹配度。

图 4.4 倍罗 AI 底层技术模块

资料来源：https：//www.sohu.com/a/515770098_120453821.

主要功能	标准版 招聘数字化战略第一步	画像版 为画像和匹配场景准备的简历分析与职位需求解析器
中英双语	✓	✓
支持 200+ 简历字段	✓	✓
支持数百种文档格式	✓	✓
独创简历布局分析引擎	✓	✓
简历亮点分析	✓	✓
简历风险提示	✓	✓
智能识别 + 知识图谱	✓	✓
岗位画像		✓
人才画像		✓

图 4.5 倍罗简历智能解析功能

资料来源：http：//www.bellodash.com/parser.

内置简历亮点和风险点智能提示

👍 简历亮点分析

能够对简历中的相关经验（技能、擅长领域）、教育背景（海外名校、985、211）、公司背景（世界500强、名企、对标行业领军企业）以及其他维度（团队管理经验、出海经验、创业经历、语言能力）等等维度的亮点提炼呈现。

⚠️ 简历风险提示

能够对简历中的空档期或时间冲突、教育经历存疑、跳槽频繁以及转行等内容进行风险提示。

图 4.6　倍罗简历智能解析：简历亮点和风险点智能提示

资料来源：http://www.bellodash.com/parser.

简历增强解释

能够对简历中的公司信息、学校信息、技能词、证书、姓名拼音等文本信息进行归一化、分类、标注和解释，可提示这些文本信息的准确含义及相关标签，让即使刚入行的招聘者都能够准确判断候选人与职位的匹配度。

图 4.7　倍罗简历智能解析：简历增强解释

资料来源：http://www.bellodash.com/parser.

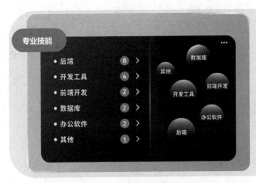

简历技能画像

为简历中提到的技能提供类别标签。包括：后端开发，化学检测，会计，机电设计制造，机器学习，建筑工程，建筑设计开发，教育培训等80余个技能大类。

图 4.8　倍罗简历智能解析：简历技能画像

资料来源：http://www.bellodash.com/parser.

　　2021 年，倍罗针对中国平安的需求，为其打造了简历解析、简历知识分析和画像图谱等功能，取得了良好成效，获得"第一新声"颁发的"2021 年人力资源数字化优秀案例"：极速部署，1小时完成；告别了人工录入简历，招聘效率提升70%以上；实现多职位对应大量人才的人岗匹配；自动生成简历亮点、风险点分析，大大缩短简历浏览时间。

三、大数据和人工智能在人才匹配方面的应用

2017年被HR誉为AI技术元年。领英的一份调查显示，76%的招聘人员认为在不久的将来AI技术会大大改变招聘流程。目前，借助AI技术实现智能人才画像、岗位画像、简历筛选和人岗匹配成为大型企业人才招聘的标配。

人力资源科技领域在招聘时试图利用AI技术实现人岗匹配，为此，致力于打造智能人才画像、岗位画像，力图通过岗位画像和人员画像的比对，帮助企业选对人。

（一）人才画像

在刑侦领域，公安描绘犯罪嫌疑人的肖像和心理画像的手段叫作"模拟画像"。在营销领域，交互设计之父艾伦·库伯提出了"用户画像"。在人力资源管理领域中，如何做到精准招聘，衡量人才的标准是什么？这需要"人才画像"。目前，"人才画像"成为AI精准招聘的一种科学有效、实用价值高的新兴技术。

人才画像依托知识图谱等底层模型，运用大数据分析、ML、数据挖掘、数据可视化等信息技术智能提取职位和简历中的信息，得出一个或多个虚拟可视化人像，能够快速、精准、标准化地描述出空缺职位所需人才的胜任素质特征，打造智能人才画像。人才画像的本质是以人才的基本自然属性、学习工作经历、相关论文著作、专利专著以及获得的奖励荣誉等行为特征为基础，对人才的原型进行分析。与此同时，根据不同的类型，对人才模型进行分类，每个类别抽取出特性、共性的特征，赋予名字、文本以及人口统计学的要素、场景等进行描述或补充，由此对其进行了刻画，人才画像构建流程如图4.9所示。

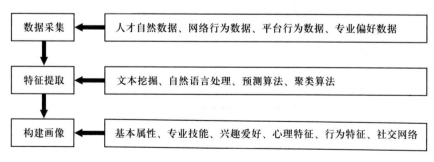

图4.9　人才画像构建流程

◎名企实践

通用电气：基于人才画像的人才规划

通用电气在潜能人才规划项目上使用了人才画像，将来自工作网络和求职网站上的大数据应用于潜能人才规划项目。以"接班人培养计划"为例，通用电气的潜能人才培养项目按如下步骤开展：

第一，用行为数据对领导者画像；

第二，对通用内部人才和外部求职者过往业绩、人才潜力等工作行为数据进行盘点，再将这些数据指标与同行业其他企业进行对标；

第三，针对高潜人才设计轮岗培训和社团以及其他特色项目，帮助人才成长，达到最终要求。

（二）岗位画像

岗位画像是在岗位说明书、岗位胜任力的基础上，结合行业内外优秀人才的基本特质，通过岗位历史数据建模和网络大数据分析来明确岗位所需的特征和行为[①]。

◎名企实践

西安飞鱼猜想：基于大数据的人才画像

北京飞鱼猜想西安公司（西安飞鱼猜想）于 2016 年在北京设立，主要从事互联网信息资源的集成与开发，其核心成员均是知名 IT 企业出身，拥有丰富的商业经验。西安飞鱼猜想深知当今社会大数据分析的重要性，根据其总裁朱中猛的说法，该公司主要致力于对网络技术领域的人力资源进行发掘与管理，并开发出自己的招聘平台，为公司解决人才短缺的问题。

西安飞鱼猜想致力于将大数据应用于人才招聘过程中，绘制企业内部各个岗位的画像，帮助企业实现精准有效的员工招聘。岗位画像主要是对岗位多角度的全面描述，将碎片化的岗位信息进行聚合，形成岗位的立体画像，如岗位基础信息、岗位发展通道、岗位胜任特征、岗位梯队建设等[②]。精确的岗位画像可以帮助管理者实时了解岗位情况，能让员工随时了解岗位具体要求，通过岗位画像和人才画像进行精确匹配，实现持续优化组织内的人才配置（见图 4.10）。

---

① 刘洪波．人力资源数字化转型：策略、方法、实践［M］．北京：清华大学出版社，2022．
② 张欢．未来五大发展趋势预测［N］．中国信息化周报，2022-12-12（024）．

图4.10 西安飞鱼猜想人工客服的岗位画像

除此之外，西安飞鱼猜想还通过人工智能的方法提升整个过程中的大数据利用率。针对简历进行深度筛选，并从多个角度对简历进行验证，剔除多余的内容，一针见血地指出候选人的不足之处。通过对候选人社交网站、学历、性格、能力等方面的分析，得出候选人的大致情况，在此基础上，利用数据分析技术，生成针对候选人的"人才画像"。除此之外，根据岗位画像的要求，以及人才画像与岗位画像之间的匹配程度，系统还会向HR推荐更准的匹配人选，从而提升整个员工招聘流程的成功率（见图4.11）。

图4.11 西安飞鱼猜想人工客服岗位的人才画像

◎名企实践

中国平安：基于"职业生涯"的人岗画像

中国平安用数据形态为每一个岗位、每一位员工形成了画像，并以此作为数据化的核心驱动。其中，人才画像贯穿员工的始终，从招聘候选人面试、录用、转正、培训、考核再到晋升，画像不断完善，人才画像逐渐从模糊到清晰，形态逐渐从单薄到立体。人才画像与岗位画像间的匹配结果相互影响、互为参照，为各类数字化场景输出决策支持。中国平安岗位画像的精准源于其对多代际、多维度人才综合表现的数据长期积累，定性要求结合定量因子打分，全方位识人。目前，岗位画像聚焦产品、技术、销售等多个维度，提供多级主标签、子标签，精准定位人才。中国平安通过人岗画像，精准实现人岗匹配，让"合适的人做合适的事"，极大提升了人力资源管理效能（见图4.12）。

图 4.12　中国平安 HR-X 人才画像

资料来源：https://hrx.pingan.com.cn/.

（三）数联寻英和 HiAll：人才雷达（Talent Radar）技术

人才雷达技术是大数据招聘企业数联寻英公司联合 HiAll 开发的一套智能化的招聘系统[1]，它基于社会化媒体上候选人的生活轨迹、社交言行和简历库的大数据信息，利用大数据自动爬取社交关系，邀约好友传播职位信息，并通过 ML、文本挖掘、网络分析等算法进行人才能力的多维分析，将人才特征和企业招聘需求进行智能匹配，帮助企业寻找适合人才。

人才雷达技术的主要模式是，员工登录系统并关联其社交网络（LinkedIn、推特、微博等），在 HR 发布招聘信息之后，其一，员工可以进行内部推荐；其二，人才雷达会通过大数据社交网络和简历数据库数据挖掘和分析，提出一套同时面向求职者和招聘官的双向扩展匹配算法，找出同公司员工有关联的潜在求职者，之后可借助对应员工内推，或直接联系潜在应聘者。这两种方式可帮助企业找到适合岗位的人，解决招聘问题。如图 4.13 所示。

人才雷达系统的成功关键就在于：

1.通过人才雷达自动匹配人才

当 HR 发布招聘后，受邀用户可以选择绑定自己的 LinkedIn、微博、人人等

---

[1] 秦丹,陈进.大数据当道,招聘难题怎么破？——以谷歌公司为例[J].企业管理,2015（9）.75~77.

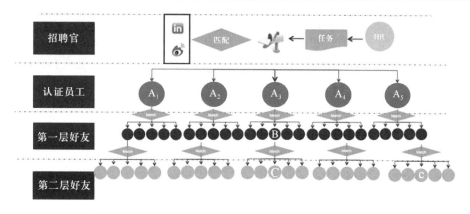

图4.13　人才雷达的内推系统

资料来源：https：//blog.sciencenet.cn/home.php?do=blog&id=716839&modspace&quickforward=1&uid=3075.

社交网络账号，让人才雷达搜索引擎自动匹配和推荐用户社交网络中更加匹配所招岗位技能要求的人才并依照契合度进行推荐排序，每一位被系统列出的推荐者头像旁都会展现一个九维（职业背景、专业影响力、好友匹配、性格匹配、职业倾向、工作地点、求职意愿、信任关系、行为模式等）的人才雷达图，并为列出的推荐者打一个综合评分，以方便招聘官挑选。

人才雷达的核心技术是人才搜寻模型和匹配算法，通过对被推荐者邮箱、网络ID、Cookie地址等多维度身份标识的匹配，从九个维度判别被推荐人的适合程度[①]。通过上述九个维度的建模画像，人才雷达不仅能甄别有求职倾向和特定技术能力的用户，帮助企业提高招聘效率，还能避免求职者面试的假面效应。

2. 它游戏化了推荐过程

招聘专员在平台上发布推荐成功的奖励积分，员工可以将对应的招聘任务推荐给其他员工，成功录用之后，整个推荐链上的人都会得到公司的奖励，同时人才雷达还会给推荐成功的员工相应的积分和勋章，让领取任务、推荐给其他员工等变成一个游戏化的过程。

四、大数据和人工智能在招聘管理流程中的应用

传统的招聘管理模式已不能满足企业人力资源管理数字化转型升级的需求，基于大数据算法和AI技术搭建企业招聘管理系统，能帮助企业一站式管理全渠道简历，打通面试环节全流程，实现通信渠道实时消息通知，大大提升HR与候选人的沟通效率。

---

① 王爱敏，王崇良，黄秋钧. 人力资源大数据应用实践：模型、技术、应用场景［M］. 北京：清华大学出版社，2017.

（一）倍罗：招聘 RPA

在招聘流程中，通过机器学习、NLP、RPA 机器人，结合职场的 KG、人岗匹配的精准算法，可以智能生成岗位画像和标签化，然后通过一键发布功能将招聘信息自动发布到全网，实现一次职位信息填写，零平台切换实现多个渠道并行发布。同时，RPA 机器人可以同步多个渠道人才信息，帮助猎头和 HR 根据岗位需求，自动搜索全网公域和私域流量候选人投递过来的简历，定时主动推送活跃候选人。如果匹配到了合适的候选人，再定向推送优质人才给 HR，最后，利用 RPA 技术进而自动安排面试、协调面试时间等。收集需求、创建职位、获取和筛选简历、安排笔试面试、背景调查、入职手续的办理等招聘全流程工作全部由机器自动化完成。RPA 机器人可以让繁杂的招聘工作一步到位，帮助 HR 更高效地寻找、识别、筛选和招聘候选人，并进行人才库分配和候选人录入。如图 4.14、图 4.15、图 4.16 所示。

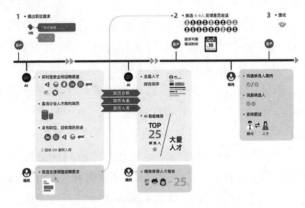

图 4.14　倍罗招聘自动化流程

资料来源：http://www.bellodash.com/parser.

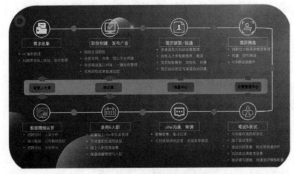

图 4.15　倍罗招聘流程

资料来源：https://www.36kr.com/p/1282587823304455.

RPA 机器人还可以利用适用于多个组织角色的标准来识别潜在的候选人，然后将他们的数据添加到人才库中。

图 4.16　倍罗多渠道同步发布招聘信息

资料来源：https：//www.sohu.com/a/537881833_120453821.

（二）Daydao ATS 一体化招聘系统：招聘全流程线上化

随着信息技术的发展，AI、ML、NLP、RPA 等数字化、智能化工具赋能招聘全流程，从招聘需求闭环、渠道经营、精准筛选、高效面试到 Offer 保温与入职等，大大提高了应聘者体验感，增强了招聘效果，提升了招聘各关键环节的运营质量。

Daydao ATS 一体化招聘系统是理才网推出的基于 AI+ 视频的招聘解决方案。它将 AI 技术融入招聘全过程，包括全栈式简历解析技术、岗位画像、人才画像、简历智能推荐、机器人视频面试、智能评分等。Daydao ATS 智能招聘涵盖招聘前、中、后全流程管理：

1. 招聘前期

与主流招聘网站实现对接，登录 Daydao ATS 系统编辑 JD（Job Description，职位描述）即可一键发布职位至关联招聘网站，实现全渠道招聘信息发布和管理。为了扩大招聘信息曝光，Daydao ATS 还支持一键搭建 PC 及移动端官网，立体展示雇主品牌。通过内推，进一步扩大招聘入口。系统自动抓取各渠道简历，系统支持自动去重，并根据 JD、预估薪资、知识技能匹配程度，精准推送高质量简历信息，后台可批量邀约面试。如图 4.17 所示。

图 4.17　Daydao 职位发布

资料来源：https：//zhaopin.daydao.com/.

2. 招聘中期

Daydao ATS 智能招聘支持空中宣讲会、AI 视频面试，帮助企业高效招聘人才。面试机器人根据企业预设试题提问，视频录制候选人答题情况，招聘系统可根据候选人容貌、语言表达、价值观等指标进行 AI 自动评分。

除了线上招聘，产品同时适用于线下招聘场景，支持面试分类、叫号系统、面试提醒、考试系统、测评、结果反馈等。如图 4.18 所示。

图 4.18　Daydao ATS 智能招聘系统的视频面试功能界面

资料来源：https：//zhaopin.daydao.com/.

3. 招聘后期

招聘系统会自动生成招聘统计报表，报表涵盖渠道质量、候选人到面率、录取情况等内容，为企业高层决策提供依据。候选人被录用后，招聘系统还具备在线签约、背调、自助入职等功能。如图 4.19 所示。

图 4.19　Daydao 人才招聘全流程

资料来源：https：//zhaopin.daydao.com/.

比如说，借助 Daydao ATS，中国建设银行实现校园招聘全流程线上化。Daydao ATS 将招聘计划制订、JD 发布、线上宣讲、网申、简历筛选、笔试、面试、评估、签约、录用、Offer 保温期管理等流程悉数搬到线上。线上招聘打破了时空限制，受众更广。

（三）中国平安：HR-X 智慧人事系统

2018 年 4 月，平安自主研发的 HR-X 智慧人事系统问世。HR-X 智慧人事系统利用 AI、大数据等新技术，构建了集招聘、绩效、培训发展、薪酬激励、员工服务 + 数据平台为一体的"5+1"新格局，大数据在底层构建员工全景档案，通过人岗画像精准匹配，提供五大人事场景决策建议，实现人力资源经营全流程线上化、自动化、自助化，用数字化实现人力资源管理的"选、育、用、留"四大功能。

以招聘为例，中国平安应用 NLP、ML、KG 等技术，基于"人才漏斗"模型，研发了岗位画像、精准内推、渠道推荐、人岗匹配、大数据背调与智能报告写作产品群，贯穿人才需求、获取、筛选和评估等招聘全流程，打造了场景贯通、快速甄选、风险识别、智能辅助为一体的一站式招聘平台。

1. 需求明确，岗位画像，精准 JD

中国平安利用大数据、智慧模型，科学地构建了一套动静标签体系，为员工建立一套全景档案，从产品、技术、销售等 8 类画像维度和 24 个素质主标签及520 个子标签进行岗位画像和人才画像，通过智能化标签设置，沉淀全时、全貌、全量数据。智能岗位画像根据主管需求与岗位职责，自动生成职位要求和任职资格，精准定位人才。岗位画像和人才画像进行比对，通过智能模型匹配人员与岗位需求，让人才招聘更精准、高效。

2. 自动生成招聘需求海报

HR-X 智能招聘平台内嵌多种招聘需求设计模板，可以根据岗位画像自动生成招聘需求海报，也可以根据个性要求任意修改，并实现三步成图、一键发布。

3. 一键直连七大招聘渠道

在招聘渠道上，HR-X 智能招聘平台一键直连全球七大招聘渠道，打通世界人才资源库。与此同时，HR-X 还开放平安岗位画像数据及智能招聘模型，跨越式提升人才资源量级与推荐精准度。无论是战略人才，还是一线人员，均能快速智能匹配。

4. 简历智能筛选，人岗智能匹配

招聘伊始，比照需求岗位的画像模型，HR-X 智能招聘平台仅需 30 秒即可从海量候选人求职简历中自动筛选出高匹配度的简历，对人岗匹配度自动评分，并提供机器评估建议以及候选人的应聘优势、劣势、关注点等信息。另外，系统还会自动给每一份简历标签分类，包括上万项教育、工作、技能标签，支持通过标签搜索人才。

5. 在线测评、AI 面试

HR-X 智能招聘系统内嵌测评产品，可对候选人开展职业性格、职业兴趣、胜任力、技能等方面的在线测评，并形成科学的测评报告。智能面试助手可自动安排面试流程。通过 AI 面试，自动生成智能面试问题，并引入视频微表情识别技术，根据候选人回答语音和微表情进行智能打分，系统自动生成面试录用报告。

智慧薪酬根据候选人资历与市场行情，提供最合理的定薪建议；智能评价将结合岗位画像，整合候选人基本情况、测评报告、面试评估意见等信息，自动生成最客观的候选人画像。

6. Offer 自动发放，云端极速入职

HR-X 智能招聘系统可以自动发放 Offer，并实现了招聘与入职无缝对接，手机上可一键进入入职办理通道，一次完成身份验证、录入材料、签署电子合同、材料补充等九大环节，无需跳转，精简操作。10 分钟线上极速入职，即刻远程办公。此外，HR-X 候选人 App 还可以实现诸如工资卡办理一键预约平安银行，入职体检协同平安好医生等功能，打造候选人一站式极致体验。如图 4.20 所示。

图 4.20　急速入职

资料来源：https://zhuanlan.zhihu.com/p/146926766.

7. 招聘全流程全程管控

为了便于 HR 和直线经理及时掌握招聘进度和招聘动态，HR-X 智能招聘平台将招聘报表贯穿招聘全流程，保证直线经理和 HR 顺畅沟通。报表内容覆盖各等级 HR 不同用户及场景，并可以智能预警，例如，出现岗位空缺太久、招聘周期过长等情况时，HR 会及时收到预警信息，为直线经理提供支持。

五、人工智能在面试方面的应用

HR 使用 AI 工具的主要目的是减少重复劳动力，提高工作效率。近年来，最受关注的招聘工具是 AI 视频面试。AI 面试采用语音识别、图像识别等人工智能技术对候选人的面部行为、语言表达能力、说话声音等进行识别和综合分析，并根据以往候选人的特征数据库，判断求职者的反应、情感和认知能力，最后由 AI 算法智能匹配出符合"优秀员工"特质的求职者。

AI 视频面试的应用方式是：候选人通过 App 或者小程序回答屏幕显示的问题，录制回答视频，AI 技术对视频进行解析后，给出评分报告，以获得关于候选人的一系列评估结果，从而筛选出得分较高的候选人，结合简历判断是否进行后续的面试。AI 视频面试在门店店员、房屋经纪人、餐厅服务员等蓝领职位、直播

主播等新型岗位以及校园招聘等场景下使用较多。

第三节　基于大数据的人才招聘策略

一、利用大数据技术，精准找人

（一）利用大数据和 AI 技术，精准制订招聘计划

为提高招聘效率，企业可以将大数据和 AI 技术融入招聘管理中，为制订招聘计划提供大数据支撑。运用大数据挖掘和采集人才供给数量、人才综合素质和专业能力等大量应聘者信息资料，对相关信息进行大数据智能化筛选和科学分析，预测社会人才供给和企业需求的精准数据资料，使招聘计划更趋精准性和科学性，实现应聘者与企业人才需求的精准对接，为企业关键岗位选择出最合适人才[①]。

（二）利用大数据找准人——人才迁移地图

传统招聘模式下是企业选拔人才，到了招聘 1.0 时代，变成人选企业，而在如今的大数据时代，HR 应追踪人才的迁移状况。追踪人才需要知晓市场上的人才从哪里来、要到哪里去以及通常人才的留存期，同时采集、挖掘和分析企业的既往招聘数据，与行业、地区、职位的招聘数据对标，根据人才供给状况、关键人才的市场动态等情况分析人才的流动趋势[②]。

当今，企业一般都会分析自身的人力资源业务数据，却很少与行业、地区数据进行比对，如企业所在行业、所在地区中某类岗位的人才供给、人才需求、薪酬水平、福利待遇等。HR 不仅应了解本企业的招聘完成率、招聘周期、招聘质量等数据，还应了解这些指标在业内的水平，根据对比的结果，剖析存在问题的原因，是企业薪酬待遇问题，还是企业影响力不足抑或是企业管理问题等，从而有针对性地改变或调整。同时，还要了解市场上某类职位对应的人才迁移状况，包括此类职位的人才的个性特征、工作经历、工作年限、知识技能、分布的企业、所在地区、薪资水平、福利待遇、偏好的招聘渠道等，用上述数据分析选择合适的招聘渠道，从而吸引更多的候选人。

二、利用大数据拓宽人才招聘渠道

传统的招聘渠道比较有限，主要是通过企业官网、公共招聘平台、报纸、杂志

---

① 罗阳.人工智能技术在运用于人力资源招聘管理中的运用[J].现代企业文化,2022(21):122-124.

② 北森:大数据离你很远？看大数据如何帮 HR 找人、识人、用人[EB/OL].http://www.vsharing.com.

等传统媒体以及微信、微博等新媒体平台上发布招聘信息，接收求职简历主要是"坐等客来"，因此，导致招聘效率不高、招聘周期长。在大数据、云计算、区块链、AI等新技术云涌的趋势下，大型企业已经将大数据和AI技术应用于简历筛选、人岗匹配、在线测评、在线面试、入职等招聘的各个环节。企业若想提高人才招聘效率，可以利用大数据和AI支撑的招聘平台拓展招聘渠道。

（一）借助大数据招聘平台拓宽招聘渠道

目前，高效能的招聘平台或者人力资源软件不仅能够极大提高人力资源管理效能和效率，还能利用线上化、智能化手段，将HR从简历筛选、面试邀约、测评、面试、入职手续等繁杂的事务性工作中解放，让HR做更多高附加值的工作。企业可以依托大数据和AI技术支撑的招聘平台，拓展招聘渠道。比如，中国平安的HR-X招聘系统搭建了官网、微官网、候选人App、猎头、RPO、员工内推、招聘网站七大招聘渠道，对接了110多家猎头公司和招聘平台，从而打通了全球人才资源库，多渠道对接人才。

中国平安以"赋能业务部门，招得快、招得准"为目标，打造了"智能招聘漏斗"体系，为六大类用户提供12个全场景应用平台，同时打造了岗位画像体系、人才画像体系用于支撑招聘，赋能企业实现人岗智能匹配，HR-X招聘系统还具备简历自动解析和智能筛选、线上人才测评、大数据背调、AI视频面试等功能，实现招聘流程线上化、数据化、智能化管理，提高了人才招聘的时效性。

（二）搭建社交化网络招聘平台

移动互联网和Web2.0技术的广泛应用促进了社交网络的蓬勃发展。微信、微博、Facebook、LinkedIn（领英）、Twitter等社交网络平台为人们提供了双向互动交流的场所。员工在社交网络上的海量数据为企业人力资源管理提供了新机遇，HR已经开始应用社交网络平台辅助招聘录用与晋升决策等[1]。借助社交网络，可以较快地关联到真实的人及其所在社区的有关行为，进而全方位展示求职者的教育经历、性格特质、兴趣爱好等多种要素，有助于更直观、真实地了解求职者[2]。

国外很多企业借助Facebook、LinkedIn、Twitter等社交网站开展招聘工作。其中，在美国等发达国家，约94%的企业使用LinkedIn进行招聘，65%的企业使用Facebook进行招聘，55%的企业使用Twitter进行招聘，大多数企业认为利用社交网络平台可以提高招聘效率[3]。大多数英国人期望企业通过社交网络平台开展招聘，北美98%的企业使用社交网络平台招聘人才[4]。从上述数据可以看出，当前，国

① 郑文智,陈晓琛,吕越.国外社交网络招聘研究述评:基于个体网络大数据的人才甄选[J].华侨大学学报(哲学社会科学版),2017(4):46-59.

② 魏颜芳.大数据时代国企网络招聘创新发展探索[J].就业与保障,2021(24):130-132.

③ 章立会,程玲.浅析社交网络招聘的特点及应用[J].经济师,2016(6):230-231.

④ Dhanya Pramod S, Vijayakumar Bharathi. Social Media Impact on the Recruitment and Selection Process in the Information Technology Industry [J].International Journal of Human Capital and Information Technology Professionals, 2016(7):36-52.

外越来越多的企业采用社交网络招聘人才，这种新兴的招聘模式将逐渐成为招聘的主流模式。比如，强生（中国）已经广泛使用微博、微信以及 LinkedIn 等多种社交网络平台招聘人才①。企业在搭建招聘渠道时，除了在企业官网、领英、智联招聘等知名招聘平台、猎头中介平台等发布招聘信息外，还可以搭建社交化网络招聘平台，比如，企业可以在微博、微信、大街网、脉脉以及人人网等发布招聘信息。

社交网络将企业与员工线下的社交关系转移至线上，使得招聘信息的传递质量明显提升，扩散效果明显好于招聘网站。当企业在社交网络中树立了良好的口碑时，招聘信息必然会得到关注、转发和评论，目标受众更加准确②。还可以依托对求职者评论以及微博、博客发表言论的考察，更准确地获取求职者人格特质、行为特征、技能和能力、人际关系、认知模式、业内评价、行为特征等信息。这种招聘模式，不仅可以提高招聘效率，还可以帮助企业建立人才资源库，提高人岗匹配筛选的效果。

总体来说，企业要结合自身的情况，选择潜在招聘目标人群集聚的社交网络平台，更高效地扩散和传播企业的招聘信息，以快速获取符合条件的求职者，从而缩短招聘周期，高效招聘到更多潜在的高潜力人才。

◎名企实践

TalentBin：基于社交的互联网人才搜索引擎

"人才发现引擎" TalentBin 尽管已于 2014 年被 Monster 收购，但坊间仍有它的"光辉业绩"。TalentBin 曾是一家提供社交网络的职业搜索引擎服务的公司，它帮助雇主更快更准确地锁定人选。TalentBin 从 Facebook、推特、领英、谷歌、Meetup、Quora 等 SNS 社交网站以及 Github、Stack Overflow 等垂直社区上，通过聚合收集个体分散在"数百家网站"上的 5 亿份的社交信息碎片，利用 PubMed 和 Behance 的信息对药物学、生物学和设计类职位应聘人做初步评估，整理编辑出一个以人为中心的数据库，为每个人创建唯一的标识档案，包括数字足迹、微型工作产品以及可公开获取的联系方式和简介信息。TalentBin 创建了 2 亿余份职业人士档案。企业若欲招聘某种人才便可以去 TalentBin 搜索，其服务的客户包括微软和 Facebook 等科技巨头③。

（三）利用大数据技术建立内部推荐机制

大易云计算发布的《中国企业内部推荐实践调研报告》显示，目前国内最重要的招聘渠道分别是招聘网站、员工内部推荐、猎头和人脉推荐。从报告结果上

① 付鹏.社交网络平台招聘模式研究——以领英为例［J］.企业改革与管理,2021(22):63-64.

② 董晓宏,郭爱英.大数据技术在网络招聘中的应用研究——以 K 企业为例［J］.中国人力资源开发,2014(18):37-41.

③ Jean Paul Isson，Jesse S.Harriott. People Analytics in the Era of Big Data：Changing the Way You Attract，Acquire，Develop，and Retain Talent［M］. Wiley,2016.

看，未来最有潜力的招聘渠道依次是员工内推、人脉推荐、招聘网站和猎头。因此，除社交网络平台招聘外，企业还可以启动内部员工推荐这一线下渠道，比如，员工体验口碑极佳的谷歌，其52%的员工来自内部推荐。

企业可以让网络招聘系统与员工的社交网络平台（如微信、微博、推特、领英等）建立联结，当招聘信息发布后，系统会通过同时面向求职者和招聘职位的双向扩展匹配算法，对社交网络和简历数据库的大数据进行挖掘和分析，找出与企业员工有关联的潜在求职者，然后启动对应员工内部推荐程序。

另外，为了激发员工和员工的人脉圈推荐人才的热情，企业可以搭建内部推荐奖励机制。大易云计算基于按照价值贡献给予奖励的理念，研发了招聘产品"人人荐"，在人才招聘链条上做出贡献的每个人都可以得到奖励，真正实现"全民推荐，全民奖励"。它激发了员工和员工人脉的积极性，使员工通过微信等社交网络平台转发职位信息，大大提高了招聘效率，比如，世贸集团的内推入职由原来的30%快速提高到63%[①]。

三、借助大数据和 AI 技术，建立人才识别机制

在人才招聘过程中，HR 可以利用大数据技术拓宽人才招聘渠道，构建智能化的人才招聘体系，建立完善的人才识别机制。

（一）利用大数据分析技术，开展岗位画像和人才画像

胜任力是判断卓越员工与普通员工的个体特征，它包括知识、技能、特质、自我概念、动机五个层次，不同职位的胜任力均有所差别。企业可以利用 AI 技术获取招聘双方信息资料，逐步积累起全量云端数据，通过分类、分级和分层的大数据间的相关性预测，再基于智能算法、算力，依据统计、分析、建模而对标人岗匹配。全程汲取候选人面试过程中产生的"自然语言、肢体演绎、视觉表情、问答速率、声纹辨别"等多维时效数据，运用 NLP 数字技术，包括智能语音、语义、语句、语法等识别、理解、合成和转换，经过量化处理并采取标准算法，对数据进行筛选和研判，积累形成互联网全景视角的云端智能规则、KG 和标准指标，最终形成特定岗位胜任素质模型[②]。然后，将员工信息纳入人才数据库，找出与胜任素质模型相匹配的关键特质，形成岗位画像。

另外，招聘信息发布后，大数据招聘系统会通过招聘职位提取社交网络、网络实时数据源、求职网站简历数据库等多维异构数据的用户特征[③]，通过对简历要素、职业性格、职业兴趣、职业技能和价值观等测评结果、面试通过率、Offer 接

① 刘洪波.人力资源数字化转型:策略、方法、实践[M].北京:清华大学出版社,2022.

② 陈鸿星.机遇视阈:智能化无接触招聘模式特质研究[J].中国人事科学,2021(9):49-58.

③ 杨真,陈建安.招聘面试人工智能系统的框架与模块研究[J].江苏大学学报(社会科学版),2017,19(6):73-80+92.

受情况、试用期通过情况、在职员工绩效情况、离职原因等数据进行集成、挖掘和分析，了解与企业匹配的人才的个性和行为特征，然后根据候选人的基本信息、个性特征、工作状况、内在潜质、外在行为等勾勒出高潜人才画像。通过人才画像实现对人才的精准定位，再将人才与画像进行智能匹配，从而提升招聘成功率。

　　腾讯在公司内部选择三个以上优质员工样本，针对这些样本开展数据的采集、清洗、建模、分析等工作，从而识别出优质员工应具备的行为，再根据行为制定相应的面试问题，据此，可以快速筛选出优质候选人，从而实现人岗匹配[①]，这既节省了招聘时间与精力，又保证了招聘的准确性。

◎名企实践

谷歌：“数字画像”鉴别高绩效人才

　　谷歌作为大数据应用领域的“领头羊”，形成了一系列用数据驱动人力资源管理的方法。谷歌的“人力分析团队”通过对员工的相关数据进行追踪、整理、分析，建立一套搜寻、识别人才的方案，并针对不同职位开展“数字画像”以鉴别高绩效人才，最后根据招聘职位设计调查问卷，通过对所填问卷的评估，快速识别人才并自动完成人岗匹配工作[②]。

（二）借助大数据和 AI 技术，构建智能化的招聘体系

　　企业可以充分利用大数据技术对既往招聘记录进行纵、横向分析和对比，制订合适的招聘面试方案。企业可以借助网络招聘平台和社交平台收集候选人的数据信息，搭建企业人才数据库，借助 AI 和大数据技术构建智能化的招聘体系，比如内推系统、智能简历解析、在线测评系统、AI 视频面试、招聘 RPA 等，提高企业招聘流程的线上化、智能化水平。再通过智能化的在线评估和 AI 视频面试、智能评价和推荐候选人，实现人才招聘的精准化和高效化，降低招聘风险，提高人才招聘的质量。2017 年 7 月 18 日，为简化招聘流程，谷歌推出了 Google Hire，它能够帮助企业追踪应聘者，并协调面试安排，以及向 Google G Suite 提供潜在招聘的反馈等内容[③]。如图 4.21 所示。

四、基于数据优化招聘流程与方式，实现招聘的高效准确

　　当企业出现职位空缺，传统的招聘模式无外乎采取发布招聘信息、人工或者

---

① 张欣瑞，范正芳，陶晓波．大数据在人力资源管理中的应用空间与挑战——基于谷歌与腾讯的对比分析［J］．中国人力资源开发，2015（22）：52–57+73．

② 韩燕．大数据在人力资源管理领域的应用价值与挑战［J］．经济研究参考，2016（56）：51–56．

③ 张琪，林佳怡，陈璐，刘军．人工智能技术驱动下的人力资源管理：理论研究与实践应用［J］．电子科技大学学报（社会科学版），2023（1）：77–84．

互联网采取关键词筛选简历、线上或者线下的笔试、多轮面试筛选，然后录用入职。在面试的过程中，一般评价候选人的面试表现以及学历、技能、工作经历等，往往会出现效率低下和人岗不匹配等问题。

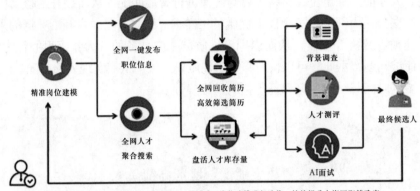

AI智能人才画像，根据人才大数据进行分析学习，并反哺至岗位建模进行迭代，持续提升人岗匹配精确度。

图 4.21　招聘流程全智能化

资料来源：艾略咨询。

大数据时代下，求职者通过诸如 LinkedIn、微信、微博等社交媒体渠道寻找工作。因此，HR 可以借助这一趋势调整招聘渠道，改变招聘流程。从被动接受求职者投递简历变为主动通过社交媒体渠道联系目标求职者，通过大数据挖掘候选人的工作履历、社会关系、能力情况等个人信息[1]，通过岗位画像和人才画像，开展简历筛选和人岗自动智能匹配，从而实现精准识别和招聘人才。招聘完成后，HR 还需对招聘数据进行分析，为后续招聘工作提供科学依据。

◎名企实践

谷歌：用数据分析优化招聘流程

谷歌曾经规定：每一位在职员工都有权面试候选人，但随之而来的冗长的招聘程序并不太受候选人欢迎。为此，谷歌人力分析团队基于数据分析开展了最优招聘流程的研究，团队分析了当时谷歌采用的数十种招聘流程，并对每位面试官给候选人的评分进行了追踪和数据分析，最终得出结论：多轮面试对预测候选人入职后工作绩效的成效有限，针对同一候选人最佳的面试次数为四次，且四次之后对候选人平均面试得分影响甚微。为此，谷歌改变了招聘程序，从多轮面试改为三四轮面试。通过数据分析，谷歌使招聘流程和招聘决策更具科学性和理性化。

另外，在招聘初选阶段，谷歌会淘汰大量简历，人员分析团队对被淘汰的简历进行数据分析后发现，简历筛选的错失率竟然高达 1.5%。人员分析团队为此开发了相关算法——"二次评估程序"，该算法能从被筛选掉的简历中识别出错失的优秀候选人。人员分析团队

① 韩燕.大数据在人力资源管理领域的应用价值与挑战[J].经济研究参考,2016(56):51-56.

用算法计算出特定职务员工的简历中最共通的关键词，将关键词整理成列表经过讨论分析后再赋以权重，最后将测算的结果与未录用候选人的简历进行对比，若有重合，谷歌会向该员工发邮件咨询相关情况[1]。

谷歌还建立了候选人追踪系统，将每一位应聘者的所有信息整理成50多页的"卷宗"，然后由招聘委员会讨论决定是否录用[2]。谷歌人员分析团队还开发了结合战略来预测候选人在入职后是否具有最佳生产力的算法，并根据研究结果深度鉴别员工潜在价值，以供面试官参考。谷歌通过数据分析，不仅大大提高了招聘效率，还简化了招聘流程。

◎名企实践

玛氏公司大数据员工招聘应用实践

一、玛氏公司简介

玛氏公司是全球最大的食品生产商之一，是全球糖果巧克力、宠物护理等行业的领导者，拥有众多世界知名品牌。随着全球产业分布，在华业务扩张和同事人数增长，打造以员工体验为先的专业、高效、一站式的人事服务及解决方案，是玛氏人事共享服务中心（MyP&O）设立以来的使命。

2016年起，玛氏开始基于HR三支柱模型，搭建人事共享服务中心，并在全球范围内设立了广州、芝加哥、华沙和莫斯科四大人事共享服务中心，汇报给玛氏全球共享服务中心（Mars Global Services，MGS）。作为玛氏全球第一个成立的人事共享服务中心，MyP&O广州中心目前服务于中国、澳大利亚、新西兰及部分东南亚国家的约1.3万名员工，除涵盖基础人事服务需求外，还提供人才招募和发展、雇主品牌建设、同事关系介入管理、组织变革和数据分析洞察等为业务持续赋能增值的专业服务。

二、玛氏公司大数据招聘的背景

2016年，玛氏启动了全球人力资源架构重组，这种情况下，玛氏在全球范围内成立了人事共享服务中心，但在组织变革初期，员工招聘团队面临各方面的挑战，而且随着玛氏公司全球招聘系统的上线，这些挑战愈加凸显。

（一）招聘需求量爆炸性增长

玛氏公司招聘服务上线之初，便接到超200个岗位的招聘需求，平均每位招聘人员要负责30个岗位的招聘，导致其工作量大、工作效率较低。

（二）招聘渠道有限

在招聘渠道使用上，玛氏公司的大部分职位都过于依赖猎头渠道，以至于招聘费用成本较高；内部员工了解岗位的渠道有限，导致内部推荐量较少；网上渠道由于缺乏便利性，网申人数很少。

（三）人才库资源不足

玛氏公司招聘系统上线初期，其人才库几乎为零，以往的候选人资料没有积累，负责

① Bughin J，Chui M，Manyika J.Clouds，Big Data，and Smart Assets：Ten Tech-enabled Business Trends to Watch［J］.McKinsey Quarterly，2010（8）：1-14.
② 福原正大，德冈晃一郎．人力资源管理重构：AI 与大数据如何提升 HR 效能［M］.李爽译．北京：人民邮电出版社，2020.

招聘的团队成员对新岗位的招聘职责和负责区域积累较少。

（四）雇主品牌宣传弱

企业雇主形象缺乏对外宣传的有效渠道，外部候选人很少了解和关注企业相关信息，进而很少了解到公司的雇主品牌（见图4.22）。

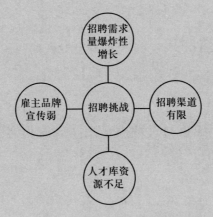

图4.22　玛氏公司招聘挑战

三、玛氏公司大数据招聘实践

招聘期间，玛氏公司招聘团队收到大量候选人咨询后，会花费大量时间在不同招聘渠道回复候选人，导致招聘团队的工作量巨大且工作效率低。在经过简历初筛后需通过电话预约候选人面试时间并进行面试，招聘团队无法及时有效地在短时间内完成招聘。为解决上述问题，玛氏公司通过利用人才雷达、人才画像、智能简历解析等进行了大数据招聘的变革。

（一）人才雷达

2017年开始，玛氏开始使用人才雷达，这是一个亚马逊机器学习工具，可根据企业空缺和候选人的技能和经验，自动预测最佳的招聘候选人。人才雷达的使用让玛氏公司能够更快地找到和雇用最优秀的人才，同时降低了招聘成本和时间。此外，它可以帮助企业更好地了解其员工的技能和潜力。人才雷达是玛氏公司在招聘和人才管理方面使用的一种人才智能化解决方案。

1.数据驱动

人才雷达通过分析大量的招聘数据和人才数据，识别出有潜力的候选人，并推荐给招聘团队。

2.候选人分析

人才雷达可以对候选人进行深度分析，包括教育背景、职业经历、技能等多方面的维度，帮助招聘团队更好地了解候选人的能力和潜力。

3.智能推荐

基于数据分析和候选人分析的结果，人才雷达可以智能地推荐符合岗位要求和文化适配的人才，帮助招聘团队更快地找到合适的候选人。

4.自动筛选

人才雷达可以根据设定的条件自动筛选候选人，并标识出最合适的候选人，这种自动化的筛选方式可以大大减少招聘团队的工作量。

（二）人才画像

玛氏公司之所以能在众多的食品企业中脱颖而出，除了其出色的产品以外，其在人才管理上也有着独到的见解。人才管理的核心是发掘员工潜能，通过有效的激励机制帮助员工获得成就。玛氏通过收集和整合各种内外部数据，如员工履历、绩效评估、面试结果、社交媒体信息等数据，建立了一个综合而详细的人才画像库。这些数据不仅可以体现一个人的职业背景、技能和性格特征，也能够揭示他们的兴趣、价值观和行为偏好等不太明显但同样重要的因素。

1. 招聘需求分析

玛氏公司在进行招聘需求分析时，首先对企业所处发展阶段、发展方向、战略目标和空缺岗位进行了解，然后利用人才画像在全球范围内收集、整理、分析不同城市和地区人才的特征，进而根据人才需求制定出招聘策略。

2. 人才甄选

人才画像是通过收集和分析候选人的数据以及背景信息，对候选人进行深入分析并自动生成相应档案，它可以提供包括技能、能力、教育背景、经验、性格特点等方面的详细评价。这种信息可以用来预测他们是否适合企业的文化和价值观，并且帮助企业更好地决定该配置哪些候选人。通过人才画像分析工具，能更好地判别候选人是否适合企业的需要和要求。

3. 录用

玛氏公司使用人才画像帮助他们更好地招聘及入职新员工。首先，玛氏公司会根据不同岗位的需求，制定相应的人才画像。这个画像包括员工的经验、技能、个性和文化特征等。其次，通过数据分析和智能筛选，找到符合人才画像的候选人。在招募过程中，使用综合面试和行为模拟测评等工具进一步验证候选人是否符合人才画像。最后，当新员工入职时，玛氏公司会利用人才画像制订个性化的培训和发展计划，以确保新员工可以快速地适应工作，并在企业中取得良好业绩。

（三）智能简历解析

玛氏公司为了更高效地筛选人才，使招聘程序自动化和数字化，使用智能简历解析技术来帮助分析和筛选候选人的简历。该技术通过自然语言处理和机器学习算法，将简历文本数据自动转换为可搜索和结构化的数据，以便于快速筛选最适合的候选人来匹配宣传的职位岗位。

智能简历解析技术不仅可以抽取和归类简历信息，还可以在简历库中自动标记候选人的技能、工作经验和教育背景等信息，以便进行高级搜索和快速匹配。该技术还可以识别和匹配关键词，例如，特定技能、语言能力、学历或认证等，能帮助招聘人员更快地找到与职位要求最匹配的候选人。

（四）人才测评

近年来，玛氏公司开始利用大数据、人工智能等技术进行人才测评。作为世界领先的食品和消费品公司之一，玛氏公司在人才测评领域一直处于领先地位。

1. AI面试

2019年5月，实习生对玛氏AI面试进行了初次体验，覆盖了每轮面试的预约、面试、评估三个环节。AI语音面试应用于实习生项目招聘的面试预约环节和初面环节，为800多人进行了预约和语音面试，其中超过一半的候选人所在地在海外。800多名应聘者在第一次面试时，一般情况下，每一位应聘者都要用30分钟的时间，而且，由于应聘者的工作量太大，一般都不会提前预约，所以很多应聘者在接到电话后，都会说要改期，这样的话，每一位应聘者都要花上 5 分钟的时间。也就是说，第一次面试大概要用 500 个小时。而 AI 智能招聘投入使用后，面试官只要在后台根据应聘者的通话记录来评价应聘者就可以了。而每一位应聘者的平均评价时间不超过 10 分钟，这一过程就为招聘者节约了 300 个工作时数（约合 40 个工作日）。

随着时间的大幅缩减，面试官的人数随之大规模减少。过去，第一次面试的要求是 35~40 人，时需 7 天时间，而且不能占用其他时间。要把这么多应聘者和面试者联系在一起，每个应聘者平均需要 10~15 分钟。在使用该系统后，只需 10 余名面试者，极大地节约了面试费用。而且，语音面试的时间共花费 3 天，其中有 2 天是在周末，只需要占用 1 个工作日，再加上 3 天的面试官评估时间，因此，使用人工智能语音面试可以让整个面试流程节省 3 天。猎头小组可以利用节约的时间更早地发布入职通知，从而找到合适的人选。

2019 年 9 月，玛氏公司的 AI 系统进行改善升级，包括完善功能、改进流程等并应用到 2019 年的秋季招聘中，智能语音对话机器人已协助猎头小组完成多个岗位、6000 多名应聘者面试，其中，96% 的应聘者在当天的面试中通过微信进行了预约。而玛氏公司，面试 120 名求职者，却只用了 3 天时间，大大节约了人力，提高了工作效率。

2. 在线测评

候选人首先在线上网申，之后进行初筛，这个过程中重点看申请人网申时的态度表现，会筛去少部分人。接下来进入测评环节，主要测试数理逻辑思维等通用能力情况，之后是英语能力测试，一般情况下只测听力和阅读理解，只有个别对英文要求较高的项目，例如，综合管理培训生、IT 培训生和研发培训生的招聘，还会包括英语口语的测试。初次面试主要以小组讨论的形式，通过之后直接进入终面。

在选择测评工具时，玛氏公司清楚地知道需要测评工具帮助招聘什么样的人才、测试什么样的能力。管培生的招聘作为玛氏公司人才战略的重要环节，在招聘开始前会从业务发展方向和目标、公司管理人才现状、未来管理人才需求等方面入手，通过和高管以及业务管理层的商讨，最终确定每个部门的人才招聘数量以及相应需要考察的通用能力和核心能力。玛氏对市场上的测评工具能够测评的能力了解后，会将自己需要测评的能力与之做出比对，再择优选择。同时考虑测评工具应用平台的稳定性、测评工具设计的科学性和严谨性等，并且让玛氏往届的管培生去试测，看测评结果的有效性是否显著，并给出工具使用体验的反馈。

（五）入职

1. iMars 智能聊天机器人

2018 年上半年，玛氏 MyP&O 推出了 iMars 招聘聊天机器人，通过人工智能回答候选人的常见问题，上线两个季度后即有 8000 位以上的用户通过机器人提问。项目启动至2020 年中旬，总计提高了 500 个工时的工作效率，并且上线后半年同比上半年增加了 50% 的工作申请，但所需人力却大幅缩减，使得 HR 从烦琐的事情中解放出来，将更多的精力投入到更有价值的工作中。智能聊天机器人代替人工回答候选人的一些基础的、简单的问题，减少了招聘人员的事务性工作。另外，智能聊天机器人还可以对候选人上传的简历通过 AI 解析，针对其申请的职位给出建议，被回复率达到 80%，智能聊天机器人的使用取得显著成效。如图 4.23 所示。

2. Shell 微信入职小程序

玛氏公司招聘团队将入职流程搭载到 Shell 微信入职小程序上，使得候选人可以清楚地了解到入职步骤，从接受录用通知开始，就可以在该小程序上填写入职信息、查看入职的相关资料和安排等，通过手机端简单、快捷地自主完成入职手续。通过使用 Shell 入职小程序，极大地提高了入职管理工作效率。

图 4.23　iMars 智能聊天机器人的成效

资料来源：人力资源智享会官网。

　　企业 HR 部门需要从烦琐的入职申请流程中解放出来，从而能够把更多的时间和精力用于招聘及培养人才方面。Shell 就是帮助 HR 部门减负的工具，它通过一系列的简单操作帮助 HR 部门从繁杂的流程中解放出来。据统计，从 2018 年底上线至 2019 年初，超过 2000 名新员工享受了便捷的入职流程，整个过程大约需要 15 分钟，并做到了 100% 的无纸质电子化。

四、玛氏公司利用大数据招聘取得的成效

　　玛氏公司大数据实践中使用了人才雷达、人才画像、智能简历解析以及聊天机器人和入职小程序等，实现了时间成本降低和招聘团队人员的减少，提高了工作效率，为玛氏公司解决了前期面临的困难和挑战，给玛氏公司带来了很好的成效。

（一）大数据提高了招聘效率

　　玛氏公司使用人才雷达进行候选人的精准匹配，以及智能简历解析系统的使用等，可以在短时间内实现人和岗位的精准匹配，从海量的数据信息中高效地寻找到企业最合适的人才。AI 面试、入职小程序和智能聊天机器人的使用，极大地提高了企业的招聘效率。iMars 智能聊天机器人的使用，通过候选人对其的咨询进行回复一些基础的、简单的问题，回复率达到了 80%，减少了招聘团队的工作量，提高了招聘效率。微信入职小程序上线两个月内，已经完成了超过 200 个员工的入职，并且获得了 9.8 分的用户满意度（满分 10 分）。

（二）提高了人岗匹配度

　　使用大数据技术对人才进行描述和评估，构建出符合企业发展的人才画像，使得招聘变得更加科学合理，通过智能简历解析科学地掌握候选人的各项信息，招聘系统根据候选人的能力、技能、性格、经历、兴趣爱好和学历等各个方面的信息，实现人和岗位的精准匹配。大数据还对招聘进行智能科学的分析，将公司的岗位说明书和岗位要求与应聘者的简历信息或者以往的工作经历相结合，建立数据模型计算出应聘者与应聘岗位的匹配程度。同时，大数据也可以帮助企业在众多岗位候选人的简历中初步筛选出不合适的应聘人员，这样可以减少人工筛选的主观性和复杂性，减少错误的发生。

（三）人才画像提升了人才招聘精准度

玛氏公司进行招聘需求分析后，基于员工的人才画像，明确岗位的知识、技能、经验能力和价值观等综合元素，建立岗位的胜任力素质模型，通过智能简历解析筛选的候选人信息和岗位胜任力素质模型进行分析，对候选人进行深度分析并自动生成相应的档案，然后进行评估，通过这些信息，精准招聘企业所需要的合适的人才。

（四）降低了人力成本

相较于传统的人工筛选简历，智能简历解析系统的使用可以更高效地从海量简历中精准筛选出适合企业的候选人。传统的人工筛选简历效率低，并且需要投入大量的人力成本，而智能简历解析系统通过使用大数据技术，只需招聘人员设定好企业所需人才的各项标准，就可以自动筛选出符合企业所需的候选人。AI面试的投入，缩短了面试所需的时间，同时面试官的人数随之大幅减少，很大程度上降低了招聘团队的人力成本。

第五章　大数据时代背景下的培训与开发

世界 500 强摩托罗拉的经济账：每投入 1 美元的培训费就会产生 30 美元的产值。有了简单的经济账和单纯的信条，摩托罗拉每年投入的教育经费约 1.2 亿美元以上，并于 1974 年设立了世界上最早的企业大学——设在美国芝加哥的摩托罗拉大学，被公认为企业培训教育的楷模和世界顶尖的企业大学。

从摩托罗拉的经济账可以看出，培训是一种产出远远大于投入的人力资本投资。"数据驱动企业，分析变革培训"已成为企业培训与开发变革的趋势。大数据风行的时代，如何利用大数据技术将培训变得简单有效呢？企业可以通过对员工绩效、职位要求、员工线上学习等相关数据的采集、挖掘和分析，构建培训与开发相关模型，为培训与开发决策提供有效支持，从而实现人才培养的个性化、培训管理决策的科学化。

本章分析了大数据技术对企业员工培训与开发的影响，梳理了大数据和人工智能技术在企业培训与开发中的应用，探讨了大数据背景下，企业如何借助大数据和人工智能开展员工培训与开发。

第一节　大数据技术对培训的影响

数智化时代下，数据化已成为工作世界的常态，谷歌、百度实现了检索信息的数据化，芝麻信用实现了征信的数据化，QQ、微信、微博实现了交际圈的数据化，淘宝、京东实现了购买力的数据化，因此数据化无处不在。人力资源管理也不例外。将大数据分析技术应用到培训管理环节中，可以改变原有的培训模式和培训流程，重塑培训管理机制。

一、大数据驱动培训与开发数字化转型

随着 AI、大数据等信息技术与教育的深度融合，尤其是在线教育的蓬勃发展，

驱动大数据在教育领域大规模应用，因而，学校教育以及企业培训与开发正在被大数据及 AI 技术所改变，由此开始了教育与培训的数字化转型之旅。"大数据大师"伯纳德·马尔在《人力资源数据分析——人工智能时代的人力资源管理》中提出，随着数据与分析的驱动，培训与开发数字化转型为四种方式。

（一）"自适应"学习

随着在线学习、大数据分析的发展，学员对教育与培训的要求变得越来越个性化。"自适应"学习是一种新型的网络学习系统，它以 AI 技术为基础、以学习者为中心、以计算机为媒介，利用计算机模拟教学专家的思维过程，形成的开放式人机交互系统。"自适应"学习根据每个学员的学习风格、媒体倾向、兴趣、认知水平等特点和行为倾向，匹配与学员水平相应的学习策略，制定个性化学习路径和学习资源，智能推荐学习内容及测试，为学员提供个性化的学习服务。法国食品巨头达能创建了一个用户友好的在线平台"在线达能校园 2.0"，员工可以在平台上学习，还可以与其他员工分享最佳实践和知识[①]。

IBM 利用人工智能技术为某航空企业推出了一个动态的"自适应"学习解决方案，重新定义了航空业新标准和飞行培训方法，基于此，该航空公司为飞行员提供个性化的培训服务提高了培训吞吐量和熟练程度。该方案不仅增加了航空企业的收入渠道，还可以将经验扩展至火车、船长、货运公司等其他自适应学习领域。

（二）微学习

微学习（Bite-sized Learning）也被称为碎片化学习，指将大块儿的信息分成更利于学习者消化、吸收的小块儿。微学习以微课或微内容为基础。微学习的学习时间非常短，通常只需几分钟的短视频即可完成。原来按天计的线下面授，被精练、拆分成若干个一两个小时的"线下微课"；原先四五十分钟在线学习课件，被碎片化的微课所取代。因此，今后企业开展面授培训的频率会降低，培训时间越来越短，也会加入碎片化、微学习的形式和内容，培训形式更加活泼、有趣。

（三）移动学习

移动学习（M-learning）指在数字化移动设备的帮助下发生的随时随地的学习。据统计，全球超过 47% 的组织正在使用移动学习开展培训，移动学习已经成为培训与开发的未来趋势。对企业培训而言，移动学习是一种便捷的内容生产方式，能给学员带来良好的学习体验，可广泛地应用到线下课、远程互动、直播培训等学习场景上。

1. 移动学习 + 机器学习 = 个性化体验

随着 GPS 功能的增强，移动设备和可穿戴设备上均有 GPS，定位功能能够将

---

① ［英］伯纳德·马尔. 人力资源数据分析：人工智能时代的人力资源管理［M］. 胡明, 黄心璇, 周桂芳译. 北京：机械工业出版社, 2019.

学习内容个性化到所需的地理位置，从而提高学员的学习体验。

AI 和 ML 也提升了移动学习的个性化体验。如今，智能手机、平板电脑等移动设备以及 Alexa、Siri 等其他设备都有强大的 ML 算法作为后盾，从而增强了移动学习的个性化体验。

2.AR、VR 让移动学习的绩效支持功能更强

随着智能手机、平板电脑等移动设备支持 AR、VR 功能，移动学习的未来越来越具有想象空间。当移动学习与 AR 结合使用时，绩效支持的力度会明显提升。有了 AR 的加持，员工可以在手机屏幕上获得为其提供指导的实时信息。

比如，波音、空客和爱科（AGCO）等公司均部署了 AR 驱动的应用程序，能在制造引擎、排除故障维修或在大型仓库中查找零件时为员工提供支持。再举一个例子，Jaguar Land Rover（JLR）与服务提供商合作设计了一个培训应用程序，该程序能在不拆卸和重新安装车辆仪表板的情况下，新员工只需将 iPad 的摄像头指向车辆的仪表板即可培训。

（四）混合式学习

"混合式学习"（Blend-learning）通常用于描述在线学习和课堂学习（或者线上＋线下）的结合。混合式学习成为教育创新的第一热词，是一种被证明非常受欢迎的培训与开发范式，它融合了新兴的在线学习与传统的课堂学习，以及虚拟空间与实体体验的双重体验，对学生实行分级教学，个性设计与分级教学相吻合，实现了因材施教。

在美国，已经有数千所学校摒弃了工厂式的集中教育，转变为以学生为中心的弹性教育，采用混合式学习进行个性化教学。

二、大数据和 AI 驱动培训方式的多样化

大数据和 AI 正在改变企业员工培训与开发，具体表现形式如下：

（一）大数据和 AI 技术帮助企业识别员工的学习需求

通过对图片、文本、情绪、视频和音频、传感器等进行数据分析，可以帮助企业探索绩优员工的胜任素质特征，分析绩效不佳员工与绩效优秀员工的差距，根据员工绩效压力点和痛点分析结果，识别出员工培训需求，据此为员工量身定做针对性的培训与开发计划。

（二）大数据和 AI 技术提供多样化学习形式

大数据和 AI 技术驱动学习形式的多样化，比如"自适应"在线学习、"微学习"、"慕课"。增强现实（AR）、虚拟现实（VR）和混合现实（MR）技术正在成为企业培训的标配，员工培训可以借助 AR、VR 和 MR 模拟真实场景，让员工可以在安全无风险的虚拟环境中沉浸式体验观察、操作、触摸等实操培训，不仅能

让员工快速掌握培训内容，还能增加趣味性，提升员工体验感、提升培训效果。数据显示，截至 2023 年，AR、VR 和 MR 在企业培训领域的需求将达到 280 亿美元。

◎名企实践

VR 在培训中的应用场景

当今，一些知名大企业将 VR 用于高危作业培训，以提升员工应对危险或灾难等极端情景的能力。例如，美国最大的有线通信和话音通信提供商威瑞森通信公司（Verizon），通过 VR 让一线员工参加在遇到歹徒抢劫时避免遭受伤害的培训项目。JetBlue 航空通过 VR 培训项目为技术人员提供起飞前切合实际的常规飞机检查。如图 5.1 所示。

图 5.1　某公司利用 VR 开展急救培训

资料来源：https://www.ccaonline.cn/baozhang/641212.html.

美国陆军将大部分花费较高且耗时的、基于现实的培训转移到 AR/VR 上，使用 AR/VR 等技术训练士兵作战、武器操作以及维修武器、车辆等装备，既能避免错误，又能提升训练效果和维修速度，新士兵也能快速掌握训练内容，沉浸式体验大大提高了培训效果。如图 5.2 所示。

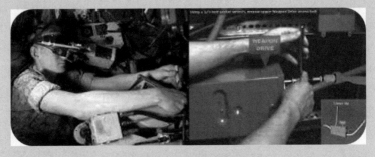

图 5.2　AR 用于武器操作训练或设备检修

资料来源：https://www.jiemodui.com/N/71062.html.

AR 和 VR 可以应用于多种场景，使用起来方便灵活，可以高度模拟在职工作体验，激发员工主动参与，满足个性化、针对性的培训需求，显著提升员工工作体验，而不会产生潜在的成本和风险，避免现场演练风险。

三、大数据改变了组织培训模式

传统培训模式以课堂讲授、师带徒式的"传帮带"、现场实操等方式为主，有利于员工快速传授知识，迅速了解操作流程，能够给予员工更多关注，一定程度上有利于帮助员工快速进入工作状态，促进员工与组织相互了解，但传统培训模式还存在培训内容固定、未考虑员工需求、成本高、效率低、培训效果难以评估等问题。

大数据技术使人们的生活变得智能化和人性化。你关注的信息会经常推送到眼前，你需要的商品经常会出现在视野，这都和大数据密不可分。在教育和培训领域，大数据、AI 等新兴互联网技术得以广泛应用。大数据和 AI 为组织培训提供技术支持，它可以为学员制订个性化培训方案、持续追踪学习以及培训效果，培训分析更加客观、精准，能够激活组织内生潜力、赋能人才多元化发展，推动了组织培训模式的革新。

四、大数据提升了教育与培训成效

（一）大数据提升了教育与培训效率

人工智能和大数据新技术在教育领域发展迅猛，已经成功地在教育领域广泛使用，它们可以帮助教师自动或半自动地批阅作业，如超星学习通、雨课堂等教育平台可以批改试卷和作业；可以在优质考题中快速组成试卷，如一些英文自动批改软件，还可以逐字逐句地帮学生修改作文，极大提升了教师的工作效率。人工智能和大数据新技术还可以发现学生存在的问题，了解学员的个性化需求。

比如，可汗学院，不仅录制了教学视频，还推出了学习仪表盘，把教学知识精细切割为上百个知识点并可视化为由 549 个小格组成的任务进度图。学员可以设计个性化的学习路径并自由选择想要学习的知识点，从而提高了学习效率[1]。

（二）大数据提升了教育与培训质量

1.利用大数据技术挖掘学员学习数据

卡耐基在梅隆大学教育学院曾说过这样一段话："数据的采集、挖掘与数据库的建设部分其实是个性化学习系统最重要的核心部分。考试、课堂、师生互动、校园设备使用、家校关系、在线学习……只要技术能达到的地方，各个环节都将

---

① ［英］伯纳德·马尔.人力资源数据分析：人工智能时代的人力资源管理［M］.胡明，黄心璇，周桂芳译.北京：机械工业出版社，2019.

渗透大数据。"

讲师利用德育、在线学习、在线测评等平台和电子书包、常规考试等渠道获取学员的学习数据。比如，讲师通过德育管理平台根据学员出勤、学习态度、课堂表现、活动参与度等数据预测学员的学习状态；利用微格教室捕捉学员在课堂中的点滴微观行为，了解学员对知识的掌握程度及感兴趣程度，帮助讲师开展教学反思，从而了解教学是否匹配学员需求；讲师还能通过在线自适应监测系统挖掘分析特定数据，比如在一次考试中，学员在每道题上用时几分钟？最长的是几分钟？最短的是几分钟？平均几分钟？帮助讲师了解学员对学习内容的掌握程度，以向学员提供个性化教学。

2.利用大数据和人工智能技术驱动个性化学习

传统教育模式无法激发学生自主学习的热情，个性化教育尊重学员个性化发展，充分发掘学员的个性潜能，大大提升了学习效率。针对学生个体差异实施个性化教学已成为通识，2006年，欧洲经合组织将个性化教育作为应对变革时代的重要教育议程。2010年，我国发布了《国家中长期教育改革和发展规划纲要（2010—2020年）》，提出"关注学生不同特点和个性差异，发展每一个学生的优势潜能"。

要实现个性化学习，就要分析每个学员的情况。通过大数据技术，讲师可以了解学员的出勤、学习态度、学习行为、学习成绩等各种数据，人工智能可以分析每一位学员的学习行为、作业、试卷，并从中找出问题所在，从而给予针对性的改进建议和个性化指导。

当前，许多专家学者在开展学习分析（Learning Analytics）的研究。为向学员开展个性化的学习指导，许多学者基于慕课（MOOC）等在线学习数据进行研究分析，从而了解学员学习行为特征。

大数据和AI技术在教育领域的应用，同样也适用于企事业单位的员工培训与开发工作。例如，招商银行尝试通过大数据分析培训需求和培训效果等[1]。

第二节　大数据在企业培训与开发中的典型应用

一、大数据技术在培训与开发领域的应用场景

（一）学员偏好建模

为提升培训效果，企业可以通过对学员在培训与开发过程中的学习渠道、课程资源、学生特点、学习时长、学习过程、学习任务、学习圈子、学员类型、学习态度及行为、学习风格等特征进行收集、提取与分析，构建学习者学习偏好模

---

① [英]伯纳德·马尔.人力资源数据分析：人工智能时代的人力资源管理[M].胡明,黄心璇,周柱芳译.北京:机械工业出版社,2019.

型，提取有效数据并结合云计算建立数据模型，进行深度分析，挖掘出用户潜在偏好，为个性化课程推荐服务打下基础。

分析用户偏好需收集的信息一般包括用户注册时所提供的基本信息（通常与企业 HR 系统同步，如姓名、性别、年龄、部门、级别等），用户在学习过程中的常规操作情况等，如浏览记录、课程下载、评论、好友分享、转发收藏、点赞内容、直播回看、定制服务等，还包含相关课程的完成情况等。收集信息后，对上述信息进行聚类分析、机器学习等，生成个性化的用户偏好特征标签[①]。

（二）课程标签

课程标签分为官方标签和非官方标签，官方标签通常指由官方平台对课程定义的标签，诸如通用类、专业类、视频直播类。非官方标签通常指由普通用户为课程添加的标签，非官方标签可以作为课程的补充属性。大数据技术可以按照学习地图对课程进行分级、标签化。

（三）挖掘员工培训需求

利用大数据技术收集与员工所在岗位的胜任素质要求、绩效表现、职位晋升和调配需求等数据，以及员工过往培训数据，精准把握员工的工作能力，准确识别员工培训需求，从而制定企业培训策略，提高培训效率。另外，可以对员工未来所从事工作及职业技能培养需求进行预测，形成个性化的职业生涯规划路径，制订与之契合的人才培训方案。

（四）个性化推荐课程

根据学员的行为偏好特征标签，向学员个性化推荐课程。另外，需要根据用户的学习需求、学习习惯、学习模式、学习风格、学习态度而不断进行机器学习调整，匹配适合个性化的培训课程和学习指导，最终达到学员随时学习，系统将课程随时推送到位，推进培训良性发展[②]。

◎名企实践

1. 中国平安：千人千面智能培训

以中国平安 HR-X 智慧人事系统——培训场景为例，其打造了"千人千面"的培训新模式。借助大数据、AI 等先进的科学技术，根据员工岗位职责、行为标签、能力标签、测评结果等数据形成个人全景画像，基于人才画像、岗位画像与海量课程库，可精准识别员工学习需求和个人能力短板，识别员工能力与企业发展要求之间的差异，通过千人千面智能推荐引擎，在员工入职、转正、晋升、调岗、绩效考核等关键职涯节点，实现智能匹配个性化学习资源、智能推课。另外，最了解员工实际情况的上级主管，也可以为员工推课，且有"培训助手"协助跟进辅导过程，全流程追踪学习效果，评估和反馈培训效果，真正将知识转化为价值，如图 5.3 所示。

---

① ② 王爱敏，王崇良，黄秋钧．人力资源大数据应用实践：模型、技术、应用场景［M］．北京：清华大学出版社，2017.

图 5.3　中国平安千人千面智能推课

资料来源：http：//www.zhi-niao.com/project/1608904384000/52811c8848fb4df38d5924f3ecaed884/index.html.

2. 罗氏诊断：智能课程推荐

往年世界 500 强企业罗氏诊断培训计划的制订是通过与各业务部门主管、员工反复沟通后确定的，2018 年底，罗氏诊断以员工能力模型为中心，根据员工的课程推荐清单和反馈情况，基于大数据和深度学习技术，制定了 2019 年全公司的培训计划，为员工推荐最适合其职业发展的核心课程。大大缩短了培训计划制订的时间，从 4 个月缩减到 1 个月，员工课程推荐预测准确率达 90%，Top5 推荐召回率在 75% 以上，极大提升了企业培训的工作有效性，快速提升了员工技能和绩效。

3. Knewton：个性化教育

Knewton 是一家提供个性化教育的初创公司，它通过数据科学、ML、KG 等技术，搭建适应性学习引擎，为学生提供智能化和个性化教育方案。Knewton 通过数据收集、推断及建议三步提供个性化教学。

（1）数据收集阶段。建立学习内容中不同概念的关联，然后将类别、学习目标与学生互动集成起来，再由模型计算引擎对数据进行处理供后续阶段使用。

（2）推断阶段。通过心理测试引擎、策略引擎及反馈引擎对收集到的数据进行分析，分析的结果将提供给建议阶段进行个性化学习推荐使用。

（3）建议阶段。通过建议引擎、预测性分析引擎为师生提供学习建议，并提供学习历史。

二、AR、VR、MR 技术在培训领域的应用

当今，随着人工智能和人数据等技术的发展，AR、VR 和 MR 正成为企业培

训与开发的常用工具。

（一）AR、VR、MR 在医学模拟和培训中的应用

医疗行业是早期应用 AR 的领域之一，主要应用在医学模拟及培训上。

很多医学院或者医院使用 AR、VR 或 MR 进行教学或外科手术训练。在教学方面，学员戴上 AR 或 VR 眼镜观看 3D 立体的人体结构及器官，甚至可以"取出"某一器官进一步仔细观察学习。在外科手术训练方面，学员或实习医生戴上 AR 或 VR 眼镜，通过 3D 全息解剖程序对虚拟尸体进行手术训练，这可以让学生节省在传统尸体实验室 10 个小时，手术仿真还可以减轻医学院或医院的负担。比如，美敦力公司采用 VR 和 AR 培训医生进行心脏外科手术，罗氏制药采用 AR 训练学员药品的存储与配送。

另外，VR 还可搭建虚拟医院和医院数据库系统。通过虚拟医院的真实病例，让学生进行研究和训练，更直观地从真实病人数据模拟操作和学习，从而打造以虚拟培训为基础、实践为目的的虚拟医疗体系。

（二）AR、VR、MR 助力远程维修和技术培训

AR 是远程专家与一线工作者之间强大的实时协作工具。一线工作者可以通过手机或 iPad 上的 AR 应用程序，请求其他场所的专家提供帮助。远程专家可以看到现场工作者的物理工作环境，并使用手指或鼠标进行数字化标注；即使工作者移动，这些标注仍会附加在所涉及的物理对象上。AR 使专家能更高效地远程调试问题和解决生产问题。比如，AR 视频通话可以让 Toyota 远程监督工厂改造任务并监控当地工人的安全，专家可以随时随地帮助员工应对工作难题，AR 免除了专家每月平均 4 次前往生产工厂出差的舟车劳顿，从而节省了时间和资金[1]。

◎**名企实践**

AR 在培训中的应用场景

一些制造行业巨头将 AR 可穿戴设备应用于企业培训工作中，从而加速知识的转化。以色列的 Fieldbit 公司被称为实时 AR 协作解决方案的开发商，Fieldbi 和 InfinityAR 合作开发了一套 AR 技术解决方案，从而实现技术人员可以与专家互动，及时获得技术指导和培训。

2017 年，Fieldbit 为世界第三大石油公司英国石油公司（BP）提供了 Fieldbit Hero AR 智能眼镜，技术人员在现场工作时可以使用智能眼镜、平板电脑和智能手机协助解决技术问题。如图 5.4 所示。

---

[1]　Michael Porter，James Heppelmann.AR 及我们的工作方式：新常态［EB/OL］.https://www.hbrchina.org/2020-12-04/8349.html.

图 5.4　Fieldbit AR 智能眼镜助力远程维修和技术培训

资料来源：https：//view.inews.qq.com/k/20200906A02MC400?web_channel=wap&openApp=false.

　　北京亮亮视野科技有限公司的 AR 在线远程系统具备远程技术支持、远程技能培训、AR 知识库信息留存储备等功能。技术人员只需戴上 AR 眼镜，通过摄像头即可将现场情况同步给后台专家，专家诊断设备故障并给予技术人员远程技术指导服务。故障排除记录会以视频案例的形式保存下来，再次碰到类似的问题，可通过关键词搜索到类似的故障案例，并将案例纳入公司的职业培训知识库中，作为后续的技术学习资料。如图 5.5 所示。

图 5.5　北京亮亮视野科技有限公司的 AR 在线远程系统在远程维修中的应用

资料来源：https：//view.inews.qq.com/k/20200906A02MC400?web_channel=wap&openApp=false.

　　（三）AR、VR、MR 在教学中的应用

　　AR、VR、MR 为学生提供身临其境的多感官的体验，比传统的授课方式更生动、有趣。比如，教到太阳系行星时，以 AR/MR/VR 显示 3D 立体行星运转画面，学生利用控制器可点选某个星球，用以带出更详细的信息。如图 5.6 所示。

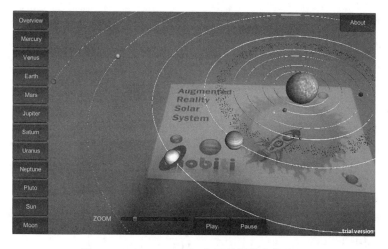

图 5.6　AR、VR、MR 在日常教学中的应用

资料来源：https：//www.sohu.com/a/144508469_473411.

教科书可匹配 AR 眼镜，在特定页面显示 3D 立体画面及相关信息，激发学习热情，提升学习兴趣，提高学习效果。如图 5.7 所示。

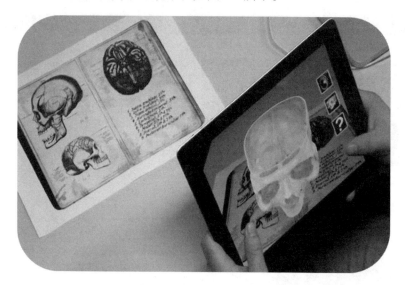

图 5.7　AR、VR、MR 在教科书中的应用

资料来源：https：//www.sohu.com/a/144508469_473411.

三、AI 在培训与开发中的应用

（一）IBM：Your Learning 系统推动员工自我提升

IBM 拥有世界一流的企业级数字化学院，其麾下的一体化平台涵盖职业规划、人力资源模型、专项能力培养、能力认证等模块。Your Learning 系统基于 Watson 的服务可为学员提供有个性化的学习建议。

在 Your Learning 系统诞生前，IBM 的学习管理系统的主要功能是整合企业的学习资源，然后由员工自己访问、按需搜索。这种模式会造成员工的选择与其实际匹配度存在一定程度的差异，因此，不能有效地利用学习资源。

Your Learning 系统更加 AI 化，内有作为职业发展顾问的 AI 教练，与员工讨论职业发展，通过对员工的职业角色、未来职业发展的分析，识别出员工在哪些能力和技巧上存在差距，提供针对性的学习建议和规划，还能提供学习跟踪服务，跟踪学员学习时长、所掌握的技能、通过的课程，并发放数字化证书。这些学习记录能保留在 Your Learning 系统中，并与员工晋升、职位调动以及薪酬预测分析等管理系统相关联。

Your Learning 系统既能增强员工自我转型的意识，又能帮助 IBM 跟踪员工能力和技能更新状况，从而充分利用内部人力资源，实现"人尽其才"。

无独有偶，SAP 也创建了 Learning Hub 学习平台，学习平台可以根据员工的个人资料、学习历史、主题偏好等自动向员工推荐学习内容。如图 5.8 所示。

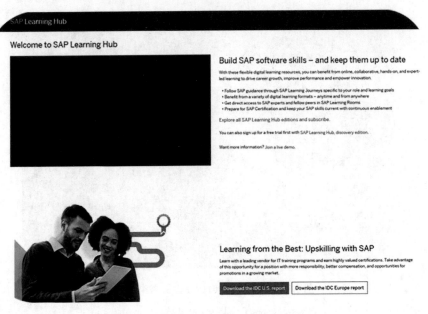

图 5.8　SAP Learning Hub 学习平台

资料来源：https：//www.sap.com/.

（二）平安知鸟：AI 智能培训平台

平安知鸟是由中国平安集团凭借百万员工培训经验，依托先进的人工智能算法、庞大的数据仓库支撑，以及领先的 AI、VR、AR 和大数据等技术，打造的覆盖企业培训全程的智能、高效、便捷的企业在线培训平台。凭借着"AI+ 培训"

的不断创新，平安知鸟将 AI 融入企业培训全生命周期，其智能化产品矩阵涵盖知鸟优课、知识管理、智能助手、智能陪练、智能直播等培训应用场景。如图 5.9 所示。

智能化企业人才培养体系

自主开发AI智能技术为企业赋能　助力企业革新数字化人才培养体系

智慧企培　　智慧学习　　智慧考试　　智慧直播　　智慧做课　　智慧陪练　　智慧管理

图 5.9　平安知鸟产品矩阵

资料来源：https://qipei.zhi-niao.com/project/CompanyTrain/index.html.

平安知鸟赋能 2000 多家企业机构员工培训，累计注册用户达 6300 万余人，平台学习人次达 20 余次，智能陪练 6800 万余次，智能考试 8300 万余次，深度服务企业培训业务实战。如图 5.10 所示。

图 5.10　平安知鸟服务规模

资料来源：http://www.zhi-niao.com/.

1. 知鸟优课

知鸟优课融合了大约 20 余万优质课程数字资源，搭建了涵盖 300 多个行业员工全职业生涯、终身学习内容矩阵，聚集了世界 500 强企业、哈佛商学院等全网优质平台、行业大咖优质课程资源，打造了高端线上商学院，以及知名专家学者巅峰讲堂，能满足企业各类场景下的培训需求。

知鸟优课涵盖线上课程、线下课程以及百余款精品 OMO 混合式学习项目。知鸟优课线上课程涵盖 206 类，约 4000 门系列课程，20 多万的成品课程，包括三大课程包矩阵：技能、行业和高端特色课程包。线下课程包括 30 个项目，具体分为培训项目、工作坊、游学拓展三大形式。知鸟优课拥有 1000 多万个人用户，已为 2000 余家企业提供服务，平台学习 20 亿人次。如图 5.11 所示。

2. 知识管理

平安知鸟以企业海量数据为基础，通过标签构建知识体系，形成一整套企业知识管理。以白酒行业为例，要先建立诸如风味、品类、技艺、用料、发酵等大量专业知识图谱；再建立用户口感偏好及不同地区口味差异等用户行为数据；最后整理技术、管理等行业专业课程资料。AI 可以用算法调取企业既往数据，并按照 AI 定义的知识图谱逻辑将知识点关联以供客户检索。知鸟的知识管理问答匹配结果准确率 92%，大大降低了企业人力成本。

图 5.11　知鸟优课产品矩阵

资料来源：http://www.zhi-niao.com/.

3. 智能助手

AskBob 是一款培训智能机器人，不仅能够支持管理员、专家与员工的知识共创和知识图谱的自动抽取，还能够借助先进的模型实现更精准的知识回答，是一线员工的"智能搭档"。目前，AskBob 有三大领先于行业的优势：

首先，可以借助文档批量上传、智能识别生成标签、关联课程文库等建立智能知识库，并基于算法阅读理解知识内容建立非结构化知识图谱。

其次，AskBob 可以创建专属的企业大脑，实现"学习问答"，即能够根据用户提出的问题，从多个学科领域的资料中寻找答案，并为用户提供合适的回答。

最后，AskBob 支持智能算法的自动升级，根据员工问询数据，持续优化答案的推荐结果，并根据不同的场景，提供不同的问答策略和知识库，为用户提供更加细致、贴心的服务。如图 5.12 所示。

应用场景

沉淀企业知识，解答员工难题

知识共创	知识图谱抽取	精准知识问答	知识迭代
管理员、专家与员工共创知识	Bob从资源中自主抽取实体、关系与属性，进行知识融合，形成知识图谱	Bob对知识图谱加工，将合格部分纳入知识库，帮助实现更精准的知识回答	知识库在问答的过程中不断完善

图 5.12　知鸟智能助手应用场景

资料来源：https://www.zhi-niao.com/project/AskBob/index.html.

4. 智能陪练

"智能陪练"凭借中国平安海量的数据资源，基于深度学习算法、意图识别、微表情识别等技术，通过人机对话训练的方式，构建多元化智能实训模式，分析学员在某项能力上的胜任度，从而为学员提供　对一的精准反馈。

AI智能陪练以真人形象互动，可自定义设置数字真人形象、客户性格特征等，可预置场景和话术，模拟真实岗位场景，还可以基于学员讲解内容，真实模拟客户情绪反应与实际肢体动作，帮助员工实现虚拟对话实训，通过语音、微表情、自然语言处理等方面对学员表现评分。AI智能陪练已实现人脸识别率99.8%，语音识别率98%，综合评分准确率90%，培训效能和效率得到了较大提高。如图5.13所示。

人机互动，虚拟对话实训，崭新的员工业务培训方式

智能陪练帮助企业员工实现虚拟对话实训，真人形象口唇同步发音，精确识别临场动作及面部情绪反应、识别普通话及方言，且可以进行画图讲解、写字、进行多维度评分进行总结指导，学习他人分享内容等。

虚拟教练
预置场景和话术，模拟真实岗位场景，真人形象风格，口唇同步发音，识别面部情绪反应及临场动作

画图讲解
支持画图讲解、写字、大屏投放、方言训练等多种训练方式

资源包下载
支持在线下载资源包，查看练习背景，了解本次话术训练目标

录音口述
通过录音支持语音口述对讲，屏幕实时显示语音转文字的答案，且支持重录、提交及提示查看话术答案提示

多维评分
完成练习和考核后，系统自动打分及点评（业务掌握情况和服务态度评分），帮助学员关注服务态度和神态

图5.13　平安知鸟智能助手应用场景

资料来源：https://www.zhi-niao.com/project/AskBob/index.html.

5. AI直播空中课堂

AI直播空中课堂将直播与培训场景充分融合，直播全程都能观看、下载课件，随时进行小组讨论、"举手"提问、连麦、主播PK等，形成在线课堂互动，更好地掌握知识。不仅如此，送礼物、发红包、抽奖等激励也被平安知鸟引入到AI直播课堂中。平安知鸟的AI学习助理与AI培训管家针对每个员工的知识体系、学习能力、自律态度的不同，利用语音识别解答问题、学习计划语音提醒、帮助学员记录笔记等方式，促进监督新员工的学习；化身线上监考官，自动生成课题或者标准考卷，并将考试成绩纳入人事绩效考核中；将相应欠缺业务与技能重难点、易错点等定制到学员个性化学习的界面中。在平安知鸟的"平台+内容+运营"一体化服务支持下，企业可实现培训管理高效化，将培训各个环节进行线上化管理。

第三节　基于大数据的培训管理策略

一、利用数据分析，识别培训与开发需求

传统的组织培训需求一般是基于组织需求和员工申报而制定的，但员工对自

己的实际培训需求不甚明确，企业提供的公共培训也无法满足员工的个性化需求。为此，企业应以员工的实际需求为导向，通过大数据技术挖掘员工潜在的需求和参照既往成功的培训经验而制定员工的培训需求方案①。

在识别员工实际培训需求时，企业可以借助大数据技术抓取员工在知识社区的求助、社交网络信息、浏览器搜索行为、工作场所操作行为等数据信息，也可以依据人口统计学特征、员工教育背景以及既往绩效评价数据等因素进行个体聚类分析，即找到与员工属于同一类别的、已获得职业成功的个体，参照其培训经历识别员工的培训需求②。

二、搭建大数据培训平台

传统的员工培训与开发存在三个问题：一是未深度开展培训需求分析；二是培训效果难以衡量；三是对员工开发力度不足，并缺少比较客观的数据平台。为此，企业可以应用大数据技术深度分析培训需求，并开展个性化培训和评价，借助建立大数据平台对员工进行开发，帮助员工提升自身的专业能力，强化工作技能，从而为企业创造更多的价值，促进企业发展。

（一）建立员工培训的信息数据库

传统的培训内容一般由企业管理层决定，未深度分析员工培训需求或者未征求员工意见，缺乏合理的科学依据，以致于培训效果不理想或者员工满意度不高。为此，企业可以借助大数据技术搭建员工培训数据库。员工培训数据库可以涵盖职位任职资格条件或职位胜任素质模型、个人业绩、员工的能力和综合素质、员工的培训需求、既往培训内容、次数、时间以及考核结果等数据信息。利用在线培训及大数据分析技术，分析得出职工的培训需求，通过对数据的量化分析，结合员工培训需求和企业发展战略，制定出既满足员工需求又顺应企业未来发展的培训计划。然后，对员工开展针对性和个性化培训，通过对培训后员工行为数据的分析，HR 可以进行培训效果分析，为后期制定更加科学和合理的培训决策提供帮助，从而增强培训效果。

（二）创新员工培训模式

企业可以搭建或者租借大数据培训平台，将培训资源纳入培训平台中。培训资源涵盖培训计划、课程资源、师资队伍等内容。

1. 智能推课

企业可以利用大数据培训平台，收集用户在学习过程中的学习时长、课程类

---

① 刘善仕，孙博，葛淳棉，彭秋萍，周怀康.组织人力资源大数据研究框架与文献述评[J].管理学报，2018，15（7）：1098-1106.

② Mcabees Tlandis R Sbuikem I.Inductive Reasoning：The Promise of Big Data[J].Human Resource Management Review，2017，27（2）：277-290.

型、常规行为、学习风格等基本信息，提取有效数据并结合云计算建立数据模型，深度分析、挖掘用户的潜在偏好，为后面的个性化课程推荐提供支持。与此同时，可以利用大数据平台分析员工学习地图，自动生成课程标签，员工可自由添加课程标签。在后面的员工培训运营中，平台可根据系统生成和自由添加的标签，进行智能推课。在制订培训计划时，企业可以根据员工培训数据库制订个性化的培训方案。

2. 借助培训平台

在课程资源方面，除了开发企业内部课程外，还可以借助平安知鸟、中国大学慕课、E-leaning 学习、远程教育云平台等有关课件和视频，供员工随时、随地进行学习。比如，企业可以借鉴 MOOC 模式，在企业创新培训过程中基于网络课程 MOOC 平台，为员工提供长期学习的平台，使得员工能够通过 MOOC 平台的学习获得岗位所需的知识和技能。

在大数据背景下，还可以根据教学情况结合 C2C（Customer to Customer）模式，激发学员主动学习的积极性，培训师可在网络平台中通过直播或录播的方式，让学员能及时提出相关疑问，并让学员在主动学习的过程中加强相互沟通，培训师在该模式下高效解答学生疑惑[1]。2015 年，YY 教育在该创新培训模式下，开展直播培训、录播培训、在线交流、在线解疑等业务，使得学员能够在有序学习中，满足个性化、多样化需要。

3. 智慧陪练系统

在师资队伍方面，既要建设内部师资队伍，又可以借助外部渠道引进讲师，除此之外，企业还可以在培训平台打造 AI 智能陪练功能。智慧陪练通过模拟真人演练，用真实场景对话的方式训练新员工，帮助新员工快速掌握业务知识。特别适用于批量训练业务员、客户等岗位，降低培训成本，缩短培训时间。

4. 混合式培训模式

在培训方式方面，除了运用传统的诸如讲授、实际操作等线下培训形式，还可以考虑采用 O2O"线上 + 线下"混合培训的模式，将培训需求转化为培训开发项目。讲师将授课内容制作成优质视频和课件在大数据培训平台上储存共享，学员在大数据培训平台上进行自主学习。联合线上讲师直播内容，增加测评后的个性化培训需求典型模块与培训课程资源，满足学员的多样化培训需求，形成"一对一"有针对性的培训，实现因材施教。还可以在大数据培训平台上开放"聊天室"，讲师和学员以及学员与学员间可以进行互动，讲师通过后台实时监测学员学习动态，增强培训效果。

---

① 许绍洋 . 基于大数据时代下企业人力资源管理创新路径探索［J］. 人力资源 .2018,12（3）:32–33.

三、借助数字化工具，提升培训成效

（一）借助智能化工具，提升培训成效

在企业人员的培训过程中，由于设施设备、场地、不可复制性、安全性等因素，更实用的教学内容难以交付。因此，有必要在公司的员工培训中应用 VR、MR、AR 等技术手段，不仅丰富培训过程的实用方法，而且为技能的实践培训提供更现实的环境。采用 VR/AR 技术的实践培训使员工能够在虚拟、安全、无限制的现场场景中工作，加深对培训内容的记忆[①]。

在培训过程中，依据培训目的选择合适的、科学的数字化工具，能够加深员工对培训内容的理解及掌握，提升员工培训体验，从而提升企业培训效果。很多企业将 VR、MR、AR 作为新兴的培训工具并应用在员工培训上，推动了培训内容的创新。例如，VR 耳机可以通过三维交互式虚拟现实提供完全身临其境的立体视觉体验，隔离真实环境，适合学生人数较多时使用。VR 桌面交互系统允许更改已完成的教程内容，虚拟互动课堂环境中的设备可以为讲师和学生提供身临其境的学习体验，实现多人协作培训，同步多屏课程。实用的 AR 训练系统还可以使用 AR 智能眼镜，使用人机交互、AR、3D 数字等各种技术手段连接用户和真实空间，提供混合沉浸式体验。

VR 云平台连接 AR 将物理模型集成到真实空间中，以此增强实践训练系统，并在中心演示、交互和集成应用程序开发中发挥重要作用。通过使用 MR 技术，可以快速编辑 3D 教程，将真实设备的操作说明与虚拟 3D 内容相匹配，并使新员工能够根据 MR 说明完成工作。同时，为企业提供模拟培训评估和反馈系统。使用 VR、MR、AR 技术进行的实践培训，使员工能够在虚拟环境中重复工作和练习，从而节省成本并提高培训效率。

AR 可以将培训内容直接映射到要开展工作的 3D 物理环境中。员工可以在智能眼镜、智能手机或平板电脑上启动 Web 浏览器应用程序访问操作说明。比如，Volvo 实施了 AR 工作说明，显著提高了新制造发动机最终质量检查的效率和准确性，Volvo QA 检查员的培训时间缩短了 60%。可见，AR 可以加快员工的学习速度[②]。如图 5.14 所示。

（二）搭建智能化培训场景

诚然，线上培训有许多优势，比如，时间和地点相对灵活、成本低等，但存在实践性不足、员工与组织需求融合性不高等问题。采用线上与线下相结合的培训手段，可以更好地弥补传统组织培训的不足。结合大数据技术与实践，识别岗

---

① 倪国斌．企业人力资源培训效率效果提升方法研究［J］．营销界，2020（48）：129-130．

② Michael Porter，James Heppelmann．AR 及我们的工作方式：新常态［EB/OL］．https://www.hbrchina.org/2020-12-04/8349.html．

位工作"短板","对症下药",通过培训改善员工工作能力。

图 5.14　AR 将培训内容映射在物理环境

资料来源:https://www.hbrchina.org/2020-12-04/8349.html.

◎**名企实践**

中国平安:打造智能化培训场景

中国平安基于"管理建在制度上、制度建在流程上、流程建在系统上、系统建在数据上"的管理理念,将 AI、区块链、云计算、大数据等科技技术融入智慧企业、金融科技中,对各个领域进行赋能。平安的大数据与区块链应用赢在"场景为王,攻坚难点",即拥有丰富的实施场景。在教育与培训领域,中国平安布局了六类应用场景:

一是教育大数据的可视化分析及展示。包括全校教育整体分析、教育资源分析、招生入学分析、教学质量监测分析、师资人事分析以及学生学习情况分析。

二是学生与教师画像。改变传统模式,开启自适应"教"与"学"新格局。

三是智能做课。灵活组织学习,AI 辅助做课。通过自然语言处理、深度学习和 OCR、NLP、语音识别等技术,支持个人电脑端、智能手机端随时随地智能做课。

四是智能学考。通过大数据分析、深度学习、多轮对话系统、生物识别等技术,实现学习和考试全面智能化。

五是智能互动趣味教学。基于深度学习 BILSTM、RNN 算法、意图识别等技术,结合GPU 服务器模型训练,实现人机对话,支持边画边讲。

六是智能直播。通过深度学习、关联场景分析、生物识别等技术,实现对主播、个人、直播过程的智能分析。

（三）实时培训，随需学习

传统培训受时间及地点的束缚，固定的学习时间、固定的学习场所，可能会导致很多学员无法参与培训，而在现代信息技术的帮助下，学习资源、培训内容、学习成果可以实现实时线上传输，员工可以随需学习，线上实时互动与分享以及网上实时测评延展了培训维度，充实了培训场景，使培训学习成为"常态"，从而优化企业学习能力、赋能成长。

2014年，百度推出了"度学堂"，用大数据创造碎片化学习场景。依据大数据的分析，"度学堂"为每一名员工推出定制化、个性化的培训课程，员工不受时间限制和地点限制，自主进行移动端学习，提升自身实力[①]。

四、积极构建多元化的人才培养方法

为顺应大数据发展趋势，企业应采用多元化的人才培养模式，转变以往的培训管理模式，避免培训缺少针对性、培训效果不理想等问题。

（一）强调持续性思维的数字化改革

人才培养体系创新中，为了实现人力资源管理的大数据化，企业应开展持续思维的数字化转型与改革。借助大数据技术不断加强企业和员工培训数据信息的收集、清洗、处理和分析，发现企业在人才培训与开发中存在的问题和差距，不断优化和创新人才培养方案，为互联网和大数据技术背景下人才培养模式的创新提供支持。

（二）打造"刻意练习"的人才培养模式

著名心理学家安德斯·艾利克森（K.Anders Ericsson）曾用数十年研究普通人应该如何成为专家，他提出了非常著名的学习方法——"刻意练习"。

通常人们认为，想要成为一个领域的专家至少需要经过1万个小时的练习，但安德斯·艾利克森经过大量的研究和实验证明，决定水平的关键因素，既不是天赋，也不是经验，而是刻意练习的程度，训练可以创造以前并未拥有的技能。

在经验和技能传承的过程中，最发达的行业或领域均执行着一致的训练方法，并遵循着非常相似的训练原则——"刻意练习"。"刻意练习"是一种有目的的练习，知道该朝什么方向发展，并知道如何达成目标。举个例子，谷歌引导员工学会"刻意练习"。在每次培训前，谷歌都会明确培训目的，并在培训中开展很多重复性、有针对性的训练，以达到"刻意练习"的目的。虽然看似每次培训学习到的内容不多，培训成本较高，但从长远看，"刻意练习"的培训方法更为有效。

---

① 赵光辉,田芳.大数据人才管理:案例与实务[M].北京:机械工业出版社,2019.

中国平安以全景人才画像与课程资源库为基础的千人千面智能学习平台，能够适应短、频、快的碎片化学习趋势，改变以往千篇一律的学习方式，为员工提供个性化、定制化的学习方案，在线上通过"智能推课、学习全景图、智能陪练、培训助手"四项工具加强员工学习中的"刻意练习"及"有效指导"，让培训真正创造价值。

（三）搭建多渠道、智能化的培训平台

1.搭建多渠道的培训平台

搭建多渠道的培训平台，可以节省培训经费，大大提升培训效果。企业可以借助互联网多渠道搭建培训平台，比如，整合 E-leaning 学习、远程教育云平台、中国慕课大学等渠道资源，结合企业内部培训资源，搭建多渠道的培训平台，员工自主选择适合自身的学习方式。比如，讲师可以将培训课件及培训内容录制成短视频的形式发布到培训平台上，员工可以利用碎片化时间自主选择感兴趣的或者需求的课程进行学习。同时，讲师可以利用网络直播、录播、回放等方式，从而弥补传统培训模式中时间和空间上的限制。

此外，企业可以充分利用企业内部互动平台、微博、QQ、微信以及诸如抖音的短视频平台等社交媒介，了解员工的培训满意度、培训效果和新的培训需求，畅通 HR、讲师与员工之间的交流互动，不断完善培训方案，不断提高培训与开发的效果。

2.利用 AI 打造智能培训平台

由于互联网技术的发展，企业员工培训模式越来越偏向于线上培训，更多地依托线上学习平台。企业的培训管理会更加注重专业化、数据化和线上化，这要求在线学习平台需要具备更加强大的功能。企业可将人工智能与大数据平台储存的数据相结合，利用 AI 将大数据、人工智能解题、图文识别等核心技术手段，为员工制定更加个性化、智能化的培训方案，在大数据平台的基础上利用 AI 打造内部智能培训平台[①]。

五、完善大数据平台的评价与反馈机制

（一）建设人才数据库

大数据下培训评估工作的开展离不开信息数据记录和归档，同时完善培训评估机制。全面运用网络信息技术，打造信息数据系统、培训评估系统，建立人才数据库。建设人才数据库记录员工成长、发展档案，完善绩效指标权重管理体系，并开展积极管理，以切实提升培训效果。健全培训评估机制是落实培训评估工作

---

① 薛珠.大数据背景下企业人力资源培训策略研究［J］.现代营销（下旬刊），2020（12）:222-223.

的前提，应具备规范性和科学性原则，通过制定可行性规章制度，使管理规定不会流于形式。

（二）大数据大屏实时监控

充分利用大数据平台建立数据大屏，多维度、全方位、实时监控员工学习情况。为保证员工培训取得预期效果，还可运用人工智能对培训流程进行评估，利用大数据平台和柯克帕特里克的四层评估模型，从反应、行为、学习、结果四个层面，全方位、综合性地考核此次培训，并总结和反馈整个培训过程，以便为下一次的培训提供参考、指导意见[①]。

◎名企实践

大数据背景下腾讯的员工培训实践

一、腾讯简介

腾讯是中国使用服务最多的互联网公司之一，也是世界领先的互联网技术公司之一。它致力于产品和服务的创新，提高世界各地人民的生活质量。1998年11月，由马化腾、张志东、陈一丹、徐晨晔、曾李青共同创立。腾讯总部位于中国深圳，腾讯的通信和社交服务连接全球超过10亿人，为人们提供方便的出行、支付和娱乐，并帮助他们与家人和朋友建立联系。

腾讯于2004年在香港联交所上市，发布了数款高质量视频游戏和其他数字内容，在全球范围内引起轰动，全球用户体验到丰富的互动娱乐体验，以及云计算、金融技术、广告等，帮助合作伙伴实现数字化转型，推动业务发展。不仅如此，腾讯还为用户提供多元化服务，主要有微信、QQ、QQ空间、腾讯游戏、腾讯动漫、腾讯新闻客户和腾讯视频。

二、腾讯公司大数据员工培训实践

随着腾讯的发展壮大，腾讯积极探索在互联网、大数据背景下的员工培训模式，员工培训体系也越来越健全。腾讯公司将培训管理体系描绘成一个培训发展大厦，所有培训设计是基于培训哲学"Learning for"而设计的，即培训基于公司战略、基于文化、基于员工能力和基于员工绩效，先后成立了腾讯学院、大数据培训平台等。

（一）腾讯学院

2007年8月，腾讯成立了培训组织机构——腾讯学院。腾讯学院隶属于COE（即人力资源专家中心）直管，腾讯学院划分为领导力发展中心、职业发展中心、培训运营中心。腾讯建立了分层分类的课程体系，培训体系包括干部培训、职业培训和新人培训。在干部培训的实践中，探索出了飞龙、领航、潜龙、育龙等经典培训项目，在职业培训体系中建立了新攀登计划、飞跃计划、创意马拉松、魔鬼训练营等品牌培训系列课程。同时，腾讯构建了职业发展双通道，为管理和专业技术两种职业发展通道设计不同的培训体系，有效支撑了员工的职业发展。

2007年12月，腾讯成立在线学习平台Q-Learning，以期利用这个学习平台在现有培

---

① 杨娜.关于优化企业人力资源培训效果的思考浅述[J].商场现代化，2020(10)，67-68.

训投入基础上实现"放大、穿透、继承、节省"效应，建立学习型组织，提供3A学习模式。腾讯分层级推进Q-Learning的功能。第一层级的主要功能是员工培训的电子化管理，此层级包含六个方面：在线学习、课程体系、PDI选课、培训流程、培训档案、资料中心。第二层级是在培训管理基础上，完善培训流程，搭建相关平台促进员工进行知识分享、强化管理，打造学习型组织。

（二）大数据培训平台

除此之外，腾讯紧跟时代发展，在现有平台的基础上改进培训模式，建立大数据培训平台，完善员工培训体系。大数据培训平台进行员工培训分为四个层面：信息层、知识层、策略层、行为层。

1. 信息层——建设大数据培训平台

（1）大数据培训平台的构成。腾讯的大数据培训平台由三部分构成，包括应用层、功能层和团队。应用层面主要涵盖大数据基础、大数据应用场景，以及如何满足预培训任务的要求。功能层主要解决大数据在训练中如何工作的问题，解释如何科学地管理和使用数据，确保训练数据的质量和价值，包括三个主要模块：元数据管理、数据质量管理和逻辑建模规划。从应用和功能层面看，用于培训的大数据涵盖了培训IT系统、培训数据库、培训数据分析、培训产品设计等多个学科。腾讯的培训系统大数据团队包括HRSDC、E-HR、区域中心员工，是一支在培训过程中电脑化、培训结果数据库和培训咨询方面具有专业经验及背景的团队。

（2）平台运营流程。在腾讯大数据培训平台的运营中，平台基于大数据基础引擎，提供培训的云数据仓库、数据源分析，进行数据集成与流计算等原生基础的服务，获取员工在培训时产生的各种数据，通过智能分析、处理等丰富的大数据应用服务对数据进行细分，在云端进行储存、计算以及趋势分析，最后将合适的内容通过大数据平台移动推送至不同的培训客体手中。

2. 知识层——匹配员工培训内容

知识层是将信息层收集的信息，以培训需求为依据进行分组后，利用云计算进行聚类分析，明确各个培训组的培训主题，即"需要培训哪些类型的员工"。一旦确定了培训主题，负责的团队将评估该主题的关键成果，并邀请培训专家参与评审。当审计结果达到员工满意度阈值时，在战略层面提供公司和培训主题的相关信息；如果评审结果不符合员工满意度阈值，则按照专家建议，深度激发员工需求信息，对搜索词进行优先排序，并及时改进分组方式。

在新员工的整合培训方面，腾讯利用大数据平台生成员工培训需求的数据统计，智能识别员工类型，并根据员工级别、职位生成各种问卷。例如，关于新人培训需求的调查问卷主要是基本问题，而就业一年以上的员工则根据培训时间的反馈提出深入问题。此外，对于IT和产品部门，大数据平台根据不同职位的员工细分，智能地向他们发送问卷，以了解他们的需求。例如，根据调查问卷，IT部门的需求本质上是专业培训，除共同需求外，大数据平台还将提供与专业知识相关的培训。产品部门和IT部门的工作内容存在显著差异，因此大数据平台为产品部门生成的问卷中包含了与产品规划、学习推广等相关需求问题。

3. 策略层——确定培训项目实施方案

策略层是在知识层确定各类员工培训内容的基础上，明晰"由谁承担培训任务以及如何培训"的问题。

（1）确定培训实施主体。腾讯根据知识层确定的相关信息选择内部或外部培训，内部培训由腾讯内部培训师进行。人才培养体系包括新型人才培养体系、职业培训体系、生产培训体系、管理培训体系、技术培训体系和营销培训体系。基于互联网和电视网络的远程学习的引入、运营和逐步发展，使腾讯能够随时随地为学习者提供系统化、个性化的培训。对于外部培训，腾讯在平台上发布培训项目招标。招标公布后，有资质的培训机构根据腾讯的相关信息制订培训计划，并参与招标。腾讯随后组织团队对培训机构提交的方案进行审核，由相关专业团体和内部培训专家提出适当建议。

（2）设计实施方案。员工培训方案设计过程中，培训部门能够利用大数据平台高效地将培训机构提供的培训方案与员工目前的培训现状及需求进行匹配，大数据培训平台除对计算分析好的原始数据与培训机构提供的培训方案进行适配度分析以外，还会根据未来员工培训趋势进行筛选，最后提出相应的改进建议。大数据平台能够在较短的时间内多元、全面地分析培训项目方案的实施，并对其进行优化，高效地选择最佳的培训方案以及培训机构。

4.行为层——建立员工培训反馈机制

行为层是基于策略层面上确定项目实施计划和培训设施，将有针对性的短期研究与自主网络研究相结合，以满足员工群体的信息需求。此外，与其他层面相比，行为层面更重视参与培训的员工的实践经验和反馈。从不同阶段评估项目实施机构培训计划的组织、实施和有效性；参加培训管理的经理或同事也可以进行适当的评估。最后，在信息层面对所有相关评估数据进行汇总，并在平台上发布。

（1）反馈员工学习情况。在一段时间的培训以后，大数据平台会根据一段时间的学习情况，如培训时间、观看课程的次数、问题回答的对错情况等数据进行收集并分析，从中分析出员工培训阶段中存在的疑点和难点，通过培训平台生成直观的分布图呈现给受训人员。在员工的培训平台中，点击"个人学习情况"即可进入分析界面，可通过学习时长、对错情况了解自己一段时间的学习情况。

（2）反馈培训效果。腾讯员工平台在一段时间的学习后会通过大数据以及学习检测的数据自动生成问卷，对学习的内容、方式以及课程的安排进行满意度的调查。例如，对于学习时长较短、学习次数较少的部分课程，将会生成"是否对课程有疑问"以及"是否对于该课程不满意"等问题，有针对性地对员工需求的问题进行解决，并有效地进行学习情况的反馈。

第六章　大数据时代背景下的薪酬管理

薪酬管理是人力资源管理的核心职能，也是支撑企业战略落地的核心工具。人力资源管理六大模块中，薪酬管理是用数字表达最多的模块，各模块涉及的信息最终都会流向薪酬端，"入离升降调，选用育留辞"等环节产生的信息均与薪酬相关。同时，薪酬管理本身涵盖的信息量就很大，体现了社会经济、企业发展经营与盈利状况、企业对人才的重视程度、所处的行业地位等信息。当下，传统的薪酬管理普遍存在薪酬制度缺乏客观性、灵活性和科学性，以及不能有效激励员工、无法匹配公司战略与企业薪酬管理处于"信息孤岛"状态等问题，因此，使用先进的大数据技术进行薪酬管理显得非常迫切。

大数据技术给企业薪酬管理的改革带来了全新的发展机遇，使企业可以更容易获得外部宏观经济信息、各地区各行业的薪酬福利待遇水平等数据，这有利于企业更全面地分析内外部环境，了解市场薪酬水平，推动企业薪酬制度改革的效能和效率，为建立公平的薪酬制度提供科学依据。

本章分析了大数据对薪酬管理的影响，梳理了大数据和人工智能技术在薪酬管理领域的应用，探讨了企业如何借助大数据开展薪酬管理。

第一节　大数据对薪酬管理的影响

一、大数据驱动薪酬福利的个性化

企业可以基于大数据技术制定满足员工多样化、个性化需求的薪酬福利方案。大数据和人工智能技术可以对文本、音频、视频、图片等广泛的信息源进行数据挖掘，分析员工在薪酬福利方面流露的满意或不满的情绪和态度，AI 的深度学习还能识别员工对于薪资、福利项目的多样化诉求，识别员工对内在报酬和外在报酬的期望。

另外，通过大数据技术可以挖掘企业薪酬、福利与企业文化等因素间的相关性，可为企业制定科学合理的、适合每名员工的个性化薪酬管理方案提供数据支持，从而改变千人一面的传统薪酬福利模式，对不同员工实施差异化的薪酬方案和弹性福利计划。

二、大数据改变了 HR 薪酬管理理念

传统的人力资源管理需要收集很多的人力资源数据，HR 往往扮演数据和信息的收集者角色。大数据技术下的人力资源管理，相关数据不再需要 HR 亲自收集，而可以通过大数据系统平台或者 AI 自动生成，在此情景下，HR 需要做的是建立算法和构建人力资源相关模型，并从中清洗和剔除一些不相关的数据，使人力资源管理更加精准化和科学化。薪酬大数据的出现，促使 HR 转变以往的凭经验和感觉的决策习惯，学会用数据和事实说话。

◎ **名企实践**

谷歌：用大数据改变薪酬理念

人们通常将谷歌所取得的成绩取决于其先进的技术及商业模式，而谷歌却认为其成就源于"人力分析"的管理实践。谷歌运用大数据技术构建了一个预测模型，并运用预测分析来帮助 HR 进行人事决策和管理实践。谷歌在人事分析和预测等方面取得了良好成效，如高效招聘算法、人才保留算法、"氧气项目"和"谷歌 DNA 项目"等。

2010 年，为防止员工跳槽，谷歌决定给所有员工加薪，但怎么加薪才能最有效地提高员工积极性，为此，谷歌制订了多项薪酬计划，并要求参与调查的员工从中挑选最满意的薪酬方案。通过对调研数据的统计分析，谷歌发现员工最在乎固定薪酬，因为固定薪酬具有稳定性，在薪酬总额度相同的情况下，固定薪酬比绩效奖金更具有激励性。为此，谷歌为全体员工加薪 10%，同年谷歌员工满意度得到了极大提升，而同期离职率得以降低。

三、大数据提升薪酬管理的科学性

应用大数据的理念渗透薪酬管理，创新薪酬管理方法，如通过大数据多维数据仓库功能进行数据建模，能提高薪酬管理的科学性。

（一）基于日常数据的人力资本测量

考勤、加班时长、薪酬待遇、工作业绩、日常工作行为等是一系列非结构化、与日常工作相关的数据，是人力资源大数据中的主要组成部分，通过日常数据，不仅能够测量员工掌握的学历证书、任职资格、荣誉证书、专利证书、技能证书、

职称等级等专业技术能力，更能判定员工具有的知识、技能的高低，专业知识和技能提升的可能性，从动态的视角给予人力资本以科学的测量，为科学的职位评价或者技能评价打下基础。

（二）提升薪酬调查的准确性

人力资源并不是生存在一个孤立的环境中，因此，只有打破企业人力资源管理的信息孤岛状态，与外界环境的不断交互才能与时代接轨。比如，国家法律法规和政策变化会对员工薪酬管理产生影响，如最低工资标准、加班加点等规定。如果不考虑这些环境因素，则无法实现有效的资源配置和科学的薪酬配比。只有准确地衡量企业内外部发展环境，科学地开展外部薪酬调查，并给予相应的薪酬待遇，才能吸引和保留高质量的人才，促使其发挥作用，提升企业的效益。

在人力资源管理过程中，HR 经常遇到一些尴尬时刻：当公司高层询问本公司的薪酬水平在本行业本地区所处的水平、薪酬福利政策是否激励了员工时，HR"无从开口"。当员工给出涨薪的理由要求涨薪时，HR 通常会答复，员工不符合调薪的硬性标准，不符合公司的薪酬制度，或者 HR 会考虑酌情涨薪，但不确定具体能涨多少，于是在内部一次又一次的"讨价还价"。大数据时代下的薪酬管理，可以收集全国或某地各行各业各职位不同层级的薪酬福利水平数据，再结合企业的薪酬分布情况，以判断员工的薪资水平是否合理。

第二节　大数据在企业薪酬管理中的典型应用

一、大数据在薪酬洞察中的应用

企业可以利用人工智能、云计算技术收集外部薪酬市场信息，还可以收集内部员工信息及薪酬数据，通过科学的分类统计、智能薪酬计算、归档等技术，建立基于大数据的薪酬管理数据库，能提高薪酬管理的效能和效率。充分利用薪酬大数据平台调查市场薪酬数据，实时监控市场数据和情报，基于此，制定合理的薪酬水平标准，以使企业的薪酬对外具有竞争能力，从而帮助企业提高薪酬管理水平。比如，salary.com 或 payscale.com 等网站，可以帮助企业分析其薪酬水平对外是否具有竞争力。

（一）猎聘网：独特的薪酬数据库

猎聘网作为国内最大的中高端人才职业发展平台，是国内最大的 B 端（企业）—H 端（猎头）—C 端（求职者）三方互动的平台，在 B 端、H 端、C 端分别拥有超过 113 万、21.2 万和 8350 万的活跃用户。猎聘网也是以科技和大数据驱动的人才服务智能平台，在大数据方面的战略布局走在了国内人力资源行业前沿，其在线职业社区网络及社交功能收集了大量的用户行为数据，通过分析用户生成数据并建模预测用户的意图及行为，形成了数据价值不断上升的可信、多元化、相关及全面的人才图谱。猎聘网结合数据库与人工智能能力为用户提供服务。猎聘网通过 NLP 及 ML，利用平台提供的猎头辅助闭环服务收集的用户数据及交易数据，预测用户行为，如转换工作的意图；使用 AI 将求职者与职业机会进行智能匹配以及向企业客户推荐合适的求职者及猎头①。

猎聘网还拥有独特的薪酬数据库。很多咨询公司和市场调研公司都在着力建立薪酬数据库，通常的做法是，通过问卷调查、访谈等方式邀请企业参与薪酬调研，以获取企业薪酬信息，然后通过整理、汇总、统计、分析，最终呈现行业内不同岗位的薪酬数据库。而猎聘网的薪酬数据库则采用了完全不同的"数据 + 咨询"的方法论和呈现效果，具体如表 6.1 和图 6.1 所示。

表 6.1 猎聘网薪酬数据库的特点

	猎聘网薪酬数据库	传统薪酬报告产品
调研模式	运用大数据技术，对猎聘 8350 万用户数据进行分析，取活跃用户数据进行分析	目标企业接受薪酬调研邀请后，参与填写薪酬调研问卷，通过分析问卷形成薪酬报告
数据广度	8350 万职业经理人用户优质数据	数十到数百家不等，参与调研问卷的企业所填数据
报告时效	与市场接轨，定期更新	制作需 6~10 个月，无后续更新
呈现方式	网站登录浏览，交互性强	纸质印刷报告或 PDF 文件

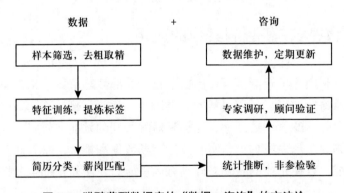

图 6.1 猎聘薪酬数据库的"数据 + 咨询"的方法论

资料来源：王爱敏，王崇良，黄秋钧.人力资源大数据应用实践：模型、技术、应用场景［M］.北京：清华大学出版社，2017.

猎聘网薪酬数据库凭借大量的企业薪酬数据和职业经理人薪酬数据资源，多角度、多领域、多维度聚焦职位，可以即时掌控薪酬发展动态，并可以感受交互

---

① 猎聘网.公司介绍［EB/OL］.https://ir.liepin.com/about?key=companyintro.

便利、新颖独特的薪酬报告。用户订阅猎聘网薪酬数据服务，能体验交互式薪酬查询，查看全国各地各行业、各职位的市场薪酬水平数据，获取跨细分领域、工作年限、从属关系的薪酬对比图表分析结果。如图 6.2 所示。

图 6.2　猎聘网职位薪酬数据

资料来源：https：//wow.liepin.com/.

（二）Glassdoor：为用户提供个性化的薪酬报告

Glassdoor 是美国一家做企业点评与职位搜索的职场社区。在 Glassdoor 上可匿名点评企业的工资待遇、职场环境、面试问题等信息，以让求职者了解在某家公司工作的真实感受。如今，它还开发了一款薪酬查询网站，求职者和企业可以在网站中输入职位名称和城市，就能查询该地区及相关职位的市场薪酬水平。另外，该网站根据个人技能和经验等具体个人信息，为用户提供个性化的薪酬报告。Glassdoor 基于大量用户的真实薪酬数据，测算出科学合理的市场薪酬信息，这有利于求职者在进入薪酬谈判时了解自己的"身价"，也有利于 HR 及时了解员工薪酬水平的变动情况，帮助企业制定合理的薪酬预算，促使企业提供有竞争力的薪酬，从而提高员工的士气和忠诚度，减少员工流失。

二、人工智能在薪酬福利中的应用

大数据和 AI 技术可以帮助企业建立有效的薪酬福利体系。企业可以对内部社交平台数据，以及员工消费能力、消费偏好、工作状态等数据信息进行分析，从而了解员工的薪酬福利偏好和诉求，以帮助企业建立更加有效的薪酬福利体系，为员工量身定制福利待遇。

当下，AI 技术在各个领域都广受欢迎，其中最重要的原因是其灵活的工作方式和远程工作能力。如千禧一代更看重弹性工作时间，而不是其他物质福利。59% 的千禧一代表示弹性工作制能提高其工作效率，49% 的人表示弹性工作制能提高其幸福感。因此，随着线上办公的普及，企业的薪酬福利结构将变得更灵活、更考虑员工的个性化需求。AI 和大数据分析为每个员工量身定制薪酬和福利方案成为可能。

另外，AI 能够准确地预测薪酬福利发展趋势。一些 AI 平台还可以应用内外部数据分析，了解不同的福利方案在不同类型的人群中反映，并创建个性化的解决方案。

◎名企实践

IBM 实现薪酬预测自动化

近年来，IBM 的人力分析团队推出薪酬预测模型，该模型能够智能化地预测员工薪酬调整幅度。IBM 构建薪酬预测模型的目的是提科学化、精准化的薪酬数据供经理人参考，从而降低决策风险。通常，IBM 的薪酬决策都是管理者根据员工个人或者团队的需求、绩效情况而决定。当前，预测模型通过综合考量员工的专业技能、学习能力、绩效、职位影响力以及流动率等因素，通过算法直接计算得出员工的涨薪幅度。

三、大数据在人才激励中的应用

目前，企业常用的绩效激励方式主要包括物质激励、事业激励和情感激励，其中物质激励主要指薪酬和福利，包括金钱、物质和服务等，它是员工基本生活的保障，传统的激励手段单一、激励不及时，难以激发员工的内在潜能及价值创造，当前很多企业的薪酬管理缺乏战略性、前瞻性和科学依据，导致其薪酬体系缺乏激励性与竞争性。

大数据在薪酬方面主要有三种应用场景：

一是对人才市场各企业岗位薪酬信息进行采集，通过企业自身薪酬水平比对、分析行业和地区薪酬水平，及时对自身薪酬水平进行动态调整，从而保证自身的薪酬水平对外具有公平性和竞争力。

二是企业可以通过收集、分析内部网络和外部社交网络平台行为轨迹，建立员工行为数据库，挖掘员工的物质和心理诉求，对不同的员工采取个性化的激励手段，从而提高员工满意度。

三是企业可以快速生成与员工绩效结果相匹配的绩效奖金，还可以纵向对比分析企业薪酬现状与历史薪酬数据，从而实施薪酬管理优化，进而实现薪酬对内具有公平性，对外具有竞争性。

GE 等跨国企业都采用了多样化的激励方式，可满足员工不同的需求。

一是给予员工有竞争力的弹性福利计划，提供多种薪酬福利项目供员工选择，包括社会保险、培训、带薪假期和股权激励计划等，员工可根据个人需求，自主选择适合自己的薪酬福利项目。

二是建立内部人才市场，实施工作性激励。注重人岗匹配，根据岗位特点与员工兴趣、个性特征、工作技能和能力，合理配置人员。勇于放权授责，让员工承担挑战性、多样性、创新性的工作任务，提高员工的工作成就感。

三是注重使用心理和荣誉等内在报酬。注重企业文化的精神引领，确保实现高度的员工信任、公正的晋升机会、客观的业绩考核、高度的个人和集体荣誉感，形成企业文化和员工价值的契合，提升员工归属感。

四、大数据在薪酬调研中的应用

（一）大数据在人力资源市场薪酬调研中的应用

薪酬调研实际上是了解某一行业、某一地区的薪酬水平情况，调研结果可以清楚地展现企业在该地区的薪酬是低水平还是高水平。在现代企业中，传统的薪酬调研由于耗时费力，已经逐渐不适应现代企业发展。随着信息技术的发展，大数据薪酬调研逐渐被企业接受。在进行大数据薪酬调研时，企业可以查看政府及有关人力资源机构定期发布的人力资源有关数据，包括岗位供需信息、岗位薪酬水平、毕业生薪酬、行业薪酬、区域薪酬数据，也可以查看上市公司高管薪酬数据，这些薪酬数据对公司的薪酬调研也具有参考意义。除此之外，公司可以采取合作调研的方式，邀请若干个企业，将这些公司的薪酬数据汇总起来，随后进行技术处理，最后得出报告。由于不同公司的体系不一，在开展调研前期需要进行职位评估匹配，不同的企业有不同的匹配方法，如美世公司的 IPE 法。

近年来，随着大数据和人工智能的飞速发展及普及，越来越多的企事业单位将大数据和人工智能技术应用于人力资源管理。北京市人力资源和社会保障局不断建立健全企业薪酬调查和信息发布制度，充分利用"互联网 +"、AI 和大数据等现代信息技术，充分发挥薪酬调查的专业性以及数据挖掘方法的科学性，2019 年至今，北京市每年都发布《北京市人力资源市场薪酬大数据报告》，调查采用线上加线下模式开展，涉及 15 个国民经济行业大类，35 个细分行业，5517 家企业，117 万在岗职工，33 万应届高校毕业生。报告全面、准确地反映北京人力资源市场的薪酬水平，在服务北京企业与劳动者协商薪酬水平、合理确定内部分配结构、促进劳动力要素与市场挂钩等工作中发挥了重要作用。

（二）薪智：大数据薪酬管理平台

目前，众多企业如中国海油、中广核、海尔、上海电气、壳牌等均在使用大数据薪酬平台服务企业人力资源管理，国内大数据薪酬平台较为出名的是薪智，薪智聚焦薪酬分析和管理，是一家运用 AI 分析和大数据技术为客户提供市场薪酬分析的 SaaS 平台。薪智的数据来源于定向调研、各大招聘平台公开数据、上市公司年报及披露的高管薪酬等，保证了数据的准确性和可信性。

薪智运用 AI 技术，高度自动化完成表单解析、职位匹配、薪酬录入等冗繁工作。HR 只需简单专注于薪酬体系的运营和管理，帮助企业管理者快速直观了解企业薪酬现状。如图 6.3、图 6.4 所示。

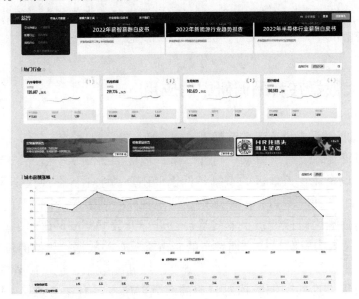

图 6.3　薪智薪酬查询页面

资料来源：https：//www.smartsalary.cn/.

图 6.4　薪智薪酬查询页面

资料来源：https：//www.smartsalary.cn/.

　　薪智拥有超过 3.3 亿样本量，3162 个职位、113 个细分行业、162 个核心指标、3 万余企业客户，实时数据样本量作为坚实基础，动态实时更新近亿笔薪酬数据，结合全球知名顾问公司分析方法论，运用 AI 算法、KG 技术整合海量数据，一键生成企业薪酬报告，协助企业快速构建对外具有竞争性、对内具有一致性的最佳薪酬体系，从而帮助企业吸引、激励、保留人才。如图 6.5 所示。

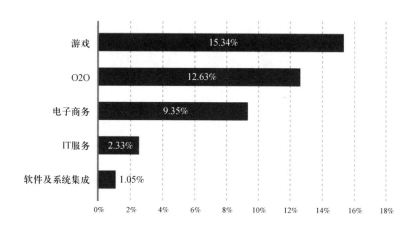

市场薪酬白皮书——2020年上半年

互联网子行业——涨薪率

行业	市场职位	年固定薪酬				年总现金收入			
		平均值	10分位	50分位	90分位	平均值	10分位	50分位	90分位
游戏	游戏开发工程师	152.438	90.514	136.892	231.891	176.905	105.057	158.877	267.392
	3D设计制作师	101.451	59.389	95.395	165.726	110.629	64.503	104.352	178.270
	文案	85.090	49.733	78.032	128.635	96.279	56.054	88.760	148.117
	原画师	113.709	81.381	110.502	152.742	126.389	88.928	122.023	170.091
	游戏策划师	117.126	86.376	107.830	169.022	128.412	95.118	117.954	182.137
O2O	销售代表	82.144	47.573	74.765	129.133	121.869	69.983	112.197	188.681
	销售经理	164.346	96.416	154.609	258.143	283.302	169.593	266.891	436.194
	采购经理	176.226	106.331	163.727	265.010	221.720	133.906	207.878	335.295
	产品经理	182.097	117.138	165.164	278.380	204.905	131.822	185.845	314.966
	销售主管	112.088	66.665	108.119	168.065	181.474	109.073	173.282	272.453

图 6.5　薪智薪酬调查报告部分内容

资料来源：https：//www.smartsalary.cn/.

五、智能算薪

智能算薪可以通过人工智能的技术手段，结合企业的薪资政策、企业规模和员工绩效等因素，自动计算员工的薪资。与传统的手动计算相比，智能算薪可以大大减少人工错误和计算时间，提高计算的准确度和效率。智能算薪的应用范围非常广泛，涵盖了各行各业的企事业单位。可以适应不同企业的工资政策和计算方式，包括薪酬福利、社保、个税以及年终奖等。总的来说，智能算薪的优势在于提高了企业的工资管理效率，降低了企业成本和时间成本，同时为员工提供了更加准确和便捷的工资计算服务。

◎名企实践

百雀羚实现智能算薪

在智能算薪方面，国货"老字号"品牌百雀羚曾在钉钉和智能薪酬的帮助下实现了智能化算薪，减少了人力成本。上海百雀羚日用化学有限公司，创立于1931年，拥有悠久的历史。公司拥有1500名以上的员工，包含门店工人和工厂工人，人力资源工作繁重。为了解决算薪的痛点，提升组织效率，百雀羚采用了"人事模块各个击破、一个平台综合办公"的策略，分阶段、有步骤地开始在钉钉及智能薪酬解决方案的支持下开始了组织在线化、协同在线化、算薪在线化。百雀羚的工厂和大多数工厂一样，实行的是计件制。在实行智能算薪之前，工厂工人提供每日生产数据表格给财务，再由财务人员进行核实，算出工资，最后每个星期进行汇总，交由HR，HR整合基础工资、计件工资、社保、个税等数据后计算出最终工资，这一过程基本由Excel表格完成。在引进智能算薪后，财务可以直接将每日生产量数据同步到智能薪酬系统，并支持根据计件单价自动计算计件工资，联动入转调离、考勤、社保、个税等数据快速完成薪资计算，HR在查看薪酬数据时也更加方便。

六、大数据在薪酬体系设计的应用

大数据技术能够帮助企业建立起高效的薪酬管理体系，并且可以根据企业的发展情况和未来战略要求，为员工制定个性化的薪酬。首先，在薪酬体系设计方面，企业能够依据大数据技术提供市场薪酬信息，建立和维护薪酬体系，进行企业薪酬状况和薪酬水平的对比分析、外部竞争性薪酬比率分析和内部公平性薪酬比例分析。然后绘制薪酬政策线，设置薪酬等级区间。其次，在调薪方面，企业可以根据市场竞争力，在进行薪酬现状、调薪后、目标市场分位等对比分析后，提出调薪方案。而调薪完成后，再进行员工薪酬涨幅、等级/档位变化、所处薪酬区间位置分析等成本测算。

◎名企实践

薪智网：基于大数据的薪酬体系的设计

薪智网基于大数据技术，对所有行业职位进行整合分析，形成了标准的职位体系库，运用人工智能技术，高度自动化完成表单解析、职位匹配、薪酬录入等。薪智网拥有数亿笔实时海量薪酬数据样本量，为企业开展薪酬调查奠定了数据基础，通过行业动态、企业规模、企业性质、企业员工数、所在地点等相关信息，参照市场相同企业类型的职位对比生成薪酬分析结果，帮助管理者快速直观了解企业薪酬水平现状，提升企业快速构建应对外部市场薪酬变化的洞察分析，帮助企业制定调薪策略，企业可以结合内外部数据及工具快速达到薪酬管理体系优化，提升企业的管理敏捷速度。如图 6.6 所示。

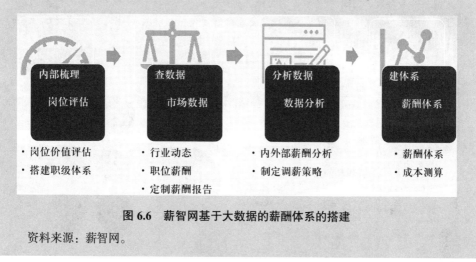

图 6.6 薪智网基于大数据的薪酬体系的搭建

资料来源：薪智网。

七、大数据在薪酬管理看板中的应用

薪酬管理看板是一种集成薪酬管理数据的可视化仪表板，通过汇总、分析和呈现薪酬相关数据，帮助企业管理人员了解和把握员工薪酬状况，协助企业实现薪酬费用的管控和优化。薪酬管理看板是一种全新的薪酬体系设计工具，它解决了企业调薪方案中各个维度的薪酬数据支持问题，提供了拥有丰富经验和专业支持的 HRD 根据自己的分析和解读进行调薪方案的沟通逻辑，也可以直接进行调薪方案的准备素材，提高工作效率。

◎**名企实践**

得帆：基于大数据的薪酬看板

得帆信息公司成立于2014年，旗下拥有得帆云低代码平台DeCod和得帆云融合集成平台DeFusion两大核心产品。得帆云为了助力企业实现薪酬数字化，提高HR的管理效率，推出了数字化薪酬管理系统。系统中包含了薪酬管理看板、薪酬管理、绩效管理和基础信息四个模块。该系统致力于帮助HR实时掌握薪资数据，便于留档记录和分析整理。而薪酬管理看板又分为HR薪酬看板和员工薪酬看板。HR薪酬看板能够将工作数据清楚地展示，使HR快速掌握信息，更好地掌握工作重心，实现业务方式扁平化。看板展示的数据有待申报绩效、待确认薪资、待复核薪资、在职员工构成（部门）和员工状态。员工薪资看板能够帮助员工清楚地看到自己的薪资状况。员工可以利用薪酬看板查看个人信息和进行绩效申报。得帆云系统帮助了企业规范薪酬管理体系，解放了HR，提升了薪酬管理的精准度和透明度。如图6.7所示。

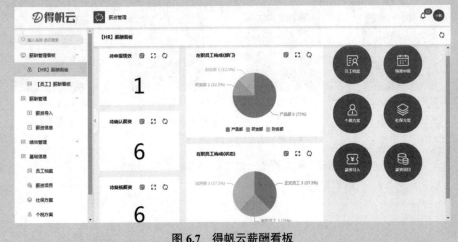

图6.7　得帆云薪酬看板

资料来源：得帆云官网。

第三节　基于大数据的薪酬管理策略

一、搭建基于大数据的智慧薪酬管理平台

现如今已经进入数字经济时代，企业应该以价值导向为核心，将薪酬制度建立在数据模型上，把数据模型嵌入系统流程。构建集数据中心、模型中心和流程中心于一体的智慧薪酬管理平台，连通企业的战略目标、员工实际绩效和个人薪酬回报，实现薪酬与业绩贡献相匹配的目标。

比如，2021 年 3 月，字节跳动公布了一项叫"员工薪资方案生成方法及装置"的新专利，简单来说就是"员工薪资方案一键生成"。它可以使企业根据个性化需求在所提供的员工薪资方案模板基础上，通过选择目标薪资项目，并为其配置参数的方式，自动设定满足企业需求的员工薪资方案①。如图 6.8 所示。

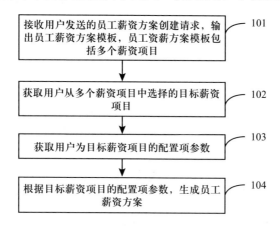

图 6.8　字节跳动"员工薪资方案生成方法及装置"薪酬方案生成流程

资料来源：http://k.sina.com.cn/article_2713976863_a1c4001f02700u3uu.html.

二、以数据为基础，建立客观公正的薪酬体系

传统薪酬体系设计主要分为以下几个步骤：一是薪酬策略制定；二是工作分析；三是职位评价；四是外部薪酬水平调查；五是薪岗匹配；六是薪酬结构设计。科学的薪酬管理以"客观事实和数据"为基础，大数据技术可以对非结构性和结构性薪酬数据进行收集、归档、分类，从而不断完善企业薪酬数据库。

首先，传统的薪酬策略的制定，一般仅评某些特定单一的显性指标，而 AI 算法能结合企业人力资源、业务、财务等多维度关键指标以及地区、行业薪酬水平等数据，构建相应的薪酬模型。

其次，传统模式下的工作分析和职位评价，一般由职位评价小组对职位的职责和工作重要性程度进行主观评价，而大数据技术依据大量的客观数据，建立科学的职位评价标准和模型，从而提升薪酬管理的科学性。

再次，在薪酬调研方面，大数据的信息渠道较宽，大数据下不再采用问卷调查和访谈等方式收集薪酬信息，而是借助大数据、AI、云计算等技术有效采集、计算、存储、挖掘分析薪酬市场环境信息，构建基于大数据的薪酬数据平台，保证薪酬数据的科学性。薪酬管理的外部竞争性取决于市场薪酬水平和企业薪酬水平的匹

① 刘洪波.人力资源数字化转型：策略、方法、实践［M］.北京：清华大学出版社，2022.

配性，云计算不仅能提供行业薪酬市场实时状况，还能充分挖掘市场薪酬调查现存信息和数据间的潜在逻辑关系，借助智能分类和统计、智能算薪等技术，企业能得到合理的薪酬定价标准，从而优化企业薪酬管理体系，提升薪酬管理的精准性。

最后，企业在设计薪酬结构时，利用大数据搭建内部社交平台，通过平台收集、挖掘和分析员工数据信息，了解员工的情绪、工作状态、兴趣喜好以及工作诉求与需要等内容，为构建科学的薪酬结构提供数据基础。企业借助大数据完成薪酬结构及水平的评估工作，以确定是否合理并进行科学规划，帮助企业完善薪酬构成、薪酬结构、薪酬水平等。

三、借助大数据技术规范薪酬管理机制

（一）借助大数据，完善薪酬管理决策模式

云计算和 AI 能从大量数据中挖掘出事实数据，不断优化和迭代出科学的决策标准及预测模型，为企业管理者提供科学的决策依据，减少人为因素的干扰。大数据还能对薪酬政策实施的关键指标进行实时监测和预警，为薪酬策略的实施落地和及时反馈提供技术支持，有利于管理者依据市场行情及时调整企业薪酬策略。

大数据和 AI 技术可以凭借数据分析为管理者提供多种管理方案，管理者可基于此制定最佳管理决策方案，以提高管理决策的科学性。大数据结合 AI、云计算等信息技术手段，可以及时把握全国、地区及行业薪酬水平和人才市场供求信息的动态变化，利用"智慧算薪"等方式，结合企业实际情况制定合理的薪酬福利制度，让企业的薪酬水平既体现内部一致性，又能对外具有竞争力。在确定薪酬水平时，可以通过企业自身或者第三方大数据公司共享的薪酬水平数据，判断企业薪酬水平在行业或者地区所在位置，是领袖型、拖后型还是行业平均薪酬水平。

（二）借助大数据技术，完善薪酬调整机制

大多数企业的薪酬调整机制一般采用如下方式，即根据同行业内、同地区或者同职位的薪酬水平数据进行调整，但由于传统模式下的薪酬调查可信度不高，所以这样的薪酬调整模式往往差强人意。大数据、云计算和 AI 等现代信息技术能够精准获知市场薪酬水平，企业可以根据自身的经营状况以及对未来发展规划进行预测分析，据此调整薪酬涨幅空间，同时结合员工对薪酬的诉求和期望值，制定科学合理的薪酬激励制度，激励员工提高绩效。

四、借助大数据，确定员工薪酬标准

客观公正的薪酬体系的建立必须以数据为基础，用事实说话。把大数据处

理技术运用到绩效管理和薪酬管理系统中，将薪酬数据库和绩效数据库串联并行，实现系统之间的数据信息共享。人力资源管理中的大数据主要来源于员工工作中的非结构化数据，例如，招聘数据、绩效考核数据、员工基础信息数据、员工异动数据等，利用大数据平台对员工工作内容、工作结果、工作量以及绩效进行详细记录，完整记录员工的行为、情绪和业绩数据。然后运用云计算技术对收集到的人力资源数据进行挖掘分析，根据数据分析结果确定员工薪酬标准。最后利用大数据平台，把历年公司、部门和个人或团队绩效考核的结果应用于薪酬管理体系的完善与改革，做到绩效与薪酬的一致性。这样，通过大数据技术，依据员工工作业绩确定薪酬标准，更加具有公平性和激励性。

举个例子，中国平安搭建了 HR-X 智慧薪酬平台。中国平安以价值导向为核心，将薪酬制度建立在数据模型上，把数据模型植入到系统流程中，构建了集数据中心、模型中心、流程中心为一体的 HR-X 智慧薪酬管理平台，平台打通了企业战略目标、员工实际绩效与个人薪酬回报相结合，真正实现了薪酬激励挂钩绩效精准兑责。

◎名企实践

大数据在来伊份薪酬管理中的应用实践

一、来伊份公司简介

来伊份是一家专注于"新鲜零食"的企业，2002 年创立于上海，在全国各大中小城市现已拥有超过 3600 家门店，全国超 7 亿用户选择来伊份。来伊份致力于打造智慧型新零售，它是零食行业数字化转型、创新的先驱。2010 年起，来伊份开始数字化转型建设，除在产品、供应链、仓储等职能模块开展数字化建设外，来伊份还开启了人力资源数字化转型升级。

二、来伊份大数据薪酬管理的应用实践

来伊份始终重视员工的成长与发展，始终把公司的发展与个人的发展放在一起。实施"管培生"计划、"青年干部"计划、"星级员工"评选等活动，增强员工的"荣誉感"和"价值感"；提高员工的能力、提高工资。公司在薪酬及激励机制方面持续改进与创新。在员工创造优异表现的同时，也为员工带去了丰厚的回报。通过"变要我做为我要做"的合作机制，提高员工的主人翁意识，实现企业与员工共赢。来伊份利用大数据技术进行薪酬管理的具体做法如下：

（一）大数据薪酬调研

来伊份是运用大数据技术进行薪酬调研较早的公司之一，大数据薪酬调研是基于海量数据的薪酬调研方法，通过对全行业或地区薪酬数据的采集、整合和分析，为企业的薪酬管理提供全面、准确、可靠的数据支持。大数据薪酬调研可以帮助企业了解市场行情和行业标准，以确保公司的员工薪酬公平合理，从而提高员工的满意度和忠诚度。通过薪酬调研了解同行业或者同城市中相似岗位的薪酬水平，可降低企业人力成本和控制

薪资结构。

1. 数据采集

来伊份会通过各种渠道收集海量的薪酬数据，这些数据来源包括企业的内部数据库、各大招聘网站、人才中介机构等，并将这些采集的数据进行清洗和整理，确保数据的准确和完整性。

2. 数据分析

大数据薪酬数据分析是对各个国家、地区、行业、企业、职位的薪酬数据进行分析，以了解不同职位的薪酬水平、薪酬结构、薪酬差异等情况，为企业和个人提供决策支持。来伊份利用易路 People+ 系统进行大数据薪酬数据分析。该系统主要有四种分析：

（1）薪酬构成分析：它主要分析薪酬费用各个项目的构成情况，各项目的占比、增幅是否合理，发现异常后再针对性分析。

（2）预算与实际完成分析：它主要分析预算完成情况，有利于预算控制、成本管控，也为下一周期预算提供支持。

（3）薪酬对比分析：它通常分为时间对比（同比、环比）、空间对比（部门、职级、岗位等）和基准对比三个方面。

（4）薪酬总分分析：它主要依据时间，如季度和月度，也可以是组织的部分、各级组织的薪酬情况。通过它可以了解各级的薪酬情况，呈现结果更加清晰明了。

3. 统计结果呈现

将分析后的结果进行可视化处理，呈现给企业领导层和 HR 管理人。可以使用数据可视化工具绘制图表、柱状图、折线图等，或者通过 Dashboard 等看板工具呈现数据，以便管理人员更准确、快速地了解薪酬数据及其结构。

4. 结果解读和应用

在呈现结果的基础上，HR 管理人员和企业领导层可以进行进一步的数据解读及应用，制定更合理的薪资策略、优化薪酬结构、分析员工薪资状况等。

（二）智能考勤

考勤管理是一个比较烦琐的工作，需要对考勤数据进行比较和计算。但是，连锁零售企业具有店面分布区域广、员工基数大、分布分散的特征，因此，在零售企业中，对考勤的管理会更加复杂。来伊份将本公司系统与易路人力资源管理系统结合，链接数据，为员工提供了一个简单而又高效的解决办法，那就是在店面的机器设备上安装一个 GPS 的动态二维码，这样不管是正式员工还是临时员工，都可以在考勤设备上进行一次刷卡，从而避免了设备的重复搭建。通过设定多种考勤政策，解决了在企业中对不同雇用类型的员工进行考勤政策管理的适用性问题，提高了对人力成本的精细管理。

（三）智能算薪

随着公司业务的壮大，近万名员工的薪资计算和不断变化的社税政策是薪酬管理的重大问题，来伊份公司要求薪酬管理必须具备较高的时效性和计算准确性。来伊份以易路 People+ 薪酬引擎为基础，将佣金、奖金、社会保险、个人所得税和薪资核算有机融合，及时配合企业内外部政策和业务变化，实现佣金、社保、薪税核算一体化。薪资核算所需的全部数据，无需再从其他系统中逐一获取，可直接通过 People+ 系统后台一键获取，导入至薪酬核算引擎进行计算。薪酬周期从以往的 6 天减少到了现在的 0.5 天，不仅极大地缩短了整个算薪周期，提高了算薪效率，还使算薪的准确率得以保障。智能算薪使用步骤主要有：

1.同步花名册，提升算薪效率

来伊份使用智能人事系统，在员工入职时就可以在花名册功能中录好与员工薪资待遇相关的账套信息。在算薪时直接同步花名册，自动识别每个员工在哪个薪资组算薪，不需要人工判断。并且可以实时掌握每月的人员异动。这种方式减少了线下表格自行录入时容易出现的漏算、多算情况，减少核对算薪人员的工作量，提升算薪效率。

2.同步考勤直接算薪，减少数据中转

以前是人事部门的考勤专员将线下考勤机导出的数据统计好，再交由薪酬专员算薪，数据经过了人工多次转手容易产生误差或者变化。后来统一用易路考勤，并在上线智能薪酬时进行了重新调整，考勤数据更加准确。现在算薪时直接在系统内同步员工（包括生产人员、销售、仓储及其他人员）的考勤数据，无须对接要索要线下考勤表；同时用社保模块直接输入基数就能形成社保扣缴方案，无须复制粘贴。不仅管理更加规范，而且提升了算薪效率。

3.数据线上统一管理，权限精细化管控

使用线下的算薪方式，一个痛点是数据的保管、查询与维护。因为每月都会产生工资表，在年末查找数据时表格众多非常不方便。现在所有的重要数据都可以直接在智能薪酬系统里生成或导入导出，方便数据查找，调薪记录有迹可循。

（四）大数据薪酬体系设计

来伊份公司是一家专注于休闲零食的企业，企业薪酬水平过高会增加企业的负担，薪酬水平过低，对外部人才的吸引力和对内部人员的激励会丧失。大数据薪酬体系设计是非常重要的一环。

1.职位价值评估

职位价值评估是一种评估职位内涵和价值的方法，其目的是确定一个职位相对于组织中其他职位的价值。职位价值评估的操作步骤：首先需要详细了解该职位的职责、所需的技能和知识背景等因素，以便能够正确评估其内涵和价值。同时确定评估标准，来伊份评估标准如图 6.9 所示。然后评估人员将根据指定的标准对该职位进行评估。方法主要有收集技能要求、统计数据、现场观察、面试员工等。最后将该职位与组织中的其他职位进行比较，按其相对价值对其进行分级。

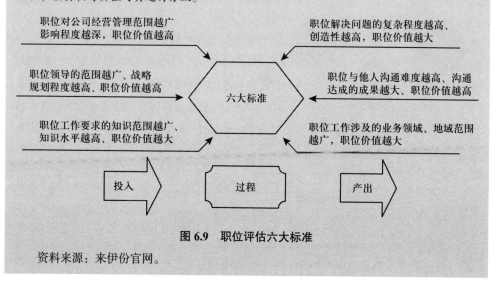

图 6.9　职位评估六大标准

资料来源：来伊份官网。

2. 外部薪酬数据对标

首先进行数据深度分析，然后以薪酬调研的结果为依据，对薪酬进行竞争性分析和设计。根据薪酬调查结果，对公司薪酬竞争性进行审视，得出公司的中位值薪酬曲线，如图 6.10 所示，最后根据职位价值和薪酬定位策略，设计薪酬参数。

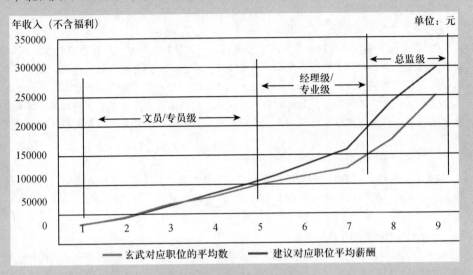

图 6.10　中位值薪酬曲线

资料来源：来伊份官网。

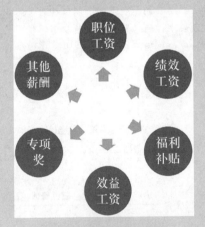

图 6.11　来伊份薪酬构成

3. 薪酬体系设计

通过对来伊份的岗位价值进行评估，并结合外部薪酬数据进行对比分析后，要进行合理的薪酬结构设计。薪酬结构分为三大类别：基础类工资、基本工资和职务工资；绩效类工资，如绩效奖金、销售提成、年终奖、公司分红等；福利类工资。如图 6.11 所示。

（五）引进薪酬看板

来伊份打造大数据薪酬管理看板，具体步骤为：

1. 数据收集

来伊份公司需要收集员工的薪酬、绩效、考勤、福利等相关数据。这些数据可以来自各种渠道，如企业内部的 HR 系统、财务系统、考勤系统，以及外部的调研数据等。

2. 数据清洗和整合

收集到的数据可能存在冗余、重复或者不完整的情况，需要进行数据清洗和整合。清洗后的数据要储存于数据库中。

3. 数据分析

使用数据分析工具，如 Excel、SQL 等，对数据进行分析和计算，制作出薪酬管理的各项指标，如平均薪资、绩效评价等。

4.数据可视化

将数据转换为图表、表格等视觉化的形式，使得数据更加易于理解和分析。这里可以使用专业的数据可视化工具，如 Tableau、Power BI 等。

5.数据监控和调整

对制作出的大数据薪酬管理看板进行监控和调整，及时发现和修正问题，保证数据的准确性和可靠性。

三、大数据背景下来伊份薪酬管理的成效

（一）平台化工作模式提高工作效率

通过大数据平台管理者可以随时随地地批复，大大提高了工作效率。数据显示，原本需要4~5天才能审批的线下报销流程，在大数据平台上审批，48小时通过率达86%，24小时通过率达70%。另外，来伊份大数据平台使员工享受高配置办公环境打造资料高速下载软环境，闪传下载速度达90兆/秒，相比常规的1.5兆/秒，仅下载资料一项，为员工节省98%的时间。

（二）为众多企业提供服务

立足于"技术＋服务＋咨询"的交付理念，该平台服务现已覆盖全球20多个国家、国内310多个城市，陪伴300+中大型企业提升人力资源数字化效能，为300万+用户提供更佳的数字化工作体验，积累了深厚的人力资源数字化业务实践，可满足不同行业、地区企业的多元化场景需求。如图6.12所示。

图6.12　来伊份平台合作企业

资料来源：来伊份官网。

（三）员工福利转型，重塑企业活力基因

来伊份通过大数据平台对员工福利进行了全面的分配，福利礼品数量增加，选择范围扩大，充分满足了员工的个人需求。随着福利转型的全面推行，整个过程的时间缩短到了一星期，从而有效地控制了福利费用。该平台可随时了解全国范围内的职工福利的执行情况，并能够将员工福利发放的情况进行数据反馈。最终，客户服务中心对员工的问题咨询、售后处理等要求会做出及时的回应，达到福利效果最大化的目的。

第七章　大数据时代背景下的绩效管理

当下，HR 和业务部门花了大量精力开展绩效管理工作，但很多企业绩效管理的效果并不好，主要原因是绩效评价指标制定不科学、绩效衡量和绩效考核过于主观、绩效结果应用不合理、未开展绩效反馈等。将大数据技术应用于绩效管理，可以大大释放 HR 的精力。HR 不用在基础绩效数据的采集、比对、分析上花大力气，大数据平台可以自动获取全部数据，且数据源比人为采集更高效、客观、精准。另外，大数据技术可以从多个维度分析员工的教育背景、过往工作经历、个性特征以及兴趣爱好等，帮助企业客观分析员工的工作潜能，从而制定合理绩效分配机制。绩效考核过程不再是 HR 的工作重点，大数据技术让绩效管理的重心回归到对考核结果的应用与绩效反馈上。HR 摆脱了事务性工作的纠缠，可以将节约的精力用于更具战略意义的工作上，实现人力资源由"事务型"向"战略型"转变。本章分析了大数据对绩效管理的影响，梳理了大数据技术在绩效管理中的应用场景，探讨了企业如何在大数据背景下开展绩效管理。

第一节　大数据对绩效管理的影响

一、大数据技术下绩效管理的特点

将大数据技术应用于绩效管理是为了更加全面、高效地收集绩效评价数据，从而提高绩效管理的精准性、客观性和可信度，通过绩效反馈和辅导的及时性，提高绩效辅导的针对性，能够提高员工个人绩效，最终提升企业整体的业绩。为此，大数据背景下的绩效管理具备以下特点：

（一）绩效数据来源的多样化

传统的绩效管理数据来源单一，主要是来自企业内部与 KPI 相关的文字信息，而大数据技术下的绩效管理的数据信息形式非常丰富，除文字外，还包括图片、进度分析报告、数字、表格、声音和视频等各种形式的信息，既包含结构化数据，还包含非结构化数据。另外，数据收集形式也发生了变化，大数据通过系统自动提取每一时间节点的绩效管理指标，而不是靠人工录入的方式。在数据处理方面，传统的绩效管理仅使用统计学分析，而大数据在处理数据时，涉及数据清洗、挖掘、算法、机器学习、建模、可视化分析等，结果更为准确、更具有参考价值[①]。

（二）绩效管理信息的共享化

传统的绩效管理信息存在相关人员的电脑上，一般不会共享数据。而大数据作为源数据存放在开放的云平台上，方便了绩效管理数据的采集、数据的共享化和数据的开放化。数据的开放化包括对绩效数据使用者开放和对上传者开放。数据的开放化为使用数据进行决策分析的人提供了便利，减少了各部门获取信息的成本，提高了决策的速度和准确性。绩效数据的共享可以消除由于企业各部门各职位的信息不对称所产生的成本。绩效数据的开放和实时共享，方便管理者和员工管理绩效结果，既为管理者掌控绩效指标进展提供了便利，也为员工及时发现和解决个人绩效问题提供了方便。

（三）绩效管理的同步化

传统的绩效管理具有滞后性的特点，无法做到实时追踪和评价。大数据技术能够对员工工作的每一瞬间进行记录，因此，绩效管理数据是实时同步化的。大数据技术采集的绩效管理数据信息与个人绩效信息实时同步，使个人的绩效数据与行为数据匹配，可以具体到何时、何地、发生了何事，员工采取了什么绩效行为，取得了什么业绩。大数据摆脱了传统绩效管理数据滞后的缺点，使实时传输的数据源与员工更匹配，有利于管理者掌控员工绩效信息，实时监控员工行为，对员工绩效管理更加精准到位。

（四）绩效数据分析的可视化

云计算具备强大的计算能力，通过云计算可以分析绩效数据间的逻辑关系，发现 KPI 之间的关联关系，通过人机交互进行深入分析，最后呈现出直观、易懂、易应用的数据信息。大数据通过对行为绩效和结果绩效的评估，能快速判断用户需求，针对不同的用户需求，从多维度、多功能、多视角分析数据，对同一数据源做出不同的个性解读，形成面向不同使用者的数据分析报告，使用者可以选择与其角色定位相关的分析报告，更加精准地辅助其理解绩效信息[②]。

（五）绩效的预警自动化

大数据和 AI 背景下的绩效管理，因其具有实时共享、实时同步的特点，可以实现自动预警[③]。大数据平台将员工 KPI 目标与个人业绩完成情况进行比对，可以实时发现存在的差距，平台可自动向员工发出待修正预警信号，让员工看到差距并期望其做出调整，若多次出现考评结果不达预设指标，平台将再

---

① ③ 卞坤鹏 . 基于大数据的 A 公司人力资源绩效管理优化研究［D］. 首都经济贸易大学博士学位论文,2018.

② 闫富美 . 大数据背景下 R 公司绩效管理优化研究［D］. 华中师范大学博士学位论文,2019.

次提醒该名员工，并报送相应员工上级，帮助领导了解、掌握下属业绩动向并及时针对性辅导，以提高员工、部门以至公司整体绩效。

二、大数据对绩效管理的影响

传统绩效管理缺少数据支撑，靠主观意识对员工的工作能力和工作业绩缺乏基于数据的判断，导致绩效管理效果有限。在大数据和 AI 技术驱动下，绩效管理逐步实现科学化、精细化管理，大数据技术对绩效管理产生以下几个方面的影响：

（一）大数据技术驱动绩效管理由"结果导向"转变为"过程导向"

大数据和 AI 技术能实时追踪绩效行为，使绩效管理从传统的"结果导向"型转变为"过程导向"型。凭借大数据和 AI 的计算机识别、深度学习等功能，通过跟踪、收集员工活动数据和绩效行为数据，为管理者提供更客观的绩效评价数据，管理者可以凭借绩效评价数据识别出谁优谁劣。对于绩效行为优秀的员工及时给予奖励；对于业绩行为差的员工，AI 及时反馈行为过程，在工作过程中给予帮助和指导，发挥绩效辅导的作用，而不是为考核而考核，以弥补传统绩效管理的短板，帮助员工提高绩效。

（二）大数据技术提高绩效管理的精度

应利用先进的大数据技术，采集全行业多角度的重要数据，对全行业乃至企业本身进行多维度分析。通过横向比较，及时把控行业趋势和发展动向，掌握市场发展的风向标，以此修订企业内部绩效指标。通过纵向分析比，对企业自身发展历程、生命周期以及企业内部短期、中期、长期战略目标，制定适合本企业自身发展情况的指标体系，使绩效管理工作更加科学化。

此外，由于数据源规模的庞大，基于大数据的绩效管理，其数据的精度和可信度提高，可以尽可能地减少人为因素导致分析结论中的误差，数据分析更加客观化。于是，对员工和部门绩效评价结果相对公平、公正、合理。同时，其源数据来自全流程自动化收集，大大减小了人为干预业绩指标的可能性，使得绩效管理的基础更加真实。另外，企业可以及时发现管理中存在的问题并进行修正，有助于提高对数据的分析利用率。

（三）大数据技术促使绩效评价模式由"主观判断＋感性认知"转向"数据分析＋事实依据"

传统绩效管理模式下，由于绩效管理数据收集的成本较高或绩效评价的主观性等原因，致使绩效管理在组织中发挥的作用受限。大数据和人工智能技术使绩效管理从"主观判断＋感性认知"的主观评价方式转变为以"数据分析＋事实依据"的客观评价方式，量化后的数据指标成为绩效管理的主要依据，帮助管理者进行客观和准确评价，同时对考核决策进行分析，提升企业绩效管理水平。

第二节　大数据在企业绩效管理中的典型应用

一、改变绩效考核理念

通用电气、派克、联合技术公司（United Technologies Corporation，UTC）等国际一流企业敏锐地洞察到大数据给工业世界带来的颠覆性变革，在组织架构、绩效管理等方面做出快速应对，形成新的管理模式以适应时代变革。

（一）从"绩效管理"到"绩效发展"的变革

通用电气、派克、UTC等知名企业一致认为，传统的绩效考核方式存在的问题越来越多，已经无法适应当今经济环境的需要。具体原因有四点：

首先，传统的绩效考核是对员工以往业绩的评价，而不关注员工未来一段时间的绩效行为，绩效考核结果的好坏不会对员工产生激励作用，员工未来个人绩效的提升与绩效考核结果或者企业给予的奖惩并无太大关系。

其次，传统的绩效考核的目的主要是检查绩效目标的完成情况和绩效奖金的兑现，一般时间跨度长，有些绩效考核周期超过一年以上，绩效考核存在严重的滞后性。在绩效指标的制定和考核过程中，管理者缺乏与员工及时、有效的双向沟通，不了解员工的绩效行为表现和工作状态，更不关心员工的职业生涯发展[①]。

再次，绩效考核流于形式。在绩效考核时需要被评价者提交个人绩效报告、填写各类考核表格、参加各种考核会议等，并且考核时间较为集中，一般在年底开展绩效考核，管理人员和员工疲于应付，浪费了大量人力、物力和精力，但评价效果并不显著，很多企业为了考核而考核。

最后，"90后"等新生代员工比例不断提高，"90后"作为互联网原住民，其生活方式、工作理念、个人诉求已不同以往，促使企业必须改变其绩效管理模式。

基于以上几方面原因，通用电气等企业重新审视了绩效考核的核心理念，取消了年度绩效考核评分制度，借助移动互联网、大数据和云计算等技术，采用持续、双向、动态的绩效设定和考核方式，更加关注客户需求的变化、员工自身的需求和公司未来的发展，实现了从"绩效管理"向"绩效发展"、从"向后看"到"向前看"的转变。

同样，UTC也取消了年度绩效考核评分制度，它采用持续、动态、循环的绩

---

① 高玉洁. 大数据背景下的人力资源管控新模式［J］. 财经问题研究，2016（S2）：161-163.

效考核方式[①]，UTC 更关注员工个人职业发展、绩效反馈、双向考核和企业未来发展，并通过管理咨询、培训等方式以寻求更多的绩效管理变革理念和方法。

无独有偶，微软、苹果、思科等跨国企业也取消了绩效评分制度。

（二）从"关注业绩"到"关注员工"，从对"关注既往"到"关注未来"

埃森哲（Accenture）和德勤等多家国际知名公司宣布，它们正在取消年度绩效考核并改进考核流程。德勤的一项调查结果显示，接受调查的高管中，超过50% 的人认为，绩效考核未必能提升员工绩效或提高员工的敬业度。

埃森哲和德勤等公司改变了以往的绩效考核理念，采用新的绩效考核方法。新的绩效考核方法不再关注员工的绩效排名或者绩效评级，而是员工自身，并经常提供绩效反馈，以促进更好的绩效。同时，新的绩效考核方法倾向于采用更短期、更频繁的绩效考核，而不是一年开展一次绩效考核，比如，在每个重要项目结束时或每个月进行一次绩效考核。定期考核意味着经理可以根据员工绩效及时给予绩效反馈与指导，从而让员工有更多机会取得最佳绩效。另外，定期考核有助于减少绩效考核完成的时间，例如，德勤仅使用了四个问题，其中的两个问题为封闭性问题，要求回答"是"或"否"。

另外，新的绩效考核方法关注的是未来绩效，而不是过往绩效。这种更短期、更频繁的新的绩效考核方法不再一次性考核整年绩效，也不是对以往业绩的考核。它不再关注过去发生的事情，而是着眼于未来如何改善绩效，旨在帮助员工获得更好的职业发展。

（三）绩效考核时间从年末调整到年中

马云曾说过"阿里最挣钱的是数据"。阿里巴巴多年前已经在大数据技术领域布局，提出了"数据、金融和平台"战略，从而开启了数据收集、挖掘和共享之路。为了让数据驱动电商，阿里巴巴成立了横跨各大事业部的数据委员会。阿里巴巴通过实践演绎了如何用数据去"挣钱"。比如，通过大数据分析消费者的消费需求和消费习惯，根据消费者往日的浏览信息推荐相关商品，并匹配、优化相应的广告，直击消费者的"痛点"，提高了交易成交量。

阿里巴巴也将大数据分析应用于人力资源管理各个职能模块，比如，基于大数据分析改变了绩效考核制度决定：将绩效考核从年底考核调整为秋季考核。阿里巴巴利用大数据技术，对既往的数据分析得到往年的绩效水平，据此预测出当年的绩效水平。如果当年的秋季绩效水平低于往年的业绩水平，管理者将采取针对性措施调整员工业务。另外，考核结果也向员工施压，激励员工赶超平均水平。绩效考核周期的调整，让员工和业务部门在年底考核前有一个相应的调整期，从而减少年底考核不达标的情况[②]。

---

① 高玉洁. 大数据背景下的人力资源管控新模式［J］. 财经问题研究,2016(S2):161-163.
② 王通讯. 大数据人力资源管理［M］. 北京:中国人事出版社,2016.

尽管大数据分析具有一定的预测功能，但在预测与人有关的数据时并不能实现百分百准确，因为人具有主观能动性，会根据外部环境的变化进行调整。阿里巴巴的秋季考核之所以取得成效，是因为秋季提前考核才能激发员工的主观能动性，最终获得更高的业绩水平。

二、智能化地改变绩效考核标准的制定

目前，很多企业鼓励员工利用大数据平台对绩效考核标准制定的参与，还建立内部信息共享和互动平台，如论坛、微博、贴吧等，鼓励管理层让员工对绩效考核政策的制定、考核指标的筛选、考核内容的确定、具体的考核措施和方法等问题发表各自看法。通过大数据技术自动采集绩效管理的相关数据信息，通过算法构建数据之间的逻辑关系，以便 HR 以数据分析为基础做出理性的绩效管理决策。这样的互通互动，让员工间接参与了绩效管理标准的制定，帮助员工更精准地理解绩效考核，让员工体会到企业对他的重视，进而调动工作热情，提升企业绩效水平。比如，谷歌将大数据应用于人力资源管理中，开展了著名的"氧气项目"，通过调研总结了适用于经理人年度考核的核心指标。

（一）谷歌"氧气项目"，建立卓越员工的"数字画像"作为考核标准

一般企业把 HR 职能部门命名为"人力资源部"，而谷歌将 HR 职能部门命名为"人力运营部"，由此可见对于数据分析的重视程度。谷歌致力于将"基于数据的决策"或"基于事实和证据的决策"应用于每一个领域，谷歌的"人力分析团队"来主导着人力资源管理决策，该团队有两大目标：

第一，谷歌所有的人事决策都是基于数据和数据分析的。

第二，人事决策所采用的精确化水平与项目决策相同。

2009 年，谷歌的人力运营部启动了"氧气项目"（Project Oxygen），开展了长达多年的研究，以期利用科学算法去挖掘卓越领导者的潜质。

"氧气项目"通过调用数据库资源，分析业绩评估、工作表现、调查回馈，并将它提供给高级管理者，将短语、词汇、表扬或者批评相互关联，从而计算出一名高效经理人的工作效率。"氧气项目"从一些基本假设开始，统计了包括超过10000 项对经理人的观察、超过 100 个变量、各种不同的业绩评估、调查回馈及其他报告，并对这些数据特征编程，通过与管理者的访谈收集数据，补充到系统中，经过对资料进行编码和数据研究分析，以及长达数月的解读分析，提炼总结出优秀经理人八大特质：

第一，是一位好的教练；

第二，权力下放，不事必躬亲；

第三，关注团队成员的成功和个人发展；

第四，注重效率，以结果为导向；

第五，善于沟通、善于倾听团队意见；

第六，帮助员工开展职业生涯规划；

第七，为团队设置一个明确的愿景和战略；

第八，拥有关键的技术能力来帮助员工解决问题[①]。

从上述优秀经理人八大项行为表现可以看出，卓越的经理人身上有一个共同的品质：关注下属发展及感受，愿意花时间与员工进行一对一交流和绩效反馈。"氧气项目"体现了定义人才观和人才标准的重要性，通过对过往高绩效人才开展画像、当前员工反馈信息收集、管理行为数据相关性分析等方式，实现对未来人才的定义和指引，也改变了管理者对优秀管理者的认识。

（二）通用电气推行新的绩效管理模式

2016年，通用电气正式推行新的绩效管理模式。通用电气取消了绩效考核常用的"九宫格"、年度绩效评分和考核等级，考核结果不再使用数字评分和"员工等级标签"，绩效考核流程更加简约、更加高效，广受员工好评。

首先，通用电气选择4~6项对客户有最重要影响的评估点，借助移动平台客户端，让管理者和员工共同设定绩效目标。

其次，让员工参与公司全年考核，并提供信息反馈渠道，让管理者与员工保持双向的持续性沟通及互动。针对员工业绩不佳的问题及员工需求，管理者和员工共同商讨解决办法，系统记录双方确定的沟通要点，从而促进了员工绩效的改进和提升。

最后，通用电气的大数据系统平台在年底汇总全年绩效要点和同事互评的反馈建议，管理人员给予绩效考核评价，并给予绩效反馈和辅导，将绩效反馈与沟通作为绩效改进的开始。

三、智能化地衡量员工业绩

（一）可穿戴设备提高员工绩效

可穿戴设备的兴起，对提高员工绩效起到了关键作用。可穿戴设备不仅可以衡量人们的身体健康状况，还可以提高员工绩效。以加拿大贝尔电信公司（Bell Canada）为例，早在20世纪90年代，它就已经为其技术人员研发了可戴在手腕上的设备，技术人员不必返回到放有计算机的车上就能直接录入维修数据，这为技术员每天节省了1个小时，大大提高了技术员的工作效率和业绩。

零售巨头特易购（Tesco）让爱尔兰分销中心的员工佩戴智能臂章，臂章可以

[①] Bughin J,Chui M,Manyika J.Clouds,Big Data,and Smart Assets:Ten Tech-enabled Business Trends to Watch[J].McKinsey Quarterly,2010(8):1-14.

追踪正在挑选的产品，这样可以节省员工查看清单上商品的时间，从而提高生产效率。可穿戴设备还可以为员工分配工作任务，并在订单短缺时发出预警，目的是帮助员工更聪明地工作①。

（二）可穿戴设备监控员工绩效

体育界走在大数据技术应用的最前沿，从自行车比赛到足球比赛，各种体育运动的教练们都在使用大数据，以评估和改进运动员的个人绩效。

1. 利用大数据测量球员的身体机能和监控睡眠

Catapult Sports 公司开发的 OptimEye 运动员跟踪系统广受美国国家橄榄球联盟（NFL）的欢迎。OptimEye 运动员跟踪系统是一种轻便的可穿戴装置，它可以追踪球员们的速度和心率等指标，还可以计算球员们的体力消耗。教练凭借这些数据可以判断出哪些球员在训练中最卖力、哪些球员在偷懒，还能预防因球员过度训练而受伤以及患病，据此，教练可以为每个球员量身定制训练项目。OptimEye 运动员跟踪系统也被英超联赛球队使用，以监控球员训练过程，并在球员受伤早期能发出受伤预警信号。Catapult Sports 开发的新设备用于监测诸如运动员肾上腺素、皮质醇以及汗液水平。许多足球俱乐部都会通过佩戴腕表来评估球员睡眠质量以预测潜在风险，并制定有助于提升球员业绩的解决方案。

2. 利用跟踪装置实时监控球员表现

传统分析球员比赛表现大多是在赛后通过视频进行，大数据技术改变了这一现状。2015 年，国际足球协会理事会（International Football Association Board）允许球员在比赛期间佩戴跟踪设备，教练团队可以跟踪球员在比赛中的实际表现，并可根据数据在中场时改变踢球策略。另外，使用追踪装置还有助于减少因心搏骤停而死亡的运动员人数，还可以使用睡眠数据了解谁在超负荷工作。

四、智能化预测员工绩效

绩效管理的直接目的是提升员工绩效，从而提升组织绩效水平。传统的绩效评价一般基于有限的绩效数据或者记录，并且考核过程中评价者还带有一定的主观性，从而绩效考评结果往往出现偏差，尤其是职能部门。比如，通过采用一些半结构化的资料分析方法对员工的出勤、责任心、积极性等工作态度类指标进行考核时，考核过程中带有较大的主观色彩，并且这种方式往往是对既往业绩的考核，具有一定的滞后性，而且很难精确衡量。

人工智能和大数据技术凭借其先进的计算能力，使员工绩效的预测成为可能。AI 可以识别与员工绩效高低相关的个人特征和行为，并预测个人特征、既往业

---

① ［英］伯纳德·马尔. 人力资源数据分析：人工智能时代的人力资源管理［M］. 胡明，黄心璇，周桂芳译. 北京：机械工业出版社，2019.

绩、培训与开发、近期行为表现、员工参与度和绩效等因素之间的关系，对其个人业绩做出预测分析，管理人员可以提前对员工绩效进行干预，及时对员工进行绩效辅导，从而避免员工绩效下降。例如，尽管伊诺斯提克斯公司（iNostix）已于 2016 年被德勤所收购，但这丝毫无法动摇它曾经在大数据预测分析领域取得的成效。伊诺斯提克斯公司的预测系统可以预测员工绩效和组织有效性，可以精准地评价员工敬业度，预测缺勤或工伤事故带来的风险。

五、智能化绩效反馈

（一）提高绩效反馈频率

在今天快节奏的工作环境里，管理者很少把精力用于对员工的绩效反馈和绩效辅导中，但是，及时的绩效反馈和认可是企业健康运行的重要因素，是提升员工和组织绩效的关键。

对于某些实行工单制的企业来说，基本上实现了实时绩效反馈。比如，滴滴司机将乘客送到目的地后，立即就能收到按一定规则分配的打车费用[1]。

◎名企实践

BetterWorks：基于"工作图谱"的绩效反馈

BetterWorks 是一家致力于为新生的、小型的创业型企业合理规划员工激励措施的公司，它在持续绩效管理领域处于领先地位，获得较高的社会认同度。BetterWorks 利用 AI 在提高绩效反馈频率方面取得了较好的成效。BetterWorks 基于 Google Apps、邮箱、Office 365，以及 Salesforce、JIRA、Slack 上的各种数据，构建了员工的"工作图谱"，这是一张关于企业内部所有员工联系的图谱，图谱中员工的工作是相互交织的，目标和任务是共享的。BetterWorks 用一套机器学习算法追踪每个员工的绩效目标和进度、目标挑战、跨部门合作，以及各种评论、标签等，并在需要时提供信息注释、任务推动和目标识别。

BetterWorks 使用"工作图谱"激发相关人员的反馈，管理者可以根据实时数据评估绩效并提供反馈，员工也可以实时得到有用的反馈和认可。AI 系统还能够识别个人对反馈和交互的偏好，比如，员工是想即时反馈，还是在特定时段集中收取反馈[2]。如图 7.1 所示。

---

① 刘洪波. 人力资源数字化转型：策略、方法、实践[M]. 北京：清华大学出版社，2022.
② ［英］伯纳德·马尔. 人力资源数据分析：人工智能时代的人力资源管理[M]. 胡明，黄心璇，周桂芳译. 北京：机械工业出版社，2019.

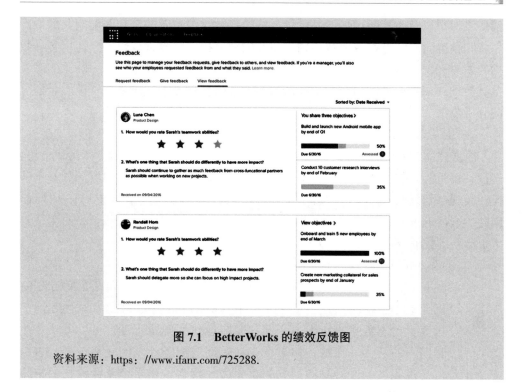

图 7.1　BetterWorks 的绩效反馈图

资料来源：https://www.ifanr.com/725288.

（二）员工互评

员工互评是绩效反馈的重要来源。Zugata 是一家专注绩效管理的 SaaS 平台的科技初创公司，它开发了一款员工互评的服务软件。Zugata 软件借助 AI 技术和 ML，同时融合了电子邮件和协作工作平台（如 Gmail、Outlook、Slack、Githu 和 Gira），在无需管理层或 HR 介入的情况下，自动判断哪些员工表现最佳，并自动收集员工之间的互相评价。针对员工遇到的问题，自动判断指定谁给出匿名反馈[1]。

对员工而言，来自同行的公开、支持性反馈可以帮助员工提高绩效，取得个人发展并挖掘自身潜能。对于管理人员和 HR 而言，通过 Zugata 系统可以了解员工更广泛的工作技能、优势和劣势，设计更有效的培训和开发方案以提升员工业绩。

第三节　基于大数据的绩效管理策略

一、加强对绩效管理数据的分析

当今，大数据应用于企业管理中的方方面面，研发部需要掌握对消费者需求、

---

[1] ［英］伯纳德·马尔. 人力资源数据分析：人工智能时代的人力资源管理［M］. 胡明，黄心璇，周桂芳译. 北京：机械工业出版社，2019.

消费者习惯以及心理而开展产品研发，营销部针对消费者的需求匹配相关的推广广告和精准营销，这都需要数据的积累和数据分析。绩效管理也需要运用各种数据的积累和统计分析。人力资源管理数据一般有三种：一是记录人力资源的客观基础数据；二是记录人力资源变动情况的动态数据；三是记录人力资源质量情况的分析数据。

（一）人力资源的客观基础数据

企业建立绩效管理数据库，就要对绩效考评对象的数量、性别、年龄、学历、岗位、籍贯、工作履历等客观基础数据进行收集，以了解企业人力资源的基本情况。客观基础数据容易收集，如一般个人简历或者员工入职登记表上均有所体现。因此，当员工正式入职后，HR 只需将其数据录入数据库即可，还需要每月生成人力资源基础数据统计报表以便决策者了解。

（二）人力资源变动情况的动态数据

动态数据主要体现人力资源各业务数据的变动情况，一般包括招聘计划完成率、员工变动率、招聘周期、员工流失率、员工流动率、外部竞争性和内部公平性分析等。动态数据决定人力资源各职能运作的健康程度，可以反映企业在某一段时期内的活力。比如，如果企业在短期内招聘计划完成率较高，表明该企业非常受求职者欢迎，具有很强的竞争力。反之，如果企业在较长的招聘周期内招聘完成率比较差，招聘不到合适的人选，那么 HR 就需分析和思考。企业可以结合以往积累的数据，根据市场行情和业务进展等情况，及时对动态数据进行收集和更新，并进行横、纵向比较分析，以便对企业人力资源的活力情况做出客观评价。

美国某保险公司对新入职的数百名销售助理进行了跟踪，通过对销售人员进公司前两年的销售业绩、总体业绩、存活率等数据进行分析发现，与业绩相关性比较高的胜任素质有以下几个方面：

（1）求职简历文本的质量高，简历中没有语法错误，语言表述清晰；

（2）培训和教育背景及其完整性；

（3）以往有过同类的销售工作经验；

（4）之前有过成功的职业经历；

（5）在上级给出的任务指令不明确的情况下，能够依然取得成功；

（6）个人时间管理习惯好，并能协同管理好多重任务。

研究还进一步表明，诸如毕业院校的档次、在校成绩和表现等传统观念认为比较重要的因素和业绩的相关性并不高。

（三）人力资源质量情况的分析数据

人力资源质量情况的分析数据包括工时利用率、出勤率、绩效分析、培训需求分析、培训效果分析、人力资本投资回报率、人工成本、员工满意度等，这类数据的分析相对复杂，体现了人力资本的概念，需要深入挖掘数据间隐藏的潜在相互关系。例如，通过大数据分析可以发现：员工满意度越高，客户满意度和忠诚度越高，这一发现使管理层非常重视员工满意度，一旦员工满意度下降，管理者就要挖掘深层次的原因，并采取一系列措施以提高员工满意度，从而获得更高的客户满意度。

二、搭建与业务系统融合的大数据绩效管理系统

为了提高工作效率，企业可以考虑搭建业务系统融合的大数据管理系统，实现部门数据、人员数据和业务数据之间的互通。在大数据绩效管理系统中，管理者可以随时查看相关人员绩效目标的完成情况，部门主管可以设置问题目标完成进度，了解目标执行过程中遇到的问题，及时针对问题进行沟通、解决。对于员工的每一步成功给予点评、点赞，员工间也可以相互协作并对对方的支持行为进行评价、点赞。绩效管理系统将自动收集过去一段时间里该员工与目标执行有关的关键信息和评价，为部门主管更好地指导员工，以及为员工明确下一步工作方向奠定强有力的基础。

◎名企实践

建立与业务融通的大数据绩效管理平台

阿里巴巴实行的是多类型、多模式的绩效考核，其淘宝、天猫等业务经营系统在设计时就已经考虑到了绩效考核，同时把人员与业务经营系统进行了融合，其人力资源系统能够便捷地获取员工在各个业务板块所做出的业绩贡献，为绩效考核的开展提供了坚实的数据基础。

平安银行研发的口袋银行家 App 可以让管理者在手机上即时查看每家营业网点的人流量和业务办理渠道，实时了解营业网点各项经营指标的增减变化情况。管理者可以通过数据挖掘的方式，查看营业网点内员工的业绩变化情况，甚至可以了解员工与其分管客户的联系频次，并对员工业绩不理想的原因进行初步判断。通过查看营业网点和员工的业绩变化情况，管理者可以及时采取措施，加强与营业网点主管、员工的沟通交流，查找问题原因，提供必要的帮助，进而协助并促进绩效目标的达成[①]。

三、构建科学的绩效考核指标

利用大数据技术，企业可设计科学的绩效指标。2016 年，SAP 建立了"数字会议室"，提供从销售和营销到服务、金融和人力资源管理等所有业务的实时分

---

① 刘洪波 . 人力资源数字化转型：策略、方法、实践 [M]. 北京：清华大学出版社，2022.

析。数字董事会允许高管实时获取各部门的KPI。比如，在人力资源部门，可以实时获得不同的KPI，例如，按主要地区划分的员工人数、按业绩最好的地区和地点划分的自然减员率、雇用人数、高管留用人数、员工敬业程度、参加旗舰学习项目的人数、每小时服务的雇员人数等。

◎**名企实践**

中国平安：HR-X 绩效管理平台

中国平安 HR-X 绩效管理平台赋能其延续近30年的"竞争、激励、淘汰"机制，通过大数据分析、智能追踪等技术手段，实现公司战略向各个业务单元的紧密传递，全过程串接KPI制定与分解、指标达成智能追踪、考核排名、上下级沟通辅导等考评环节，将经营和绩效打通，确保企业目标层层分解到每一位员工身上，由此形成贯穿整个组织的强大执行力，实现了组织战略的落地实施，促进企业战略目标的达成。

四、构建自动化的绩效评价系统

绩效评价是绩效管理的关键，很多人将绩效评价等同于绩效管理。传统绩效考核数据存在收集困难、数据形式单一、考核结果滞后等问题，因此，企业应建立科学、有效的大数据绩效评估系统，能实时捕捉、实时存储、实时收集、处理和分析组织、个人与绩效目标相关的数据。

大数据的绩效管理系统，可以便捷地捕捉、存储员工工作中的音频、视频、文档、图片等各种数据，这些数据作为原始数据库数据源。大数据的绩效管理系统可以自动、实时、精准地将数据推送给员工及管理者，以便及时对绩效考核结果进行核对和反馈。

对于系统能评价的数据，如员工日常表现、目标完成情况等跟踪得到的原始绩效数据，与系统中预先设定的绩效评价指标、绩效关键控制点等自动进行比对分析，并计算绩效评价结果而发送给相关人员。对于系统不能客观评价的数据，系统将相关原始数据、绩效考核标准推送到绩效考评人，绩效考评人据此进行绩效评价分析，评价结果通过人机交互模式传送至大数据平台。需要补充的是，绩效考评人的确定要考虑被考评人与考评人的沟通频次、沟通时长、领导关系等因素。[①]大数据平台对所有考评结果进行再分析和再核算，形成最终绩效评价结果，并将最终结果自动推送给员工本人及管理层。绩效评价结果再与员工薪酬、培训与人事调动等模块相互关联，是员工绩效工资发放、员工培训与开发以及人事调动的依据。

---

① 王素梅，黄小龙，王和生，陈婷玮.大数据技术在电力企业人力资源管理中的运用探索[J].经营与管理，2022(1)：130-135.

◎名企实践

亚信：数字化管理系统

　　亚信软件为自身定制了以员工为中心的数字化管理系统，用数字化的手段、用情景化的方式，为管理者提供了一个统一的员工服务平台和管理平台。通过这套系统，项目的管理者可以清晰看到员工在不同项目上的投入，能够看到每个员工的工作效率曲线，以及用来实现目标考核及任务分发等；而更高阶的管理者可以清楚了解到哪些员工是闲置的、哪些员工又是工作负荷过重。利用数字化手段，通过八爪鱼式的"360度个人评价报告""述职分析报告""访谈记录"，全方位收集人才信息，形成快照式的个人综合评估报告，凸显个人核心特质、关键优势与不足①。

五、构建自动化、实时化的绩效辅导和反馈系统

　　在企业搭建完绩效管理大数据平台后，需要管理层结合员工的工作职责、工作能力、工作态度和工作业绩等指标精确定位，为绩效不佳的员工提供针对性辅导，改进工作思路，提高员工绩效。大数据技术下的绩效辅导与反馈可以从以下两点开展工作：

　　（一）搭建绩效辅导与反馈自动化平台

　　"高速率"是大数据技术的一个显著特点，大数据技术下的绩效管理收集、处理大量的基础信息数据仅需要几秒钟的时间。同时，大数据下的绩效管理数据源覆盖面更广，遗漏误差极小，数据分析结果更客观、准确，不受人工分析的主观性影响，因此，绩效管理分析结果更客观、更精准、更可信。

　　传统的绩效辅导与反馈，需要领导对员工的绩效完成情况与绩效目标进行比对，再根据比对结果对绩效不佳的员工进行绩效反馈与辅导。在大数据平台的支撑下，绩效反馈摆脱了完全依靠人工比对分析的情况，形成了以系统反馈为主，人工绩效辅导为辅的绩效辅导与反馈体系。利用大数据技术可以实时获取数据、实时追踪、实时分析员工绩效动态、实时获取绩效考核结果。预警系统可以实现自动比对员工绩效差异，并对绩效差异进行精准比对分析。针对绩效业绩较好的员工，系统会自动向员工反馈业绩；当员工业绩与个人绩效目标存在差距，并达到临界值时，大数据系统会自动给员工本人和直属主管发送预警信号，并分享绩效指导案例以供员工参考。

　　大数据平台还可以实现绩效不佳与绩效优秀员工数据进行比对，帮助绩效不佳的员工寻找导致该结果的可能原因和能力差异，生成有针对性的改进意见。通

---

① 王婷. 亚信:践行数字化人才管理[EB/OL]. https://www.hbrchina.org/2018-1101/6851.html, 2018-11-01.

过数据共享、实时反馈，员工可以比照绩效考核标准进行自查自检，发现差距，查找出问题原因，及时纠正问题，及时弥补和纠偏。

针对大数据平台不能精确反馈和辅导的部分，管理者可以利用系统反馈的结果，找到问题症结点，对下属进行反馈和辅导，帮助员工发现问题、解决问题，以期提升员工绩效。大数据技术支持下的绩效管理系统，可以实现实时监控，实时预警，可以有效地规避风险。

举个例子，中国平安 HR-X 绩效管理平台的绩效画像功能，能实时反馈下属工作业绩及胜任情况，并给予预警；绩效助手充分收集绩优绩差员工各类表现和行为事实数据，协助主管辅导员工。

（二）创造实时互动共享平台

为打破原有的绩效管理信息不对称，企业可以为员工提供开放化、共享化的信息交流互动平台，员工通过人机交互模式与其他员工进行交流学习，实现信息实时互动。企业可以提供一些提高绩效水平的方法供员工学习，也可以分享优秀的绩效辅导典型案例供员工出现类似问题时借鉴，从而提高员工的绩效水平。在大数据平台的帮助下，员工可以交流绩效完成的心得、案例分享、提供资源支持等，营造员工之间互帮互助、互相学习的氛围，提高员工的归属感[1]。

六、构建动态的绩效改进措施

大数据时代，各行各业的行为模式、思考方式均可通过算法拆分为数据，数据获取途径越来越容易，企业绩效管理数据也不例外。绩效改进是绩效管理的最后一个环节，也是绩效管理有效运行的关键，将绩效数据广泛应用于改进是绩效管理良性运行的关键。

绩效改进的目的是帮助员工查找工作中的问题及原因，通过培训与开发、绩效辅导、提供资源支持等方式使员工的业绩得以提升。大数据技术支撑下的绩效改进，可以实时地处理数据、分析员工绩效不佳的症结所在，有效地抓住问题的关键节点，找到具体制约因素和具体原因后，进而进行绩效改进，及时解决问题，防患于未然，提高公司的整体绩效水平和抵御风险的能力。

大数据技术下，绩效改进将绩效目标设定、指标分析、结果评估、薪酬、培训与开发、员工关系管理等单个、孤立的工作进行整合，形成人力资源管理的动态管理链条。

---

① 闫富美.大数据背景下 R 公司绩效管理优化研究[D].华中师范大学硕士学位论文,2019.

七、绩效结果的应用

（一）将绩效结果应用于人才招聘

1. 将个人绩效应用于人才招聘环节

传统的绩效管理与招聘管理是两个孤立的模板，很少产生紧密的联系，为数不多的联系是将绩效考核结果作为选择招聘渠道的一个参考因素。在大数据支撑下，可以将绩效结果用于人才甄别。利用大数据技术可以测算出绩效考核中表现优异的员工所具有的人格特质、素质能力特征、行为模式特征，并结合这些特征信息与综合环境变量（如工作压力水平等）进行演算分析，实现"人才画像"功能，即确定其胜任该职位的员工应具备的条件，并应用于人才招聘环节[1]。

2. 将部门绩效应用于人才招聘环节

通过绩效考核结果的演算分析，可以发现各业务部门的优劣势、长短板，当部门出现招聘需求时，可以将绩效分析结果应用于招聘环节，聘用那些可弥补业务部门的劣势和短板的员工。

（二）将绩效结果应用于培训管理

1. 将绩效改进计划应用于培训管理

在每一绩效考核周期结束后，绩效管理大数据系统平台会根据员工绩效考核结果自动生成绩效评价和绩效改进计划。大数据平台会根据员工绩效评价中存在的问题，给出问题解析以及绩效得分的原因，并给出改进计划，员工可据此调整自己的改进方案和行动计划，为下一绩效考评周期做好准备。管理者可根据大数据平台绩效反馈的结果，分析总结出员工主要存在的问题，并据此制订针对性的培训计划。

2. 将绩效改进计划应用于在线培训

企业可以在绩效管理大数据平台构建在线培训功能板块和知识共享平台。与业务相关的各种视频、音频、案例分析等课程均可嵌入培训板块。员工可以针对绩效改进计划，随时参加在线培训功能板块开展知识学习、技能训练等活动。员工也可以在知识共享平台上进行学习交流，精进业务知识。

◎ 名企实践

绩效考核结果在员工培训中的应用

以中国平安为例，它将绩效考核结果应用到员工学习与发展上，HR-X绩效管理平台可以进行员工绩效行为数据异常预警，及时识别员工胜任力存在的问题，为主管提供个性化绩效面谈策略，以及"千人千面"的下属培训建议，为员工智能匹配学习资源并全流程追踪学习效果，致使员工岗位胜任度提升30%，真正把"知识转化为价值"。

---

[1] 卞坤鹏. 基于大数据的A公司人力资源绩效管理优化研究 [D]. 首都经济贸易大学博士学位论文, 2018.

（三）将绩效结果应用于薪酬管理环节

绩效奖金是薪酬的一个非常重要的组成部分，员工的绩效考核结果是薪酬发放的重要参考依据。将绩效结果数据直接与薪酬、激励系统相联系，实时反馈员工绩效目标完成进度和奖惩情况，使薪酬与绩效联系更紧密、激励更及时。HR-X绩效管理平台还将绩效考核结果应用到薪酬激励方面，为主管提供智能定、调薪建议，并实时监测团队投产。

（四）将绩效结果应用于人事变动

员工绩效考评的结果，是优化人力资源配置的重要依据。在考核周期结束后，企业可以将绩效考核结果应用于人员的晋升、调动、解雇等人事变动调整，实现人力资源的优化与配置。

第八章　大数据时代背景下的员工关系管理

员工关系管理是人力资源管理六大职能模块之一，是人力资源管理的基础，是人力资源管理正常运行的前提和保障。员工关系管理涵盖劳动合同管理、员工离职管理、员工安全与健康管理、员工纪律管理、企业文化建设等方面。员工执行力、工作态度、工作效率、离职率、忠诚度、满意度、归属感和满足感等均受员工关系管理的影响。因此，引起了管理者的高度关注。许多知名企业已经将大数据和人工智能技术应用于员工关系管理，以洞察企业和员工关系、识别员工离职风险、分析员工情绪、洞察员工满意度和敬业度、关注员工身心健康。本章分析了大数据对员工关系管理的影响，梳理了大数据技术在企业员工关系管理中的典型应用，探讨了基于大数据的员工关系管理策略。

第一节　大数据对员工关系管理的影响

一、利用大数据和人工智能技术洞察员工关系

员工忠诚度、敬业度和满意度是反映员工关系管理的三大重要指标，因此，大多数企业每年会花费一定的时间和精力对上述三个指标进行调查分析，调查方式主要采取访谈或填写调查问卷等。当调查对象敷衍了事或者不愿配合时，其准确度会大打折扣，并且无法分析出原因。

大数据和人工智能技术可以帮助企业洞察员工关系。通过扫描、挖掘员工电子邮箱、社交网络平台、论坛中发表的言论等文本信息，分析员工利用文字表达的情绪和想法，特别是员工工作中的真实情绪和行为态度。通过算法和机器学习能解读出员工关注什么、不关注什么，还能预测员工的行为趋向等。因此，大数据和人工智能技术下的数据分析可以代替传统的员工满意度调查，它能帮助 HR 分析员工的情绪、态度和行为变化，及时采取措施进行干预和预防，改善员工负面情绪，有效提升员工满意度和忠诚度。

二、利用大数据和人工智能技术科学识别员工离职风险

当今，人力资源是企业竞争的首要资源，企业的可持续发展需要一支相对稳定的高素质队伍。合理的员工流动有利于企业输入新鲜血液并保持一定的活力，而短期内的高离职率将会增加企业的人工替代成本，还会给企业带来降低工作效率、泄露商业秘密以及流失客户等风险。因而，应用数据挖掘算法，构建一套能够自动识别员工离职预测的模型，有利于管理层预知员工离职并采取行动方案，以降低关键人才流失率，成为企业研究热点。

（一）员工离职带来的影响

一项调查数据显示，2017年我国员工离职率平均水平达22%，北上广等一线城市的离职率可达23%，高科技行业的员工离职率高达25%以上。

美国一家致力于员工评估的公司的数据显示，25%的员工属于高离职风险人群，而其中20%都是高绩效员工。44%的员工表示，如果企业的竞争对手愿意加薪20%或者更高，他们就会考虑跳槽；70%以上的离职员工表示，为了寻求更好的职业发展会选择离职。

员工入职时间越长，HR越愿意花费更多精力留住他，这是因为人工替换成本特别高。那么，员工离职对公司会产生怎样的损失呢？

1. 现金损失

美国劳工部数据显示，如果一个员工离职，再重新招聘和培训一个员工取代他的位置，花费的现金大概相当于其1/3年薪。美国进步中心智囊团调查数据显示，更换一名员工的平均成本差不多是员工一年薪水的21%。美国人力资源管理协会的数据显示，招聘一名新员工的成本为3341美元。此外，还有诸如人员替换或者选拔成本、时间、人力和精力等其他损失。

2. 效率成本

如果有一定工作经验的员工离职，其承担的项目很有可能在一段时间内暂停或者效率下降。

3. 文化流失成本

如果一个公司的员工离职率较高，将会影响现有员工士气，让员工产生心理焦虑，这也是一种企业文化的流失。除此之外，还包括知识产权、客户资源等方面的损失。对员工离职进行预测，一方面可以帮助企业减少员工离职成本，另一方面可以帮助企业留住高绩效员工。

（二）AI能有效预测员工未来离职的潜在倾向

人工智能中机器学习可以采集员工出勤异常行为、绩效持续下降、疏远团队、办公设备使用频率、客户建立和维护情况表现、电子邮件以及社交媒体等工作行为数据，并结合员工的个性、职业发展规划、价值观取向、行业和企业特点、职

业环境等数据指标建立数据库和模型①，通过大数据、AI算法和深度学习，挖掘出员工文字流露的情绪和心声，从而提前2~3年预测员工离职的可能性，HR可以据此建立员工离职预警机制，对预离职员工进行沟通与干预，以帮助企业留住优秀人才，提高人力资源管理效能。

◎**名企实践**

基于大数据的员工离职预测

以惠普为例，几年前惠普的离职率非常高，一些部门竟然高达20%，惠普饱受煎熬，为此，惠普决定对员工离职情况进行预测分析，以观全球33万名员工中哪些是最可能辞职的。2011年，惠普两位天才科学家探索出了用数学方法预测员工离职率的方法，他们将员工薪酬水平、加薪、晋升及轮岗等海量数据和已离职员工的工作经历相结合，开展了相关性分析，在此基础上，为普惠每位员工都打了一个离职风险评分（Flight Risk Score），以此分析员工的"离职风险"，以预测哪些员工更容易离职，并以此提前制订了留住人才的措施和行动方案。毫无疑问，该项目的实施是非常成功的，为惠普节约了大约3亿美金（包括估计的人员替换成本和生产率下降带来的损失）。

Evolve（美国一家度假租赁管理服务商）通过对3万~10万名员工超过300万条的数据挖掘发现：通常，用火狐浏览器（Firefox）或谷歌浏览器（Chrome）申请职位的小时工的业绩比用IE浏览器申请职位的小时工更好，并且离职率较低。而对于呼叫中心的员工，有犯罪背景的员工反而比没有犯罪背景的员工表现要好一些，而"频繁变换工作的人"（job hoppers）通常有可能会很快离职，而长时间为一家公司服务的员工没有"频繁变换工作的人"离职快。

IBM对其过往和现存的员工进行分析，探索出员工离职的关键因素，依托相关离职数据，预测职业角色和绩效评价与员工离职的关系。可见，大数据和人工智能技术可以帮助企业预测员工离职。

三、利用大数据深挖企业员工潜力

企业的长远发展离不开员工的支持，企业的成功来自企业和员工的相互成就。企业成就员工的方式需要合理配置人力资源，充分激发员工的工作潜能，实现员工个人价值。大数据可以对员工教育背景、工作经历、个性特征以及兴趣爱好等进行多维度分析，帮助企业客观分析员工的工作能力和工作潜能，从而对员工进行合理人力资源配置，充分利用员工的工作能力，为企业发展贡献价值；充分发挥员工的工作潜力，为员工提供更多培训的机会，帮助员工制定合适的工作规划，锻炼和开发员工业务能力，给员工提供更大的舞台，以成就员工。

① 和云,安星,薛竞.大数据时代企业人力资源管理变革的思考[J].经济研究参考,2014(63):26–32.

第二节 大数据在员工关系管理中的典型应用

一、大数据在人才留任方面的应用

（一）大数据在员工晋升中的应用——谷歌：实现人员晋升自动化

谷歌之所以取得今天的成就，依赖于其在人力资源管理过程中以数据导向，形成独特的"人力分析"。2007年，谷歌首创"人力分析"（People Analytics，PA）一词，并在人力资源部门成立了人力分析团队，该团队致力于将人力资源管理决策全部建立在科学的数据分析上，它将谷歌最关键的人员决策进行量化和科学化，利用数据分析促进、预测并指导人力资源管理实践。

谷歌晋升委员会负责员工晋升审查工作。晋升委员会的工作量非常大，因为工程师晋升流程异常烦琐，涉及大量的审查工作。为了释放晋升委员会的精力，帮助晋升委员会简化流程，从而更高效、更省时地工作，人力分析团队尝试用新算法帮助高级工程师实现晋升自动化，由此，人力分析团队搭建了员工晋升预测模型和算法，该算法具有较好的测试性和可靠性。人力分析团队认为，这将减少晋升委员会大约1/3的工作量，并且不需要晋升委员会成员聚集在同一地点进行决策，这具有较大的便利性。

（二）人工智能在员工留任中的应用

调查数据显示，员工敬业度或满意度得分较低的流失率是得分较高流失率的12倍之多。员工流失给企业带来的损失和风险是非常大的，美国企业因员工流失而每年损失110亿美元。因此，如果企业能够预测哪些员工将离职以及为何离职，那么企业就能够提前采取行动进行干预，以留住企业的核心人才，人工智能可以预测员工的整体保留率以及员工何时离职。

◎ **名企实践**

基于 AI 的员工留任风险分析

Workday 是财务、人力资源及规划的企业云应用程序的领先提供商，为全球企事业单位和教育机构提供财务管理、人力资源管理、规划和数据分析等应用。Workday 开发了一款基于 AI 的员工留任风险评估工具，所构建的模型及使用的算法是建立在 10 万人 25 年的数据基础上的，参考了诸如职位名称、薪酬待遇、休息休假时间及晋升时间等约 60 个因素，依据该工具可以分析出每个员工的留任风险得分，还能给企业提供一些建议，告诉企业可以采取什么样的具体措施留住关键人才。Workday 公司还研发了一项技术：根据数据可以分析在同类情景下其他人采取了什么行动，从而为员工个人下一步的职业生涯规划提供建议。

二、大数据在员工离职分析中的应用

（一）辉瑞：大数据在企业离职分析中的尝试应用①

辉瑞尝试将大数据分析应用于员工离职预测工作中，其员工离职预测分析一共包括四个步骤。

1. 分析计划

（1）明确业务需求。明确业务需求是大数据分析项目的首要环节。辉瑞人力资源部门针对当前业务离职率高的痛点，与企业业务及数据分析团队充分沟通，确定了项目目的，即识别出与离职相关的因素和建立员工离职预测模型。

（2）确立分析方法。辉瑞员工离职预测项目团队通过头脑风暴，共同确立了项目计划和分析方法。

2. 数据收集

数据收集范围尽量广泛，这样就越可能通过人工智能充分发掘各类数据与员工离职之间的相关性。除采集人力资源部门人员相关数据以外，HR 还协同其他部门，全渠道多维度采集外部市场数据、销售员工财务行为、销售行为等相关数据。

3. 数据清理

（1）日常数据管理。为了保证大数据分析的准确性，数据质量是非常关键的。为了保障数据质量，辉瑞更侧重对数据的日常维护，在数据核查的过程中，不仅对关键错误项会通过规则进行手工修改，还通过数据管理寻找错误源。

RPA 可以及时将错误数据项自动反馈给直接负责人，人力资源部门会追溯数据的来源及过往，找到数据异常或缺失产生的原因，并针对性地提出改进措施：

第一，对于终端数据录入人员出现的错误，会针对相关人员进行技能培训。

第二，员工自助服务产生的数据错误，会通过 RPA 反馈给员工，督促员工自主修改。

第三，对于常见错误，会及时更新指导手册，同时尽量寻找系统控制可能性。

（2）数据流程改进。辉瑞非常重视数据收集流程的改进，对数据录入流程进行持续改进。为减少数据中转，辉瑞规定由首个接受数据的人员直接录入数据，并对首次录入权限进行设置。另外，系统还对录入审批和增加权限进行了设置。对于日常数据核查和维护中出错率较高的领域，不断采取优化措施，并对相关负责人进行监督和批评。

4. AI 大数据分析与建模分析

人工开展离职分析时，会主观去找关联原因，而人工智能技术则通过数据模型关联和挖掘匹配的原因。

---

① HR 智享会. 辉瑞：大数据在企业离职分析中的尝试应用［R］.People Analytics 的发展与应用研究报告,2020.

（1）AI 大数据分析发现关键数据。通过人工智能的初步分析，辉瑞探索出员工离职的关键因素：员工日常工作中产生的行为数据或者动态数据；3 个月内报销金额下降的员工离职风险高；3 个月样本申请量下降的员工离职风险高；销售达成率下降 40% 的员工离职风险高。

静态的数据：特定城市特定薪资范围的员工离职风险高；留住高绩效员工的措施取得了成效，离职人员主要是绩效较差和绩效一般的。

（2）通过模型打分机制对在职人员的离职风险进行预测。人工智能技术在员工离职风险应用的过程中，存在滞后性问题，即人员流失已成事实时，AI 才去分析员工离职原因。因此，HR 无法甄别哪些在职员工有离职倾向，无法对员工进行有针对性的干预和预防。基于此，辉瑞建立基于人工智能技术的员工离职预测模型，根据员工所在层级、在职时间等维度对员工进行归类和分析，测算出员工离职倾向的高低，通过模型打分机制量化员工的离职风险，得分高的是有较高离职倾向的员工，HR 可以采取措施有针对性地留住员工。如表 8.1 所示。

表 8.1　辉瑞员工离职预测分析 AI 打分表

员工姓名	风险评估分数	风险组	绩效	重点保护对象
A	0.73	高	高	Y
B	0.73	高	中	Y
C	0.65	高	低	
D	0.68	中	高	
E	0.52	中	中	
F	0.33	低	低	
G	0.30	低	高	

资料来源：HR 智享会 . 辉瑞：大数据在企业离职分析中的尝试应用［R］.People Analytics 的发展与应用研究报告, 2020.

（3）数据验证。为实现离职分析预测的准确性，不断优化分析预测的流程，辉瑞将 AI 模型预测出的结果与实际离职数据进行比较，如果数据一致性程度较低，就不断地对数据收集流程、计算模型、分析维度、分析预测流程进行改进，以提高预测模型的准确度[①]。

（二）谷歌：用数据预防人才流失

由于人才流失将损害企业的长期竞争力，谷歌人力运营部开发了一种全新的算法以解决人才流失问题。为此，谷歌开发了"员工离职倾向计算公式"，通过数据挖掘出员工评论、升迁和薪酬记录并融入到该公式中。通过这一算法，谷歌成

---

① HR 智享会 . 辉瑞：大数据在企业离职分析中的尝试应用［R］.People Analytics 的发展与应用研究报告, 2020.

功地从数万名员工中识别出哪些员工最有可能离职，管理者借此可以采取挽留员工的个性化行动方案，以帮助谷歌减少人才流失。

另外，谷歌发现：女性员工的离职比例要远远高于其他类型的员工，产后女性的流失率是其他员工的两倍。为此，谷歌尝试利用数据解决挽留女性员工的问题。经过数据分析和测算，谷歌于 2007 年改变了产假政策：将产假由原来的 3 个月延长至 5 个月可任意分割的带薪产假，并将产假期间的薪酬由半薪调整为全薪。推出这项产假政策以后，产后女职工的离职率降低了 50%，下降到公司离职率的平均水平。

三、数据驱动的员工敬业度

众所周知，员工是企业最有价值的资产，具有高员工敬业度的企业的经营业绩高。以下数据让人无法振奋：大多数国家的员工敬业度并不高，2013 年盖洛普一份调研显示，全世界仅有 13% 的员工具有高敬业度。一项全球研究发现，只有 40% 的员工感到自己是敬业的。不敬业的员工每年会让美国损失 5000 亿美元的生产力，会让英国消耗经济 3400 多亿英镑。越来越多的企业关注员工敬业度对经营业绩的影响。一项研究发现，员工敬业度高的企业旷工率比员工敬业度低的企业低 30%。德勤一份报告显示，87% 的企业管理层非常重视员工敬业度。提升员工满意度和敬业度，就能提高生产率，改善雇主品牌。传统的员工敬业度分析方法采用静态的问卷调查，根据预设的敬业度模型及其影响因素设计调查问卷，并通过收集问卷以分析敬业度要素。大数据分析有两大特点：一是数据的实时性和动态性；二是通过挖掘数据的相关性实现预测功能。在智能化或数据驱动的时代，采用大数据管理员工敬业度具有可行性，目前共有两种管理模式：

（一）运用人工智能监控员工情绪

这种方式类似于网络舆情分析、品牌口碑监控的应用。企业可以从员工网络浏览痕迹、社交媒体平台、即时通信工具、企业内网、电子邮件等不同数据源，收集员工的考勤、绩效、网络浏览痕迹、工作场所社交等数据，扫描、提取与敬业度有关的数据信息，利用文本语义的情感、情绪分析模型，理解数据集合的积极或消极的语义，通过定制分析模型对不同维度的敬业度要素进行收集；通过文本聚类分析、不同维度之间的关联分析、趋势分析，发掘数据中隐含的信息，找到敬业度与管理措施、业务结果间的因果关系，预测敬业度发展趋势。

（二）利用大数据对员工业务活动实时监控

通过大数据技术对员工业务活动进行实时监控，探索分析业务活动和敬业度之间的相关关系，并采取改进措施。这种分析方式既可以对前导性因素进行监控，例如，加班或者外派工作时间过长，可能会影响员工的敬业度；也可以对结果性因素进行监控，例如，员工出现工作效率显著下降、瑕疵产品过多、顾客投诉率明显提高等情况可能与敬业度有关。

业务活动数据也可以来自员工间的互动，比如，通过对电子邮件分析发现，员工使用电子邮件进行工作沟通频率较低，通过在线培训系统分析员工经常不能在规定的时间完成学习任务，这些行为可能都是员工敬业度下降的信号。此外，人际关系与敬业度也有关，员工直线经理或者与其私交良好的同事离职，均会造成员工敬业度的下降。运用大数据手段将上述要素及相关的活动信息整合起来，可以对员工的敬业度进行实时判断。

HighGround 公司开发了一个用来衡量员工敬业度的平台。该平台是一个简单易用的应用程序，致力于与员工建立持续沟通。它直接通过员工挖掘实时数据，收集员工工作体验的反馈，例如，询问员工当天的工作感受，可为 HR 提供准确的、定期的、持续的员工反馈。

2018 年，人力资本云服务公司肯耐珂萨联合复旦大学智慧城市研究中心发布了《2018 KNX 敬业度大数据白皮书》，不仅描述了中国企业员工敬业度的群体画像，而且侧重于挖掘敬业度现状背后潜藏的驱动因素。他们首次将人工智能应用于敬业度领域，利用机器学习对 1030 多万名员工敬业度进行大数据分析，构建了敬业度预测模型，机器学习可以通过规定不同类型的特殊群体，推测识别他们的重要普遍特征。通过"预测敬业度值"和"员工的实际敬业度值"对比，其预测准确率高达 95%，可为企业敬业度培养提供智能化改进建议。

四、数据驱动的员工满意度

（一）利用人工智能收集员工反馈

80% 以上的企业衡量员工满意度时一般采用问卷调查方法，但效果并不太理想，大多数员工并不喜欢填写冗长烦琐的调查问卷。另外，员工还担心自己的答案会给自己招来不必要的麻烦。人工智能和大数据分析能帮助企业了解员工的真实想法和感受，它可以更精准、更便捷地衡量员工满意度。除测算员工的满意度，大数据分析还可以帮助企业解读员工真正关心什么及员工正在做什么，因此，企业可以"投员工所好"，从而提高员工满意度。

◎名企实践

基于大数据和 AI 的员工反馈

Beyond 360 的大数据系统可以自动收集员工反馈，帮助企业快速地衡量员工的情绪和满意度。

　　Veriato 通过 AI 分析员工的电子邮件和其他信息中使用的词汇及短语，对员工是正面情绪还是负面情绪进行判断，甚至可以为每位员工创建每日情绪得分，还可以对工作是否满意进行评估。此外，如果在特定的团队或小组中检测到语调变化，还可以触发预警信号。AI 技术可以更准确地评估员工的情绪，这意味着 HR 可以快速地察觉员工满意度，并提前采取措施进行干预和预防。

　　Glint 开发了一款可以与 HRM 系统协同工作的应用程序，用来征求员工实时反馈，它可以使用 NLP 和情绪分析员工对开放式问题的回答内容，然后将这些问答转化为关键主题和问题的可视化图像。

（二）利用人工智能衡量员工满意度

　　只要去机场、银行等场所就能看到 HappyOrNot（以下简称为 HON）的终端体验设备，HON 以为企业提供线下实体店收集顾客反馈著称，其终端体验设备为全球 2000 多家零售和服务供应商提供顾客反馈服务，它支持顾客对当天享受的服务体验进行便捷、简单和匿名的反馈。例如，HON 在马德里巴拉哈斯机场以及巴塞罗那埃尔普拉特机场安装了一种互动性的质量控制测量系统——HON 调查仪，用以调查旅客对机场安检服务的满意度。

　　如今，HON 正将目光从收集客户反馈转向员工反馈。使用 HON 终端体验设备可以获得员工日常体验的反馈，这些设备一般被安置在人员密集的会议室或食堂等地方供员工使用，在 HON 设备上通常设置一道非常简单的问题，设有四种不同颜色的笑脸按钮代表四种不同的体验（翠绿色表示非常满意、薄荷绿表示满意、橙色表示不太满意，红色表示非常不满意），让员工从中选择一个回答问题，员工通过按下其中某个按钮评价公司提供的服务或者管理是否满意。HON 后台系统会收集到所有员工反馈信息，HR 可以通过员工反馈的数据，了解员工对企业未来发展机会、企业政策、总体战略和方向、管理机制等方面的看法和态度。HON 是一种简单的、持续的反馈系统，其优点在于能够快速地得到员工反馈，也能让企业做出快速反应和改变及其如何提高员工满意度。如图 8.1 所示。

　　尽管 HON 的满意度调查快速便捷，但无法分析问题的根本原因，这需要设置一些开放式问题来衡量员工的情绪，这样会产生大量非结构化文本数据，AI 技术在文本分析员工情绪方面已初露头角。问卷调查结果、电子邮件、内部网帖子、内部通信系统及社交媒体等任何类型的书面文本均可用于情绪分析。已有思维领先的企业利用社交媒体和其他平台上的信息来挖掘情绪，从中找出积极和消极的评论，以了解员工对公司的满意度。

　　英特尔、推特和 IBM 等知名企业已使用情绪去分析员工。推特在每月例行调查中使用 Kanjova 软件分析员工在工作场所的体验，而调查的有些题目为开放式问题。通过情绪分析，Kanjova 深入分析了开放式问题的答案，确定了一些管理模式和有用的分析方法。IBM 在绩效考核系统改革时，它要求员工在内部社交网络平台发帖子（而非通过挖掘电子邮件、聊天记录或私人群组信息来获取信息）反馈对新考核系统的看法，共采集到了数万份员工反馈。IBM 使用社交文本分析软件发现，员工并不喜欢个人绩效表现被按正态分布打分，于是，IBM 抛弃了强制分布法。

图 8.1　HappyOrNot 终端体验设备

资料来源：https：//36kr.com/p/1721916325889.

除了文本外，还可通过面部表情、肢体语言、谈吐语气和许多小动作来分析人们的情绪和满意度。印度萨蒂巴马大学（Sathyabama University in India）的两位计算机科学家开发了一套面部扫描系统来评估员工的态度，该系统可以在员工进入办公室时对其表情面部进行扫描，并利用扫描照片分析员工的情绪如何：抑郁的、快乐的、愤怒的、不满的、悲伤的等，从而来衡量员工满意度①。

美国 Happybot 人工智能公司开发了一种人工智能机器人。Happybot 机器人充当"首席快乐官"的角色，它可以自动与员工交流，表达它对员工压力的理解和同情，帮助员工缓解和释放压力，提高员工的幸福感和满意度。

五、大数据驱动的员工安全与健康

员工安全和健康是员工关系管理的重要工作职责。大数据驱动的人力资源管理应利用人工智能技术和数据分析保障员工的安全与健康。烟雾报警器、气体传感器、安全和入口系统等传感器提高了工作环境的安全系数，而大数据、物联网

---

① ［英］伯纳德·马尔 . 人力资源数据分析：人工智能时代的人力资源管理［M］. 胡明，黄心璇，周桂芳译 . 北京：机械工业出版社，2019.

和人工智能技术的出现，则将员工安全与健康问题提到了一个全新的高度。智能系统可以帮助企业了解员工的行为表现以及情绪。

（一）大数据在员工健康的应用

1. 心理健康

AI 在员工的心理健康方面发挥着越来越大的作用，基于 AI 的情绪分析可以精准地分析出员工承受的压力、抑郁或焦虑。英国健康与安全执行委员会（Health and Safety Executive）调查报告结果显示，2015~2016 年，在所有与工作相关的患病病例中，37% 是由工作压力造成的，45% 的工作日因员工患病而受影响。数字医疗公司 BioBeats 与法国巴黎银行通过大数据开展了一次员工压力试验：560 名法国巴黎银行的员工佩戴微软 Band 2，后台系统通过 Band 2 持续收集员工的生物特征数据，并传输至 AI 引擎进行数据分析。实验结果显示，该方案能够识别员工感受到的压力和实际承受的压力，以及压力和思考之间的联系[1]。企业可以基于人工智能的建议，针对员工健康管理提供个性化建议。

2. 身体健康

越来越多的人利用物联网改善身体健康，由此，很多人佩戴智能手环或者在手机上使用 App（应用程序）记录每天的活动或步数，甚至连办公椅都经历了物联网的改造。BMA Ergonomics 生产的 Axia 智能座椅可以监控使用者的坐姿，并就如何改善坐姿提供建议。比如，Axia 上的传感器会记录坐姿，当出现不良坐姿达到一定时间，传感器会发送振动以提醒使用者。"智能标签"功能还能让使用者看到目前或者最近一个小时内自己的坐姿，并提出建议以改善使用者的坐姿，以免出现背部不适，影响身体健康。

◎名企实践

Fitbi：可穿戴健身追踪带日益纳入企业健康计划

Fitbit 是全球最大的健身追踪服务提供商之一，它的企业客户众多，如英国石油公司、美国银行、IMB 等知名企业。塔吉特（Target）、IBM 和巴克莱（Barclavs）均向其员工发放了数以万计的 Fitbit 腕带或者腕带补贴。Fitbit 的企业健康服务为企业提供了一系列的工具和资源，包括用来监控员工行为的仪表盘，以及参与员工健康计划和健康结果的改善。企业还可以利用员工的健康和活动数据与保险公司进行谈判，从而降低企业医疗保险的成本。比如，英国石油为员工配备了 Fitbit，并要求员工参与"百万步挑战计划"，即在一年内步行 100 万步，该计划的参与率高达 75%，英国石油也享受了下一年度保险费的折扣。

---

[1]［英］伯纳德·马尔.人力资源数据分析：人工智能时代的人力资源管理[M].胡明,黄心璇,周桂芳译.北京:机械工业出版社,2019.

3. 预测未来的健康状况

英特尔的共价健康分析平台（Covalence Health Analytics Platform）将可穿戴技术与预测分析结合起来，帮助企业识别疾病的早期预警信号并采取行动。该平台通过分析从健身追踪器中收集的诸如心率、活动水平和睡眠模式等数据，以及历史健康数据和体检报告健康数据，对员工潜在健康风险发出警告信号，如果员工健康出现了问题，平台可以给予个性化指导，以帮助员工延缓或消除健康风险。

（二）大数据在工作场所的应用

可穿戴技术可以提高员工的安全系数。比如，可穿戴传感器可以收集有关心率、脉搏、呼吸、运动、姿势甚至有毒气体的数据，将上述数据整合到一个仪表显示器中，可以让管理者实时了解员工的处境与感受，并标出潜在风险点和不安全因素；当面临危险情况时，管理者能快速应对，以防员工工伤或者患病。物联网，尤其是传感器，在工业和制造业领域可以提高机器安全性。传感器可以评估机械设备的合规性、安全异常、机械故障等，这有利于企业了解工作现场的安全风险，准确发现机器操作故障，减少安全风险[①]。

第三节　基于大数据的员工关系管理策略

一、搭建内网平台，构建良好的员工关系

近年来，随着互联网、物联网、人工智能、大数据的飞速发展，致使员工都呈现出新的特质，新一代员工特别是"90后"员工个性独特、崇尚自由、追求自我价值的实现，他们工作的目的不再是满足个人温饱，他们对待工作的态度更加随性而为、自主独立，不喜欢传统工作的束缚，这增加了人力资源管理的难度，要求人力资源管理模式更具有开放性，更注重与员工的互动沟通，提升人力资源管理机制的人性化，才能使员工对企业更具认同感[②]。

因此，企业应该建立沟通平台，多倾听员工的声音。例如，华为专门开办"心声社区"，让员工吐露自己的"心声"，并与员工交流一些最新政策所带来的影响。

① ［英］伯纳德·马尔. 人力资源数据分析：人工智能时代的人力资源管理［M］. 胡明，黄心璐，周桂芳译. 北京：机械工业出版社，2019.
② 林晗. "互联网+"背景下企业人力资源管理优化研究［D］. 华中师范大学博士学位论文，2018.

◎名企实践

华为"心声社区"，倾听员工心声

华为"心声社区"设有专门的网络版和 App 版，还有微信和微博版本。"心声社区"设有"华为家事""facts""华为人""华为文摘""七彩生活""心声视频"等栏目，以"华为家事"为例，它的定位是"交流、咨询、解惑"。通过"华为家事"，员工可以了解公司管理政策及相关解读，可以倾诉其在工作中遇到的困难与疑惑并可以寻求帮助，可以分享在工作中的真实感悟、快乐与故事。如图 8.2、图 8.3 所示。

图 8.2　华为心声社区

资料来源：华为心声社区官网。

"心声社区"是缩小版的"天涯社区"，而且是允许员工匿名发帖的社区。而且这个匿名制执行得非常彻底：任何人如果想知道发帖者的真正身份，必须经过任正非批准。因此，员工可以不用担心被报复，在"心声社区"造就心声社区吐槽的人很多。

图 8.3　华为心声社区：华为家事

资料来源：华为心声社区官网。

尽管"心声社区"有些愤青吐槽，但近年来越来越多的人选择实名发帖和回帖，它也给华为带来了宝贵财富，为构建良好的员工关系奠定了基础。

第一，"心声社区"有很多好的文章和评论，华为人才社区宣扬正能量，为华为发展献计献策。

第二，"心声社区"是高层管理者了解公司运作的一个渠道，是倾听员工心声的渠道。

第三，从员工角度视角看，企业大了，就不可避免地存在等级制度和部门界限，"心声社区"为员工提供了一个发泄负面情绪的渠道，一个献计献策的渠道。

第四，从中基层管理者视角看，他们需要一个倾听员工声音的渠道，以关注员工的心声和观点。另外，中基层管理者也会对"心声社区"产生敬畏感：如果自己管理的部门被员工吐槽，会及时采取措施去改进。如图8.4所示。

图8.4 华为心声社区：华为家事——《任总在 GTS 人工智能实践进展汇报会上的讲话》部分员工建议截图

资料来源：华为心声社区官网。

二、利用大数据构建员工离职分析模型

传统的人力分析采用的大多是滞后性的数据，往往用分析报告、报表、图表等将过往事实展现出来，缺点是很难发现其中的相互关系，因而难以帮助 HR 进行科学的人力资源预测分析和决策。预测分析不是报表、仪表盘、驾驶舱、九宫格，它通过对海量数据信息的分析，挖掘出数据隐藏的关联关系，通过数据分析来提高 HR 的洞察力，以帮助 HR 做出科学的决策。在招聘、薪酬、绩效管理等诸多领域能开展有效的数据化分析，从而为人力资源管理决策提供参考，体现出 HR 的价值与专业性。

以往，当员工提出离职申请时，企业才进行留任干预，但为时晚矣。而大数据分析能够提前预测员工离职倾向。将员工相关的信息如薪酬满意度、晋升轮岗、加班时长、工作压力、绩效业绩等维度以及请假频率、上网投简历等个人行为变化，结合历史上的离任行为等数据信息，通过大数据挖掘技术进行建模分析，能够建立离任预测模型，对员工的离职倾向进行合理预测。通过模型对员工的"离职倾向风险"赋分，根据分数可以提前3~5个月识别出有离职倾向的员工，并提前将员工离职趋势预测反馈给HR，以便HR能够预先制定应对措施，比如，调岗、调薪或提前做好招聘或者人员调配计划等，从而为企业保留关键人才，降低空岗率。

◎名企实践

德勤：大数据预测员工离职

以德勤为例，德勤整合员工的出勤情况、工作时间、加班时间、休息休假时间、对客户的影响、个人绩效以及出差的频率和里程等数据，构建了员工离职统计模型，通过算法识别出离职风险系数排名前10%的员工，数据分析显示其离职意愿是以往研究离职案例的330%，并且能够通过大数据分析预测出离职人物、离职时间和离职原因[①]。

三、构建员工关怀机制，提升员工满意度

Roger Eugene Karnes（2009）研究指出，员工满意度越高，企业发展越有竞争力，他通过统计调查发现，如果企业能够在员工关系管理中加大投入并发挥优势，将获取意想不到的丰厚回报。

员工关怀，是企业可持续发展和员工个人发展获得共赢的有效工具。良好的员工关怀机制，可以提升员工的士气和积极性，从而增强员工敬业度、忠诚度和满意度；良好的员工关怀机制，可以减少员工因工作压力产生的焦虑、无助感，降低员工离职率。

（一）营造家文化，提高员工归属感

为了提升员工归属感，企业可以构建"家"文化，让员工感受到"家"的温暖。除了在节假日、生日、纪念日等给予员工关怀，还可以定期举办员工家庭活动、亲子活动。尽量给予家庭困难的员工以物质帮助和精神关怀。以美国花旗银行为例，该银行设立了"儿童看护计划项目"，建立了定点的儿童看护中心，专门设置了儿童医疗、智力、社会与情绪康乐等课程，为有需要的员工提供便利。

① 姚凯,桂弘诣. 大数据人力资源管理:变革与挑战[J]. 复旦学报(社会科学版),2018,60(3):146-155.

多关注新员工，尽量给员工以生活和工作上的帮助和指导，促使新员工尽快适应新角色，尽快融入企业。

◎名企实践

腾讯 54 张福利扑克牌，打造具备特色的福利体系

腾讯为每位入职的新员工提供了一副"福利扑克"，54 张福利扑克牌，每一张牌代表一种福利，福利项目主要涵盖财富、健康、生活三类。其中，财富类福利主要包括各种节日礼包、慰问金、各种保险、住房公积金等；健康类福利主要包含健康咨询、中医问诊、30 天全薪病假、体检等；生活类福利主要包括腾讯圣诞晚会、员工餐厅、腾讯电影公社、各种协会、家属开放日、15 天半薪事假、春节特别假期、带薪假期等。

在上述各种福利中，最著名的是"10 亿安居计划"。"安居计划"为符合条件的基层员工提供首套房无息贷款，为北上广深一线城市的员工提供 30 万元的无息贷款额度，为其他城市员工提供 20 万元的无息贷款。腾讯专门设置绿色放款通道，确保借款在 5 天内到达贷款员工的个人账户。在还款时，为了不影响员工生活质量，员工可以选择每年在年终奖发放后还款，每年只需还款一次，可选择递增还款模式，员工还款零压力。"安居计划"体现了腾讯设计的福利体系非常人性化，能够真正帮员工解决大难题。

另外，腾讯圣诞晚会具有很好的口碑和反响。圣诞晚会是腾讯员工的大狂欢，每年会邀请一些大牌明星助阵，马化腾曾领衔高管表演《Tencent Style》，吹拉弹唱娱乐节目纷纷上阵，晚会现场还有很多奖品，中奖率超过 50%，2017 年最大的幸运奖是 1000 股价值近 40 万元的腾讯股票。因此，腾讯圣诞晚会广受员工欢迎，造成一票难求的盛况。

腾讯大福利团队用"产品"思维设计福利体系，把每一个福利都当做产品来做，它通过内部论坛等渠道征求员工的福利需求。腾讯的企业文化非常开放，员工有权对福利项目进行吐槽，腾讯大福利团队须每天下班前在论坛上一一回复员工的质疑，接纳员工对福利项目的建议和吐槽。腾讯用开放的产品心态和用心的用户体验作为福利项目的供给标准，正是在这样的机制下，才有了腾讯别具特色的福利体系。

54 张福利扑克如图 8.5 所示。

图 8.5　腾讯福利扑克牌

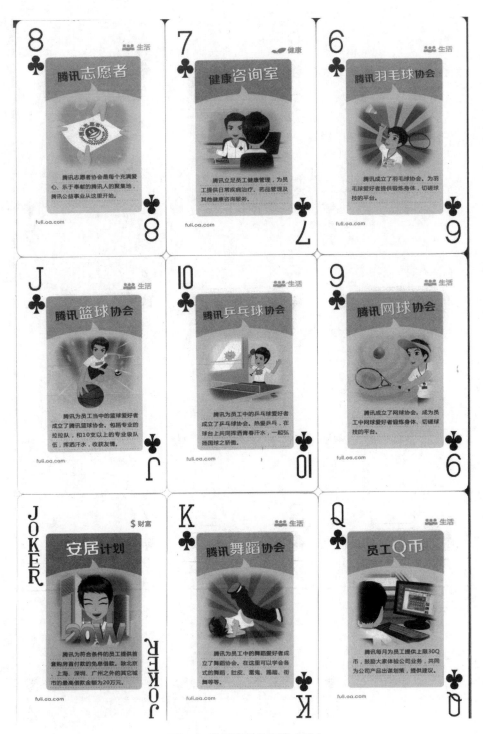

图 8.5　腾讯福利扑克牌（续）

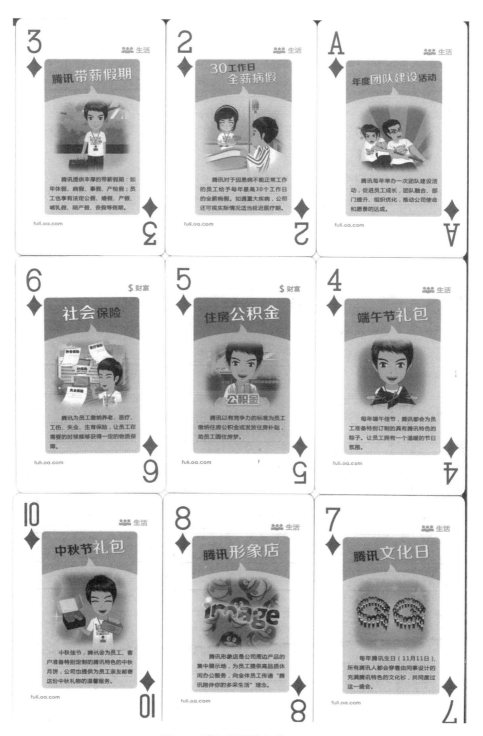

图 8.5 腾讯福利扑克牌（续）

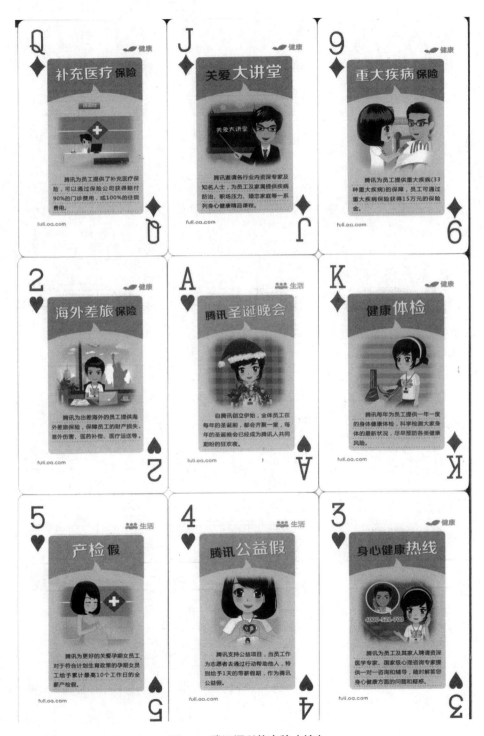

图 8.5　腾讯福利扑克牌（续）

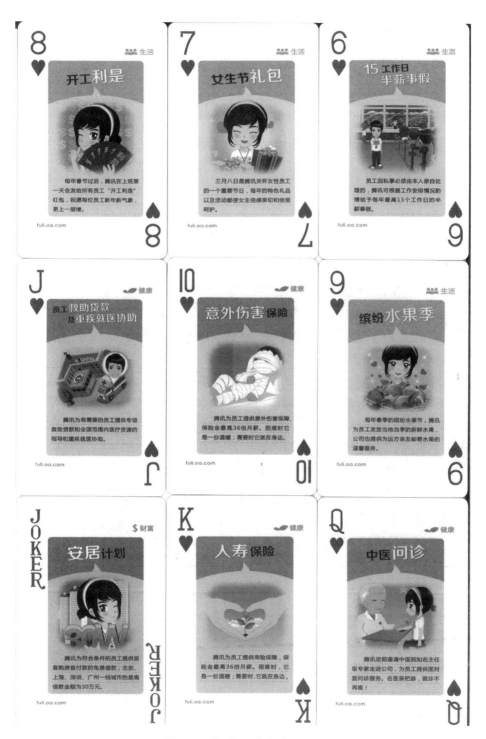

图 8.5　腾讯福利扑克牌（续）

资料来源：https：//www.sohu.com/a/66335678_400173.

（二）营造良好的工作环境

因素激励理论为人们所熟知，其中的"保健因素"包括公司的政策与管理、监督、工资、同事关系和工作条件等，这些因素与工作的氛围和环境有关。因此，要建立安全、舒适的办公环境，可适当增加办公区域绿色植物的数量和面积。

1. Facebook：宽松的工作氛围

Facebook 相当重视员工生活，新建园区占地 22 多英亩，有超过半英亩的步行区和 400 多棵树木，Facebook 在楼顶种树、盖餐厅成为业界美谈。另外，Facebook 的工作氛围也特别宽松。

（1）Facebook 员工在第一时间知道公司的计划和动向，并且被告知应该具体做什么，以及怎样去做。

（2）Facebook 办公环境十分开放。

（3）每周五马克·扎克伯格都会在"每周问答"会议上认真回答员工问题。如图 8.6 所示。

图 8.6　Facebook 工作环境

资料来源：http://www.yidianzixun.com/article/0KQE39E1.

2. 谷歌：工作环境优化设计

谷歌设有专门的工作方式研究小组，通过数据收集、访谈、与焦点小组交流、观察等方式开展研究工作，从而提升员工对于办公体验的参与感。比如，在研究会议室的空间体验时，谷歌从建筑的角度研究会议室的比例、平面布局、地板类型等。

勇于不断尝试、永远保留"未完成"状态是谷歌的一种关键的工作方法。对于大型企业来说，保持快速和灵活是比较困难的。谷歌一般采用这样的工作方式：先在小范围内做实验和模型测试，不断迭代测试。待小规模测试成功后才会尝试规模化，并迅速行动、迅速测试、迅速迭代。如图 8.7 所示。

图 8.7 谷歌工作方式研究小组的工作流程

资料来源：https://www.sohu.com/a/246086711_472773.

谷歌优化设计工作环境，通过科学的数据及实验，为员工提供所需的多种工作环境。谷歌设计别具一格的工作环境来提升不同部门之间的合作水平，而这些精心的环境设计与管理都是在海量数据的分析及探索中实现的。

谷歌重新定义了"办公空间"。规划办公空间时，谷歌非常注重营造开放、邻近的社区，然后围绕社区设计周围的支持空间，如开放的会议空间、非正式会议点、封闭会议室、吧台、微型厨房，人们可以就近交流讨论。如图 8.8 所示。

图 8.8 谷歌营造的工作社区

资料来源：https://www.sohu.com/a/246086711_472773.

　　为减缓员工压力，谷歌打造了一个有趣的工作环境，让员工感觉来公司不是在上班，而是在享受乐趣。谷歌为员工提供了免费膳食和工作间的零食，还提供了一个小憩舱（nappODs）供员工休息，还有乒乓球室及咖啡间、按摩室、瑜伽房、游泳池和健身房等。如图 8.9~ 图 8.11 所示。

图 8.9　谷歌的 nappODs

资料来源：https：//www.jianshu.com/p/a9e51babbee6.

图 8.10　谷歌瑞士苏黎世办公室，将蛋形英式空间作为会议室

资料来源：https：//www.jianshu.com/p/a9e51babbee6.

图8.11　谷歌员工用积木打造的专属工作环境

资料来源：https：//www.jianshu.com/p/a9e51babbee6.

（三）关注员工健康，提供个性化福利项目

1. 利用大数据监控员工健康状况

传统情况下，企业会为员工提供定期健康体检和心理健康评估，大数据技术能够实时监控员工的生理指标和健康状况，能提前预测或发现员工健康问题。因此，企业给员工提供的相关福利发生了转变，由过去的健康体检或者保险等福利转变为针对员工健康提供个性化服务，将过去由于员工疾病缺勤所造成的损失以及医疗支出转变为预防性的保健支出。大数据下的员工健康数据，为评估当前相关健康、生活方面等设施和员工关怀福利项目的有效性提供了数据支撑。

2. 提供健康膳食

为在人才争夺战中取得竞争优势，免费三餐已成为硅谷高新技术公司的"标配"，而且每家公司都试图通过别出心裁的食堂压过对手。比如，房屋租赁公司 Airbnb 不仅给员工提供免费食物、酒精饮料，还打出了"国民经典早餐"新鲜果昔和煎蛋饼这一手"情怀牌"；游戏公司 Zynga 除了烹饪还酿起了啤酒；OpenDNS 公司每周三请一辆不同的旧金山"特色小吃大卡车"来招待员工；提供云笔记服务的 Evernote 公司每天请不同餐厅的厨师上门给员工做饭。

◎**名企实践**

谷歌：基于数据分析的员工膳食

谷歌的员工食堂号称是业内传奇，它在总部园区建了一条美食街，大概有50余家餐厅，花高价聘请了米其林星厨 Brian Mattingly 及其23人团队，每年花费7200多万美元为员工提供美味佳肴，而且三餐完全免费，每周都有固定一天是"菜品研发日"，并且连续四五个月菜谱不重样。为了防止员工变胖，谷歌还请人专门通过科学的数据及实验研究，如何减少员工摄入糖分和脂肪来促进员工的健康。谷歌的免费膳食既满足了员工的胃，也得到了员工的心，是最温暖的员工关怀。如图 8.12 所示。

图 8.12　谷歌华盛顿总部食堂里的一侧

资料来源：https://www.jianshu.com/p/a9e51babbee6.

四、用数智化提升关注员工体验

2023 年 2 月 14 日，全球薪酬和人力资本管理领导者 ADP 全球研究院发布报告《第一要务：员工体验，2023 年人力资源趋势和优先事项》。ADP 认为，员工体验将成为 2023 年企业人力资源管理的焦点，企业发展不仅需守住业务发展底线，回归"以人为本"，聚焦员工个性化体验和发展将是赢得和保留人才的首要任务[①]。如图 8.13 所示。

企业重视员工体验的一个重要原因是良好的员工体验能为公司带来红利，谷歌、雅虎等公司也开始关注员工体验。埃森哲和弗雷斯特的研究显示，如果企业既关注客户体验，又关注员工体验，公司的利润率将提高 21%，而如果仅关注客户体验而不关注员工体验，利润率仅提高 11%。雅各布·摩根（Jacob

---

① ADP. 第一要务：员工体验，2023 年人力资源趋势和优先事项[R]. 2023.

Morgan）的研究显示，投资于员工体验的公司在业绩上表现更佳。

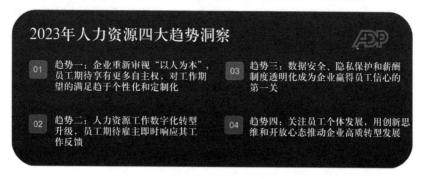

图 8.13　ADP 2023 年人力资源四大趋势

资料来源：https://business.sohu.com/a/640793601_121124374.

当今，用数据化手段提升员工的体验已是大多数企业的共识。人力资源共享会与易才联手打造了《第六届人力资源共享服务中心调研报告》，报告中指出，良好的员工体验应具备两个特点：一是重视员工需求，即企业具备完善的、便捷的需求收集机制，并能及时响应与反馈需求。二是企业具备卓越的数字化服务方案与产品，即能提供覆盖从招聘、入职直到离职的员工职业全生命周期各环节一站式服务（见图 8.14），实现服务的自助式、便捷性和无感化，实现人力资源"管理建在制度上，制度建在流程上，流程建在系统上，系统建在数智上"，提高了办事效率，提升了员工体验。

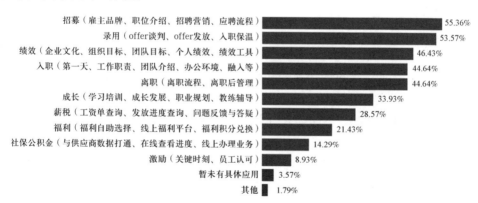

图 8.14　数字化在员工生命周期各环节的应用

资料来源：HR 智享会与易才.第六届中国人力资源共享服务中心调研报告［R］.2022.

（一）华住集团：快速应对变革，引领更为卓越的员工体验 [1]

1. AI 智能问答机器人

针对个性化的咨询问题，华住梳理出对应的 SOP 与标准化政策话术，确保能

---

[1] HR 智享会与易才.华住集团:快速应对变革,引领更为卓越的员工体验［R］第六届中国人力资源共享服务中心调研报告,2022.

够提供较为稳定的咨询服务；针对区域性政策问题，如社保、公积金的落地政策，则与人力资源供应商协作，将他们的专业知识与系统整合；而针对企业中被高频咨询的问题，通过梳理与整合，可以由 AI 智能问答机器人进行快速响应，提升服务效率与员工体验。

2. 基础人事操作的线上化、无纸化

在数字化系统与工具的"加持"下华住实现了"入、离、调、转"等基础人事操作的线上化、无纸化。员工不再需要为"盖章"而来回跑，新员工可以在线提交入职资料的电子文档，实现自助入职，在线签订电子《劳动合同》，还可以线上完成相关流程的审批，线上自助办理各类人事证明……

3. 借助移动端平台，随时随地查询相关信息

员工通过移动端平台可以随时随地自助查询组织发展、员工培训、晋升成长、薪酬福利、绩效等多方面的信息，这减少了线下的会议沟通或邮件的往来，提升了沟通效率。

（二）无限极：基于"文化、物理、技术"三个抓手的员工体验

无限极主要通过"三个维度：物理、技术、文化"打造员工体验。

1. 物理空间

无限极 HRSSC 通过了解员工在办公室内一天的活动行程，梳理出了员工的日常上下班的通勤、打卡，办公位置的体验比如座椅、桌子的舒适程度，用餐、茶水间、洗手间、会议室等各种场景的体验清单，从而进一步完善员工在物理空间方面的体验感。

2. 技术平台

企业通过技术领域的完善，让员工体验到数字化工具、技术的使用给工作带来的便利性。例如，通过内部流程和系统的打通，员工可以查看所有在招岗位并实现一键点击提交转发简历，在一个入口完成查看考勤、请假、开具证明、查看工资单，以及办理调动、离职等人事手续，实现内部流程的便捷化、高效化。

3. 企业文化

无限极把员工的实际体验和企业文化相连接。作为一家以制造中草药健康产品为主的公司，无限极会把一些员工体验的活动跟中草药或者养生相关的话题关联。以不同的节日为例，企业在"三八妇女节"会以健康养生的相关话题安排活动，组织员工参与插花活动，以及发放健康养生的产品。在元宵节时公司会组织灯谜会，灯谜会的谜面会穿插一些与中草药相关的内容，活动现场还会制作包含中草药的创新奶茶送给员工们品尝。通过这些体验活动，让员工更深刻地了解企业文化，认同企业倡导的中草药养生理念。

4. 员工体验地图

无限极按照员工职业全生命周期绘制了员工体验地图（见图 8.15）。通过员工声音输入、外部视野探索和职业全生命周期痛点及需求梳理，最终输出员工体验

机会清单。

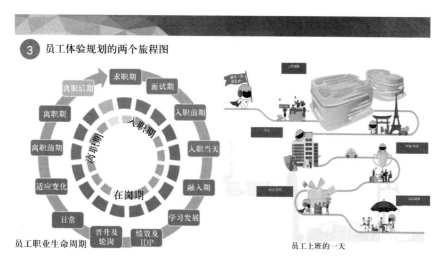

图 8.15 无限极员工体验规划的两个旅程

资料来源：https://www.sohu.com/a/648517584_99975402.

（三）蒙牛"牛 Life"系列员工全生命周期体验服务[①]

蒙牛推出的"牛 Life"系列员工全生命周期体验服务，从招聘到离职的各个阶段，会进行相关推送，包括生日、周年、晋升、转正、孕期、节日、退休、离职等。在常规产品外，蒙牛同步打造一些爆点产品，结合蒙牛的"牛"特色，创造了专属于蒙牛的词条，贯彻员工的整个周期。

1."牛小新"

蒙牛将新员工称为"牛小新"，入职后会接收到"牛小新"系列的文章海报推送，涵盖企业简介、规章制度、贴心提示、学习平台简介等内容，以帮助新员工更快适应工作环境。

2."牛周岁"

员工生日、入职周年纪念日蒙牛会推送"牛周年"系列，以展现高度的企业人文关怀。

3."可牛啦"

员工有突出表现获得相应的荣誉时，蒙牛会推送"可牛啦"系列，提供一个自我激励与企业激励的环境，以满足员工的自我成就感和归属感。

4."牛绽放"

不定期举办员工风采展示课堂，树立榜样形象，弘扬榜样力量，让优秀员工获得成绩感的同时能够激励全体员工。

---

① HR 智享会与易才.蒙牛:敏捷时代下,通过数字化手段提升全生命周期的员工体验[R].第六届中国人力资源共享服务中心调研报告,2022.

5. "New 征程"

蒙牛在员工晋升方面设置了"New 征程"系列，在相应的节点推送晋升信息，帮助员工更好地了解自身发展。

6. "牛安心"

对于员工的家庭蒙牛也推出了"牛安心"系列福利，比如说对员工父母的孝心计划、子女商业险等系列。

7. "牛油果"

蒙牛对于怀孕的员工也有特殊的关怀，除了基本的产假保障外，蒙牛推出了"牛油果"系列，涵盖孕妇保险、妈咪请假秘籍、宝宝孕育、宝宝成长等一系列项目，尽力让员工感受到企业高度的人文关怀。

8. "盼牛归"

对离职和退休员工推出了"盼牛归"系列，在员工离开蒙牛时进行暖心的"软席活动"，社保、公积金的协助办理，以及退出后延长一公里，针对重点离职人群建立离任社群，保持动态追踪。如图 8.16 所示。

图 8.16　蒙牛"牛 Life"系列员工全生命周期体验服务

资料来源：http：//www.hrecchina.org/resource/?ID=18.

除常规产品外，蒙牛着力打造几款爆点产品，提升员工与公司的互动性，2021 年底，推出产品——HI 你的薪喜，以年终账单的形式提供员工在公司的时间、参加会议次数、审批 OA 数量、学习时长、收入情况，以及年度关键词，整体反响很好。

2022 年推出在蒙牛必打卡的 100 件小事，目的是在打卡文化盛行的时代，以游戏打卡的形式，提升员工在司体验感、互动感，增强员工与组织情感链接，塑造组织经典体验，以及拉动组织黏性。如图 8.17 所示。

图 8.17　蒙牛员工必做的 100 件事

资料来源：http://www.hrecchina.org/resource/?ID=18.

　　蒙牛对于员工的关怀从源头的诉求收集到最终的需求反馈，都紧紧围绕"用户"这个中心，从员工的角度看体验，涵盖员工工作、家庭生活等多个场景，让员工掌握与工作有关的信息和动态，全力提升员工体验感。

五、管理去中心化，员工管理自主化

　　互联网、移动终端设备、人工智能、物联网等科学技术的迅猛发展，改变了组织各层面各职责角色，打破了原有管理模式。钉钉、腾讯会议等大量的新技术使网络会议成为可能，物联网使实时考核成为可能，而互联网的发展使员工线上居家办公成为可能，不需要聚集在办公室工作。这些都在重塑人们的工作习惯和预期，网络的互联互通使世界变为"地球村"，人们可以不分时间、地点联系到世界任何地方的人，员工工作自由度大大增加，而不必与企业束缚在一起，传统的管理模式和管理措施对员工的影响在变小，员工拥有的选择权日益增加。以前的员工关注的福利是动听的头衔、专属的停车位、独立的办公室等物质收益，"90后"的员工更关注工作的独立性和自主权、工作与生活平衡、弹性工作时间等心理收益，这更匹配他们崇尚自我、随性而为的个性和对应的工作习惯。

　　大数据时代，组织机构从原有的金字塔式逐步扁平化，有机的、灵活的和富有弹性的组织结构更能适应当下大数据时代的要求。管理模式由以上级为中心的独裁式管理转变成开放式协作。"小米的合伙人负责制"与"去KPI"都是在淡化组织自上而下的权力中心意识，组织整体面对市场和客户需求的反应最快、距离最短、内部交易成本最低。

大数据和人工智能时代改变了组织的沟通模式，传统的沟通模式采用自上而下层层传达，大数据时代员工间信息沟通突破了传统结构化方式，信息传递更快捷、更高效化。社交网络使员工间的交互方式不断改变，产生更多交互式数据，加强了员工自主性管理，使组织对员工的管控更加困难。因此，企业要适应大数据和人工智能发展的时代需求，发挥员工的主动性，真正实现"去中心化"管理[①]。通过大数据对员工行为及需求进行精准分析，为员工量身定制个性化服务，提高员工满意度和忠诚度，从而构建良好的员工关系，提升组织吸引力[②]。

---

① 周卓华. 大数据和人工智能时代企业人力资源管理策略探析[J]. 领导科学,2020(12):98-101.
② 刘飞. 大数据背景下组织人力资源管理流程创新研究[J]. 吉首大学学报(社会科学版),2017,38(S2):33-35.

第九章　大数据时代企业人力资源管理面临的挑战及对策

随着大数据技术的蓬勃发展和广泛应用，大数据技术所带来的巨大能量和价值将引发"井喷式"的产业升级和变革创新，对社会发展、企业经营管理以及员工生活工作方式将产生广泛而深远的影响。毫无疑问，将大数据和人工智能等现代科学技术融入企业人力资源管理已是大势所趋。大数据带给 HR 的不仅有发展、机遇和便捷，同时给企业带来了员工数据安全的保护缺位、复合型人才匮乏、搭建人力资源管理大数据平台的时机尚不成熟等诸多挑战。如何把握新兴信息技术带来的风险及挑战，形成数据思维和智能化管理，在此基础上提出有效的人力资源管理策略，提高企业经营管理效能，是企业管理者面临的一个现实课题。

第一节　大数据时代企业人力资源管理面临的挑战

一、员工数据安全的保护缺位

企业数据包括三种类型：结构化、半结构化和非结构化数据，结构化数据主要出现在企业 ERP 系统、采购系统、人力资源系统、财务系统等数据库中，半结构化和非结构化数据以图片、音像、网页、文字等形式出现在诸如亚马逊、淘宝等电商平台、QQ、微信等即时通信工具以及微博、Facebook、Twitter 等社交网络平台中，以及云端、移动端的信息平台。这些数据既包括企业内部数据，也包括企业外部数据。企业内部数据既包括员工基本信息、绩效考核、培训、招聘、调配、离职、薪酬福利等人力资源管理数据，也包括财务、销售、生产、客户反馈等职能数据，是企业内部拥有的数据。外部数据指个体在组织外部非工作时间所产生的行为数据[1]，包括诸如社交数据、经济数据或社会趋势等数据，

---

① 王洪元.大数据时代人才甄选模式变革:驱动与策略[J].合肥工业大学学报(社会科学版),2016,30(4):7-8.

是从企业外部免费获得或者从其他组织购买的数据①。如表 9.1 所示。

表 9.1　企业内外部大数据

企业内部数据	基本数据	性别、年龄、教育经历、工作经历、技能、荣誉证书、家庭情况、收入等
	职能数据	财务、销售、生产与运营、客户反馈、组织核心战略、团建与工会等活动和项目参与记录
	人力资源管理数据	绩效评价等级、360°评价数据、目标达成度数据、继任人才计划、出勤记录等绩效数据；人员培训与开发、领导力培养、招聘、调配、离职、薪酬福利等数据
企业外部数据		网络使用（关注、分享、发帖、评价、点赞等）、购物、社交、出行、情感、经济数据、社会趋势等半结构化或者非结构化数据

资料来源：李育辉，唐子玉，金盼婷，梁骁，李源达. 淘汰还是进阶？大数据背景下传统人才测评技术的突破之路［J］. 中国人力资源开发，2019，36（8）：6-17.

　　大部分数据在采集时都包含了个人信息，除此之外，企业通过网络招聘提取了求职者大量数据，不仅包括与工作有关的知识、技能、经历、素质等数据，还包括诸如身份信息、住址信息、通信信息等与生活有关的大量隐私数据以及财务数据等，即便这些数据并未公开且仅仅用于人才招聘，即便获得了候选人的知情权，但仍会给候选人造成窥探个人隐私的不安全感和不良应聘体验。另外，算法预测需要收集大量员工个人数据，还会抓取员工在个人社交媒体上的信息，很容易造成隐私侵犯②。尽管这些隐私数据在招聘时能提升人岗匹配，但大数据技术的广泛应用使大量个人和企业商业数据变得透明化③。

　　个人隐私问题是大数据技术在人力资源管理应用中面临的最大挑战。只要数据信息被共享，数据安全就难以保障。在数据提取和数据共享时，数据安全也越发难以控制。如果数据使用不当会造成个人隐私泄露，甚至牵扯到法律问题。若个人隐私和商业机密数据一旦丢失，则会引发数据安全风险。

　　目前，企业的数据安全意识还不强，数据安全防范技术还不成熟，数据安全管理缺失，一旦泄露员工隐私信息，会影响或者困扰员工生活。如果泄露企业的商业秘密，则会影响企业的发展，甚至对企业也造成一定的挑战和威胁。因此，数据的合理运用以及安全与隐私的保护将成为人力资源管理的重点，也是企业需要解决的难题。

① 周卓华. 大数据和人工智能时代企业人力资源管理策略探析［J］. 领导科学，2020（12）：98-101.

② Tambe P，Cappelli P，Yakubovich V. Artificial Intelligence in Human Resources Management：Challenges and a Path Forward［J］. California Management Review，2019，61（4）：15-42.

③ 姚凯，桂弘诣. 大数据人力资源管理：变革与挑战［J］. 复旦学报（社会科学版），2018，60（3）：146-155.

二、既懂数据又懂人力资源管理的复合型人才匮乏

一项调查显示：服务个性化、需求细化以及数据化是人力资源管理发展的三大趋势。企业将大数据应用于人力资源管理中，用大数据技术挖掘对企业管理有价值的东西，旨在用数据说话，通过数据看清管理本质，为人力资源管理实践活动提供决策支持，从而提升企业管理效能。

企业拥有大量的人力资源数据，既有静态的数据，也有动态的数据；既有能力数据和效率数据，也有原始数据和潜力数据等，而这些数据大多不能直接使用。因此，企业需要从庞大的数据库中筛选有价值的数据，去伪存真、开展数据分析挖掘有价值的信息，这需要专业的数据分析人才。

大数据和 AI 时代的 HR 需要具备数据化思维和现代化视野，不但是懂得行业知识、专业知识的管理专家，而且是数据专家，是名副其实的复合型人才。数据专家通过专业的数据分析洞见业务发展趋势。由于大数据横跨多个学科，数据专家不但要精通信息技术和数据分析，而且还需掌握统计学、心理学、组织行为学、人力资源管理、生产运作与企业经营等领域的知识[1]。HR 也要具备跨学科能力，能够洞见人力资源管理过程中的发展趋势和动态发展，能凭借大数据分析结果做出精准科学的决策。但因为专业差异大，人力资源专家和数据专家间时常无法有效沟通。在进行人力分析时，要求人力资源专家或者数据专家既熟悉人力资源管理和公司战略目标，又能从大量数据中挖掘和分析以进行商业洞察。由此可见，无论是数据专家还是人力资源专家，都不能独立完成大数据人力资源管理的全部工作。然而，HR 对数据不够敏感，对数据分析、数学建模、机器算法更是知之甚少，数据专家对人力资源管理也不够敏感。

大数据和 AI 技术的广泛应用造成了数据分析人才的紧缺。麦肯锡公司相关数据统计，2018 年美国专业数据分析人才缺口达到 14 万~19 万；熟悉大数据应用技术同时了解组织需求的管理者缺口达到 150 万人。因此，专业的数据分析人才很稀缺[2]。在人才市场上，HR 供给较为充足，但懂数据分析的 HR 供不应求，特别是人力资源数据分析师、算法工程师。HR 在短期内也很难具备数据分析能力，很难成为大数据和 AI 时代复合型人才[3]。因此，既懂数据又懂人力资源管理的复合型人才就成为各大企业争相抢夺的对象。

---

① 李琳. 大数据时代人力资源的创新管理[J]. 领导科学, 2014(29):56–57.

② 韩燕. 大数据在人力资源管理领域的应用价值与挑战[J]. 经济研究参考, 2016(56):51–56.

③ 周卓华. 大数据和人工智能时代企业人力资源管理策略探析[J]. 领导科学, 2020(12):98–101.

三、搭建人力资源管理大数据平台的时机尚不成熟

1. 数据体量不够大，达不到"大数据"的要求

"数据体积大"是大数据的首要特征，以往容量在 10GB 的数据量便是天文数字，而目前数据规模达到以"TB"为单位已经很普遍，达到 PB、EB 级别才可以称为"大"数据。现在大多数政府机构与企业的组织规模并不大，就算是万人规模的企业所产生的全部数据量也只能达到 GB 级别，与大数据的"大"的 PB、EB 级别相差甚远，尚未达到利用大数据分析的级别，况且 GB 规模的数据量通过传统的技术方法便可以解决，并不需要大数据技术。如果要用大数据技术处理除了有点"大材小用"，还有可能更低效。另外，一些难以量化的非结构化数据也未必能用大数据技术来处理。

2. 数据获取渠道尚未规范，获取成本高

传统的人力资源管理是基于企业内部结构化数据开展工作的，而大数据下的人力资源管理仅依靠企业内部的结构化数据远远不够，还需要大量的企业外部的半结构化以及非结构化数据，包括从员工、客户、竞争对手、政府、社交网络、购物平台等处获取数据。目前，数据获取渠道主要有两种方式：一是企业自主收集内部数据；二是借助数据提供商或者专业服务商的支持来完成数据收集。内部数据获取相对较为容易，能够根据企业需求有针对性地收集数据，安全性比较高，但数据收集成本高，对企业的价值比较有限。借助专业服务商获取数据可以弥补内部数据的短板，还具有较为优越的成本优势，但往往只能获取一些标准化的数据，很难满足企业的个性化需求，也存在着泄露数据的风险。

除此之外，目前国内关于大数据管理的法律法规还不健全，尚未规范外部数据购买与使用程序，难以从外部正规渠道获取诸如网络使用、社交、购物、信用、情绪、出行等行为数据，获取成本也较高。同时，有效数据采集困难。数据不仅来源多样，而且缺乏连贯性，还有大量不相关的干扰数据，甚至有误导性数据，低价值密度的信息增加了有用信息提纯的难度，继而导致决策困难。因此，绝大多数企业尚未搭建起成熟的人力资源管理大数据平台[①]。

第二节　大数据时代企业人力资源管理应对挑战的对策

一、数据安全风险防范措施

个人隐私问题是制约大数据在人力资源管理中发展的最大瓶颈和潜在风险。

---

① 萧鸣政,唐秀峰.中国人才评价应用大数据的现状与建议[J].中国行政管理,2017(11):6-11

若想大数据在人力资源管理中能够顺利实施，则需要从多个不同的层面深入研究。

（一）技术层面

在技术层面，应构建既能充分挖掘人力资源大数据的商业价值，又能减少对个人隐私的大数据系统。比如，开发自动化的数据处理技术，通过数据脱敏减少员工隐私信息的泄露机会。

（二）政策层面

在政策层面，制定相关的法律法规和行业规范，明晰其应用的边界和运行的规范性，明确数据产权属性。比如，个人在社交媒体平台或求职网站上的数据信息产权归属问题，明确这些网络平台上的数据产权是归属于平台还是个人。网络平台能否利用这些数据开展商业分析，网络平台能否将数据出售、转让给其他组织……①

（三）应用层面

企业在数据应用层面中主要面临以下风险：一是企业的商业机密和个人的隐私数据被泄露的风险；二是储存过程中的错误信息风险；三是数据安全方面的风险。若不对数据应用过程中的风险进行防范，则会给企业或者员工带来一定程度的影响。因此，在大数据使用层面，企业应建立规范的数据收集、使用和数据保护措施，以做好数据安全风险防范：

1. 采取数据安全保护措施

在数据收集和数据处理过程中，为了有效防范数据安全风险，企业应安排专职人员对数据进行收集和储存，使数据分类有序，便于处理数据和应用数据。

除此之外，企业应该采取保护数据安全的相关措施。一是利用大数据认证技术确认用户身份，通过准入制度防止攻击者的侵入；二是建立数据"防火墙"来保护员工的隐私；三是及时备份数据以应对数据的丢失和系统崩溃的风险。

2. 保护数据隐私

一是建立大数据收集和使用监管机制，界定责任划分，保护数据隐私；二是企业需要不断完善数据匿名保护制度，如在数据使用过程中，通过数据的模糊处理、匿名处理等技术手段最大可能地隐藏员工个体隐私，这样可以有效保护员工隐私。

3. 建立责任追究机制

完善责任追究制度和问责机制，明确责任到位到岗。如有投诉，严格追责。

4. 建立数据安全监督制度

企业应定期或不定期检查数据平台的运行状况，如果发现数据安全问题应及时处理，"将问题扼杀于摇篮之中"。另外，在日常工作中要加强数据安全防范意识的宣传和教育，从全员的安全意识方面进行防范，特别是提高程序员、网络员

---

① 姚凯，桂弘诣. 大数据人力资源管理：变革与挑战［J］. 复旦学报（社会科学版），2018，60（3）：146–155.

及相关工作人员等的数据安全防范意识，开展定期或不定期的监督检查和审计工作，规避数据工作人员的道德风险。

二、培养复合型人才，构建企业人才库

（一）创新人才培养机制，培养企业复合型人才

美国管理协会（AMA）的一项调研显示，HR 的数据分析能力在研发、财务、运营等人员中是最差的。腾讯人力资源平台部总经理马海刚认为，大数据和人工智能时代下，HR 需从信息化和数据能力方面进行数据化转型升级。信息化升级指 HR 需要通过移动端、云端、BI 等新技术有效连接 COE、HRBP、SDC、管理者和员工，从而促进人力资源管理的革新。数据能力升级指 HR 要掌握数据的分析、挖掘、建模、验证、管理改进等一系列的技能，依据数据分析进行有效的人力资源配置[①]。

大数据人才主要包括两大类：一是解决业务领域问题的人才；二是处理数据自身问题的人才。具体包括领域大数据应用人才、大数据工程师、大数据分析师和数据科学家等。企业要未雨绸缪，创新人才培养机制。企业应树立数字化思维、前瞻性视野和人才兴企的理念，加大对大数据人才的引进和储备。

1. 从外部引入大数据人才

人才引进是满足人才需求的最快速的办法。企业可以从外部引入开发人力资源管理系统的数据工程师，以及具有数理统计知识、人力资源学科背景、能够应用大数据分析工具开展数据挖掘的人才[②]，从而搭建企业的大数据人力资源管理团队。

2. 从内部培养大数据人才

一是以学历教育与应用培训为主，培养既具备人力资源管理、心理学、企业管理、信息科学和技术、数据分析、数学建模等专业知识，又具有良好职业适应性、创新能力、AI 技术应用能力和数据素养的复合型人才，建设一支高水平的大数据 HR 队伍，为企业高效可持续发展提供人才保障。

二是通过对企业现有的 HR 进行大数据技能培训，使其掌握当下主流的数据挖掘工具和数据分析技能，熟悉大数据在人力资源管理领域的应用实践，从而提高现有 HR 的大数据应用能力。

3. 搭建学习型组织

2015 年，日本野村综合研究所在一项研究报告中明确指出：未来 10~20 年将有 50% 的职位被机器人或者 AI 取代，其中专业知识和技能要求较低的工作

---

① 张欣瑞,范正方,陶晓波.大数据在人力资源管理中的应用空间与挑战——基于谷歌与腾讯的对比分析[J].中国人力资源开发,2015(22):52-57+73.
② 萧鸣政,唐秀峰.中国人才评价应用大数据的现状与建议[J].中国行政管理,2017(11):6-11.

岗位容易被替代，如行政文员、收银员、保安、保洁以及酒店服务员等。在大数据、AI、区块链等新兴技术逐步普及和应用的背景下，企业必须建立学习型组织和人才培养机制，通过智慧学习云平台为员工创造学习条件，以提升员工的数字化和智能技能，以有效应对大数据和人工智能时代给企业带来的冲击[①]。

（二）组建大数据人力资源管理团队

为有效解决复合型人才的匮乏，企业还要建立一支优势互补的专业管理团队，团队成员应拥有人力资源管理、组织行为学、统计学等专业背景，抑或具备管理咨询、顾问、系统开发、大数据、软件工程、信息管理、数据库、统计分析、人力分析等一项或多项知识、经验、技术，从而实现优势互补，将大数据挖掘、分类、预测等技术有效、科学、精准地应用在人力资源管理[②]。

比如，搭建腾讯SDC大数据人力资源平台的团队主要由三类人员组成：数据共享服务中心的成员、电子化人力资源管理及业务区域的核心人员，这些人员多为跨界人才，大多具有HR、管理咨询、信息技术、数据库、系统开发等复合工作经验和背景[③]，具备数据库运营与维护、大数据处理与分析及算法能力，以及在HR、组织行为学等方面具备实证研究能力和数据分析能力。因此，在HR大数据团队方面，腾讯工作职能多元化。

◎名企实践

谷歌的人力运营团队

谷歌的人力运营团队起源于人才与创新实验室（PiLab），PiLab曾被誉为"世界上最贵也是最高效的人事部"[④]，团队致力于研究人们在工作场所中的体验，旨在找出最大化提升员工满意度和团队效率的方法。谷歌的人力运营团队侧重学位背景的多元化，其团队成员构成是经典的"三三三"法则，其1/3成员是传统的HR人员，1/3是高端、策略顾问类型的人，还有1/3是高学历的数据分析专业人员。

谷歌人力运营部的数据分析师是一个由十几位毕业于知名院校统计学专业博士组成的队伍，他们主要研究企业人力资源制度和员工绩效之间的关系，并根据研究结论及时修订企业薪酬福利制度和员工升迁制度等，以给员工提供良好的人力资源环境。如图9.1所示。

---

① 周卓华.大数据和人工智能时代企业人力资源管理策略探析[J].领导科学,2020(12):98-101.
② 孙雯.大数据人力资源管理的实践与探索[J].税务研究,2018(3):111-114.
③ 西楠,李雨明,彭剑锋,马海刚.从信息化人力资源管理到大数据人力资源管理的演进——以腾讯为例[J].中国人力资源开发,2017(5):79-88.
④ 拉斯洛·博克.重新定义团队:谷歌如何工作[M].北京:中信出版集团,2015.

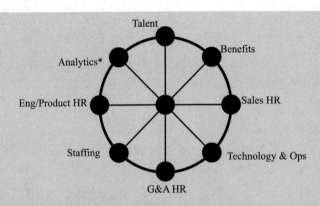

图9.1 谷歌的人力运营部门架构

除了统计学专业以外，谷歌的人力运营部成员还来自金融学、组织行为学、心理学等专业领域，人力运营部主要开展以下工作：推算出最优面试模式以确保招聘到最佳应聘者；通过构建员工离职模型以数据分析出哪些员工在企业发展较好、哪些员工最可能中途离职等问题；通过薪酬机制的研究来分析如何长期维持员工的满意度等，帮助谷歌制定最佳薪酬激励制度以留住高层次人才等。除此之外，人力运营团队研究的内容既包括人员配置、领导、管理、公平、包容、文化、员工敬业度、福利等问题，也包括驱动快乐、成长、健康和生产力的工具设计①。

谷歌的人力运营团队在智能化招聘、打造多元人才队伍、人才保留、管理经理人、工作环境优化设计等方面卓有成效，这是谷歌人力资源管理模式的核心内容，同时也是谷歌人力运营部积极影响企业绩效的最有力证明②。

（三）建立企业后备人才数据库，满足紧缺人才供给需求

大数据和 AI 背景下的人力资源管理侧重于用数据说话、用各种数据进行洞察、用数据分析结果帮助 HR 开展人力资源管理决策，因此，人力资源团队成员应包含计量专家和数据挖掘分析专家、复合型 AI 技术人才和管理人才。

在当前大数据和 AI 逐渐普及和应用的大背景下，在大数据人才和复合型人才非常紧缺的情景下，为了应对不时之需，及早地、有效地储备优质人才，一般企业均会建立后备人才库。后备人才库可以帮助企业实现两个目的：一是当面临岗位空缺时，可以快速调动后备人才库的资源来填补职位空缺。二是开拓人才甄选的渠道，提高招聘成效。建立后备人才库的方式有如下几种：

1. 内部后备人才库的建立

在外部人才难觅的情况下，充分发掘企业内部人才的潜力，有效盘活内部人力资源，通过送外培训、内部培训、工作调配等方式培养现有的数据人才及有潜力的员工，以储备大数据人才和复合型人才。

---

① 马海刚.HR+ 数字化：人力资源管理认知升级与系统创新[M].北京：中国人民大学出版社,2022.
② 张欣瑞,范正芳,陶晓波.大数据在人力资源管理中的应用空间与挑战——基于谷歌与腾讯的对比分析[J].中国人力资源开发,2015(22):52–57+73.

2. 将未录用候选人纳入后备人才库

招聘时面试未录用的候选人纳入企业后备人才库，面试时多挖掘候选人的潜能，详细记录候选人个人信息、应聘过程中的表现、未录用原因，建立候选人对企业的好感，告知候选人将其纳入企业后备人才库，以便未来企业招聘时，为其推荐合适的职位，全面掌握与企业有交集的人才的信息。

3. 利用社交媒体获取更多的候选人

利用各种外部平台收集人才信息，比如利用如 Teamable 招聘平台，在社交网络平台应用人工智能算法挖掘企业员工社交网络中的人脉，并将其推荐到企业人才库中，从而帮助企业丰富后备人才，满足紧缺人才的供给需求①。

4. 用招聘管理系统搭建智能人才库

传统的企业后备人才库，可能存放在电脑上、文件袋里、文档或者招聘平台里，但随着大数据技术的应用，企业逐步将人才库建立在基于大数据的招聘管理系统上。招聘管理系统不仅可以提供多种人才入库渠道和方式，还自动收集各个招聘渠道的求职简历，并能够统一所有求职简历模板。为方便后续筛选，智能人才库还能自动为候选人打上职位类别标签、行业标签和技能标签。特别是，招聘管理系统还能实现企业与人才库候选人的互动，定期向后备库候选人发送邮件或短信，提醒候选人更新简历，在法定节假日向候选人推送节日问候，在候选人生日时发送祝福，让企业和候选人建立持续性联系。还可以发送企业新闻、公司活动，让候选人不断了解企业，从而对企业产生兴趣，一旦企业有招聘需求，HR便可向候选人推送招聘职位信息，迅速锁定候选人。

三、建立行业数据共享平台，规范数据获取渠道

（一）建立行业层面的人力资源数据共享平台

针对绝大多数企事业单位人力资源管理数据量达不到"大数据"的条件、运用大数据技术未必比传统数据分析更有效的问题，为了形成规模经济，政府机构或者相关行业协会等组织可以考虑从行业角度出发，收集同一行业各类企业的人力资源管理数据，并进行汇总、挖掘、分析数据，然后将人力资源管理数据在企业间共享，即通过企业间共享组织内部信息的方式来获取外部信息。简单来说，也即采取行业协会联名的方式建立人力资源管理大数据共享平台，并配套相应的规章制度，规范数据共享平台的准入条件与运行程序，并对数据上传、数据分析与使用、数据安全管理等环节进行约束管理。加入该共享平台的企业需遵守约定在平台上分享脱敏的员工绩效与工作行为数据，作为回报，企业可在该共享平台

---

① 周卓华.大数据和人工智能时代企业人力资源管理策略探析[J].领导科学,2020(12):98-101.

上"各取所需"，获取企业所需要的各种数据。

随着参与人力资源管理大数据共享平台的企业数量的逐步增多，收集到的数据规模会逐步变大，当数据量达到大数据所要求的数量，就可以发挥大数据技术的先天优势，对整个行业的人力资源管理数据进行深度挖掘与分析，为企业人力资源的科学决策提供依据，从而在提升企业人力资源管理效能的基础上推动整个行业的发展。

（二）推动数据管理的相关监管与立法工作

人力资源管理是开放性的，诸如人力资源规划、招聘、薪酬管理等职能模块需要不断与外界进行交互才能真正发挥效能，因此，科学的人力资源管理需要外部数据的支撑。随着大数据技术的快速发展与应用，毫无疑问，外部数据交易的需求量将激增，但目前我国尚未制定数据管理的法律法规，亟待规范管理数据收集渠道、数据收集与数据交易的边界范围、交易程序、交易方式、数据所有权归属、数据使用、个人隐私与商业数据保护等一系列问题。因此，对于政府层面来说，应加强对数据管理的立法工作，强化对于自主拥有大数据的组织机构的有效监管[①]。

（三）扩大数据收集规模

一是加强顶层设计。整合现有的各类信息平台，完善"一点录入、多点调用"的数据自动整合聚合功能，尽量减少数据的手工录入和人为干预。

二是拓展内、外部数据的来源和渠道。除收集关于员工基本信息的数据和人力资源管理数据外，也要收集在企业管理过程中产生的职能数据。另外，还可以尽可能多地收集来自社交、情感、消费等平台的外部数据，为人力资源管理的数据化分析奠定数据基础。

三是建立、健全数据处理系统，借助传感器，利用系统日志、爬虫技术等采集技术，通过有效的数据平台收集人力资源管理数据分析所需要的相关度高、价值高的非结构化数据，运用混杂数据、文本信息进行深度挖掘。

四是启用派生数据。派生数据具有价值高、便于分析、使用频率高等特点，它是由源数据进行简单计算形成的。为此，企业要明确数据统计范围和计算逻辑，强化派生数据的标准化建设。

---

① 萧鸣政,唐秀锋.中国人才评价应用大数据的现状与建议[J].中国行政管理,2017(11):6-11.

第十章　大数据背景下的人力资源管理应用实践

　　数据智慧的开启、大数据时代的到来，人们数据采集、存储和处理数据的能力大幅提升，令数据使用渗透到人们生活中的每个角落，企业的生产运作和管理方式也将随之发生深刻改变。许多知名企业将大数据思维和大数据、人工智能等新兴科技用于人力资源管理实践，给人力资源管理带来了深刻影响，改变了人力资源管理模式，提高了人力资源管理效能，提高了 HR 的工作效率。本章介绍了百度、蒙牛、北森的大数据人力资源管理应用实践。

第一节　百度大数据人力资源管理实践

　　作为中国互联网行业的领军企业，百度充分发挥其在人工智能和大数据方面的天然优势，但同其他高科技公司一样，百度在人力资源管理上面临着诸多共同挑战，为解决中层管理者欠缺管理经验等软技能、岗位轮替变化很大、管理机制跟不上企业发展速度等问题，百度做出了很多具有前瞻性的探索，组建了面向智能化人才管理的专业复合型团队——百度人才库（Baidu Talent Intelligence Center, TIC）。

　　TIC 团队没有任何范本，也没有任何先例，他们从商业角度出发，与百度各层次的人才管理专家、员工进行了多维度的交流，并基于他们拥有的 10 万以上的既往员工数据和在职员工数，以及大量的外部公开数据，将百度在人工智能、大数据等领域的天然优势发挥到了极致。从 2015 年开始，百度就已经创建了国内第一个以大数据为基础的智能人才管理综合解决方案。凭借 TIC 科学的理论模型，百度以科学、量化、客观的衡量手段，从人才、组织和文化三方面，"智·管理""智·来往""智·族谱""智·选才""智·舆情""智·人物"六个功能模块，践行"让优秀人才脱颖而出"的人才管理理念。如图 10.1 所示。

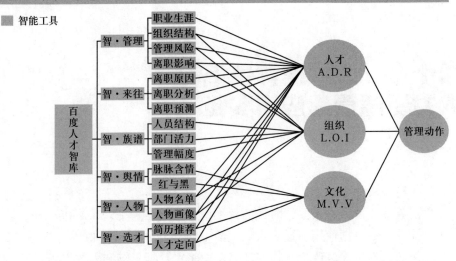

图 10.1　百度人才智库系统对应用场景的支持

资料来源：哈佛商业评论［EB/OL］. https：//www.hbrchina.org/2018-10-19/6550.html.

一、人才方面

（一）人才流失预测和挽留分析

TIC 通过收集公司内外的数据，包括来自社交媒体和互联网的舆论信息和文本，通过机器学习、模型校验与优化，不停迭代，建立了包含经济、职业发展和个人家庭原因等数万个动态特征的 90 天离职预测模型，可以提前预知有可能有离职意向的关键人才，针对目标人群的预测准确度达到了 90% 以上。在 2015 年进行的一次离职预测中，TIC 分析出了离职指数最高的前 30 名百度员工，3 个月内其中 29人提出离职申请①。对此，百度采取了针对性的保留措施，避免了用人风险和人员流失。

相应地，TIC 还能计算出员工的离职影响力有多大，并分析出离职的各项原因。如果离职指数高的员工达到一定重要程度甚至不可或缺，且离职原因在公司可控范围内，HR 部门就能够及时进行干预，采取适当的激励挽留手段。

（二）智能招聘系统

1. 具备功能

针对在招聘过程中遇到的人才需求描述主观且模糊、简历筛选困难、人岗匹配结果不能令用人部门满意等问题，百度智能招聘系统开发了简历解析、简历画像和人岗匹配等功能。

---

① 崔连斌,胡丽,罗胜飞.人工智能时代下的组织绩效改进［M］.北京:经济管理出版社,2019.

（1）简历解析。百度简历解析可以精准提取简历中的关键信息，将各种格式的简历输出为字段丰富、标准统一的格式。在整体抽取效果上远超其他同类产品，综合性能领先于主流简历解析产品 12% 以上，节约人力成本。

随着人工智能技术的发展，百度智能招聘系统的逐渐成熟，百度大脑在大数据分析中的应用日渐广泛，同时，在筛选简历的过程中，百度大脑还能过滤自动筛选中的人工干扰因素，如种族、性别和出生地等，以便更加公平地进行筛选，提高招聘的效率和准确率。如图 10.2 所示。

图 10.2　简历解析

资料来源：https://cloud.baidu.com/solution/recruitment.

（2）简历画像。TIC 基于领域知识图谱的结构化简历画像技术、多维度简历评估技术，对候选人简历进行深度解析，实现简历精准评分。简历画像技术具有智能化、高可用、易扩展、速度快等优势，将简历画像用于人才筛选，促使面试转化率提升 4 倍，招聘效率相比人工提高 40 倍之多[①]。如图 10.3 所示。

图 10.3　简历画像

资料来源：https://cloud.baidu.com/solution/recruitment.

[①] 百度 AI. 百度大脑推出智能招聘解决方案，助力节省招聘成本 [EB/OL].https://baijiahao.baidu.com/s?id=1671891348
063902859, 2020−07−11.

（3）人岗匹配。TIC 研发了世界首创的人岗匹配神经网络技术和多维度简历画像技术，从岗位需求、候选人技术背景、能否胜任等角度为岗位推荐优质候选人，也可为候选人推荐最合适的岗位，实现"人才"与"岗位"的智能双向自动匹配，改变了以前依靠人力从海量简历中大海捞针的人才搜寻模式，通过 AI 实现了从"百里挑一"到"十里挑一"的转变，省略了不必要的中间环节。如图 10.4 所示。

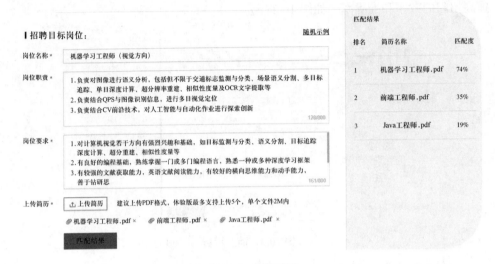

图 10.4　人岗匹配

资料来源：https://cloud.baidu.com/solution/recruitment.

2. 应用场景

百度十分重视 AI 技术的发展，并且一直致力于将 AI 应用到大数据的分析中，经过多年探索，百度在 AI 领域已经取得突破性进展，百度大脑也在百度的探索中逐渐成熟。百度大脑是百度 AI 核心技术引擎，包括视觉、语音、自然语言处理、知识地图、深度学习等技术和 AI 开发平台[①]。

百度大脑的智能招聘系统依托 TIC 团队在招聘方向的深耕，同时结合百度 NLP、百度 AI 文字识别能力，帮助企业实现招聘管理的智能化、数字化，旨在满足校招、社招、猎头、内推等不同场景、蓝领、互联网、教育、零售等不同行业的招聘需求，从招聘全流程入手，深入招聘过程中的各个环节，以满足候选人求职推荐、企业人才筛选、人才评估、招聘助手等不同的场景需求。如图 10.5 所示。

（1）候选人求职推荐。在求职应聘场景中，运用智能招聘解决方案，为求职者推荐最合适的工作岗位，节省了求职者的职位检索时间，帮助求职者准确、高效地找到合适岗位，提升面试成功率。

---

① 向阳．百度大脑，走在人工智能研究最前沿［N］．科技日报，2014-09-10(009)

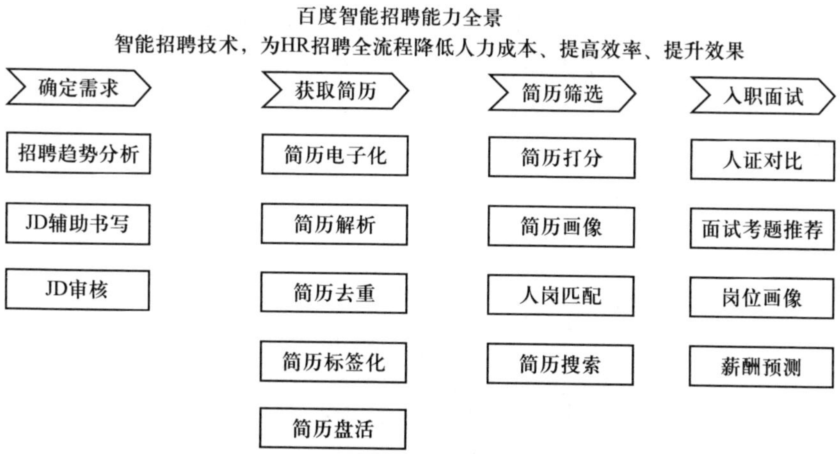

百度智能招聘能力全景

智能招聘技术，为HR招聘全流程降低人力成本、提高效率、提升效果

确定需求	获取简历	简历筛选	入职面试
招聘趋势分析	简历电子化	简历打分	人证对比
JD辅助书写	简历解析	简历画像	面试考题推荐
JD审核	简历去重	人岗匹配	岗位画像
	简历标签化	简历搜索	薪酬预测
	简历盘活		

图 10.5　百度智能化招聘应用场景

资料来源：https：//baijiahao.baidu.com/s?id=1671891348063902859.

（2）企业人才筛选。在企业人才检索场景中，运用智能招聘解决方案，将基于传统搜索的人才搜索模式，转变为定制化智能检索模式，满足 HR 个性化的找人需求。为面试官智能推荐最匹配的候选人。

（3）企业人才评估。在面试场景中，运用智能招聘解决方案，将传统标准化试题升级为个性化考题，协助 HR 有针对性地考察候选人，提高 HR 面试的专业性，更精准地甄别候选人匹配度[①]。

（4）企业招聘助手。在招聘沟通场景中，运用智能招聘解决方案，全面满足应聘者和企业之间沟通及信息获取的需求；客服机器人 24 小时在线，为应聘者提供企业咨询、答疑解惑服务，提升企业招聘效能，降低人力成本。

二、组织方面

组织方面，TIC 能够通过分析部门活力、人才结构和部门圈子，科学评估组织稳定性，揭示组织间人才流动规律，为组织优化调整、高效人才激励与促进人才流动提供智能化支持。

（一）人才圈子雷达

TIC 不仅能应用于公司内部的人才和组织管理预测，还能够预测市场上人才招聘的热点，建立人才圈子。以人才圈子雷达为例。从感性上说，人才圈子反映出的事实就是：找工作也须"门当户对"。比如 TIC 通过数据挖掘发现，美国在线（AOL）所招聘的编程人员和媒体人才，呈现出截然不同的层次特点。AOL 的程

---

① 百度智能云官网，https://cloud.baidu.com/solution/recruitment。

序员大多来自比较二线的 IT 公司，几乎没有谷歌、Facebook 这种一线公司的员工（见图 10.6）。而其媒体人才相对来自更高端的圈子，比如《华尔街日报》《金融时报》等。通过构建这样的社交职业生涯网络，以及对数百万份人才档案和招聘广告进行智能建模，TIC 就可以预测出特定行业和市场圈层的招聘热点，让企业 HR 部门能针对大趋势做好准备和调整①。

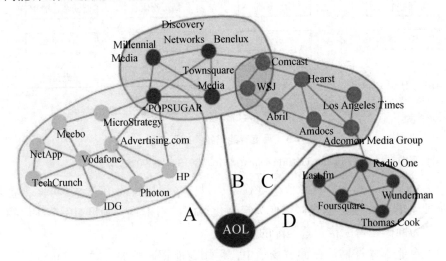

图 10.6　AOL 程序员来源渠道

资料来源：https://www.hbrchina.org/2018–10–19/6550.html.

TIC 将类似的模型应用在百度人才招聘趋势分析上，为招聘战略的制定提供了前瞻、有效的决策支持。例如，2015 年 TIC 通过对互联网上各公司超过百万量级的招聘文案进行分析，成功预测了大数据、AI 相关人才将取代 O2O 相关人才成为未来高科技公司的招聘热点，同时准确预测了相关竞品公司在自动驾驶等领域的战略布局。

（二）组织人才管理风险指数

1. 挖掘人物

如何挖掘具备卓越领导力和创新力的"人物"是 HR 招聘的挑战。TIC 从企业中的核心地位、业务桥梁、开放交流、组织框架和广泛合作五个维度打造量化模型，以业务往来邮件、在企业平台上编写的程序等客观真实的数据和文本为依据，对员工进行评价，通过计算员工的业务核心度指数，判断其成为"人物"的可能性，并且能够发现员工在五个维度的优劣强度，进而因材因需给予适合的任命或有针对性的培训辅导。

2. 组织人才管理风险指数

除从上述五个维度评价"人物"外，领导力还须从组织层面进行衡量。当面

---

① 崔连斌,胡丽,罗胜飞. 人工智能时代下的组织绩效改进[M].北京:经济管理出版社,2019.

对新的形式和新的业务挑战时，应该如何从平级管理者中提拔能够胜任高风险新岗位的人？TIC 也给出了相应的解决方案——人才管理风险指数。通过该指数，可以及时识别管理者在各个时期面临的管理复杂性和困难程度，并清晰比较不同管理者职业生涯中的风险变化。

例如，某些管理者可能只胜任特定的领域，在转换跑道后曲线就会呈现出大幅波动。有能力的管理者，在相对较短时间内可以让动荡的曲线趋于平缓。而如果转换到某个岗位的任何管理者都表现出长期的大幅波动或不适应，那么组织就要思考是不是该业务的组织结构本身设置有问题。人才管理风险指数给提拔任命领导者提供了有说服力的客观依据——假如一位管理者曾经分别领导过三支极不稳定的团队，而他仅利用了三个月的时间，让所有团队的风险曲线都平稳了下来，就说明他足以胜任高复杂程度的新岗位[①]。

三、文化方面

在企业文化方面，TIC 能及时呈现组织内外部舆情热点，智能分析外部人才市场状况，为百度制定企业文化战略提供智能决策支持。

TIC 通过自主研发的 AI 模型，提出了全新的组织创新文化量化评估指标——创新熵，它应用行为学数据对组织从自由性、多样性、扁平化等多维度解析。TIC 认为一个创新的组织文化应在管理上具有扁平化、自由性、员工背景多样化等特征，这些可以通过日常的数据进行分析挖掘而获得。基于创新熵，百度的管理者能够更有效的发现并赋能具有创新力的部门和团队。

TIC 项目基于大数据、AI 为百度提供了一套人才智能化管理解决方案，推动百度人力资源管理模式从主观经验型转变为由大数据和 AI 驱动的智能型，使百度在员工个人成长和团队管理等方面有了更加科学化、个性化的预测，确立了百度人才管理世界领先的创新性地位。项目产出的智能工具已应用于人力部门日常管理，提升了百度人才管理在人才、组织与文化不同决策场景下的智能化水平与管理效果[②]。

第二节　大数据在蒙牛集团员工培训中的应用实践

蒙牛集团 1999 年成立于内蒙古自治区，总部位于呼和浩特，是全球八强乳品

---

① 刘铮筝. 大数据 + 人工智能：百度这样管理人才［EB/OL］. https://www.hbrchina.org/2016-1209/6722.html，2016-12-09.
② 崔连斌，胡丽，罗胜飞. 人工智能时代下的组织绩效改进［M］. 北京：经济管理出版社，2019.

企业。蒙牛一直以来都非常注重对员工的培训与学习，每年都会对不同层次的员工进行投资，"培训就是最好的福利"这句口号，已经被蒙牛的每一个人所熟知，也被深深地铭记。多年来，蒙牛一直致力于创建一个"学习型"组织，在蒙牛的企业文化中，处处彰显其鼓励员工学习的身影。"学习""尊重""竞争"是蒙牛特色，蒙牛员工的工作观就是将"生命"与"工作"看作是"学习"与"创新"的过程。"学习交流，超越自我"为公司精神，"学习训练，成就自我"为公司目标。

一、大数据在蒙牛集团员工培训中的应用

（一）爱养牛"牛人慧"直播学习培训平台

1. 打造牧业"智慧大脑"引领牛人持续成长

随着物联网、人工智能、大数据、云计算、区块链等新技术的广泛应用，部分先行的畜牧业率先将其融入企业管理中，实现了畜牧业的"自动化、数字化、智能化"。蒙牛旗下的爱养牛建立了大数据服务中心，为产业链上下游企业提供智能化交易链接，重点将商品管理、财务管理、供应链金融、牛人慧、技术服务、智云物流、产业再教育等业务智能打通。其中，牛人慧是养牛人的专属综合学习平台，平台上线后通过八大模块、36 个子模块、77 个功能、254 个子功能满足养牛人的"组织学习＋社交学习＋自主学习"需求，通过线上线下混合学习的模式赋能牧业职场牛人。平台齐聚行业内外大咖，精选国内外优质课程，萃取各牧场组织经验，建立牧业特色的海量课程库，多形式呈现"知—行—证"全新学习模型。截至目前，累计观看人数超 30 万次，覆盖 3 万名学员[①]。如图 10.7 所示。

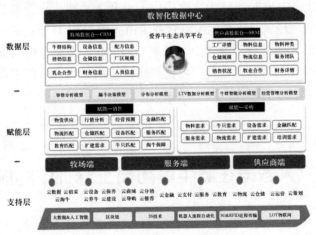

图 10.7　爱养牛生态共享平台

资料来源：爱养牛公众号。

---

① 爱养牛．爱养牛：畜牧业 4.0 时代下，全链路数智化推进之路［ED/OL］．蒙牛官网公众号，2023.

牛人慧学习平台通过邀请行业专家，对牧场奶牛养殖人员展开线上、线下的培训，将新的理念、新的经营思维与模式带到牧场中，培养出更多的新型人才，确保牧场持续发展，核心竞争力持续提高，农牧民的收入也会持续增长。2020年，由于区域处于封闭状态，没有对草原的管理进行有效引导，尤其是一些社会牧场及农牧民在生产上存在技术难题，蒙牛集团在爱养奶牛平台上，举办了一场"奶牛技术能手直播"，在全国范围内，为广大奶牛、农牧民提供免费直播服务，为他们提供技术指导，分享经验，答疑解惑。截至2020年12月，共举办了47场直播课程，累计直播时长达到近70个课时，大约有10万名专业奶牛养殖人员从培训中汲取了营养，学习到了新的知识。这些养殖人员，给全国近1500家牧场带来了先进的养殖技术，协助牧场，实现了优质化精益管理，持续降本增效，有效地解决了农牧民在养殖经营中遇到的技术问题。

为更好地建设中国乳品行业的人才培训系统，2021年初，蒙牛对牛人慧公司进行了2.0版本的升级（见图10.8）。该培训计划以"集奶业智慧，展露牛人风采"为宗旨，面向全国奶业生态圈，涵盖蒙牛集团与其合作牧场的管理、技术人员和各种农牧民学生，是为了中国奶业人才的培养，提升其整体竞争力，实现奶业共赢。

图10.8 爱养牛"牛人慧"

资料来源：牛人慧App。

2. 搭建互联网学习平台

大数据驱动的员工培训的核心，是如何教会员工使用大数据技术。所以，企业需要构建一支具备大数据能力的IT队伍，从而为更好地开展培训提供技术支持。爱养牛"牛人慧2.0"向牧场员工推送培训课程、培育数字化人才和专家团队。同时，指出了传统畜牧产业升级的关键问题：牧场的环境相对封闭，与外界的联系相对有限，中小牧场没有专门的人员进行培训，很少有学习的机会。因此，如何获得最先进的技术，培养出最优秀的饲养员，已经成为奶牛产业升级的"瓶颈"。为此，爱牛集团"牛人慧2.0"的专家团队，在自主研发和全面整合下，蒙牛推出了一个以牧场经营管理、养牛专业技术为核心的创新畜牧业互联网学习平台，该平台整合了"内部认证讲师""行业权威专家""厂家技术顾问"三种不同类型的专家课程，以"饲养管理""青贮饲料""奶牛福利""奶厅设备""工作能力""运营管理工具"为核心，以"线上""线下"为核心，将110多名畜牧专家和 160 多名奶牛内训专家会聚在一起，建立畜牧专家师资库，搭建"专家、牧场和畜牧专家"三个平台，为专家、牧场和畜牧专家提供更便捷、更专业的服务，为牧场提供更多的畜牧专业服务，培育出更多不同类型的畜牧人才。

（二）人才画像在蒙牛集团的运用

蒙牛锚定以"先进技术应用 + 数字化人才 + 敏捷赋能型组织"为中心思想的数智转型路径，完善数字化应用布局管理，建设数字化人才梯队，重构作业模式，并于 2021 年启动了蒙牛数智化转型项目，这是蒙牛体系响应"再创一个新蒙牛"发展战略的重要举措，也是蒙牛携手普华永道构建未来集团财务价值转型的行动指南[①]。为了更好地考虑旗下各个运营单位在不同发展时期的用人需求，蒙牛建立了一个"智能"的"人才标签"数据库，从给员工贴上标签、展示标签，到使用标签进行人才检索，使检索效率提高了 150%，并快速对人力资源管理部门的要求做出了反应。

1. 智能人才标签

蒙牛建立了企业人才的多维标识系统，共 6 个类别 22 个标识，覆盖了蒙牛最重视的人才能力。遵循"LOVE+"人才标准框架，将测评结果与人员的基本信息、经验等相结合，以员工的特征为依据，对其进行灵活的定义，并对其进行匹配，最终形成一张准确、全面的员工画像。

2. 全方位人才搜索

当 HR 接到用人需求时，比如工厂管理人员有空缺，那么他们可以使用人才搜索，针对"生产经验"标签，快速地筛选出有相关经验的人。之后，HR 还可以利用人才 PK，全面对比每个人的优势和劣势，帮助用人部门挑选出更合适的人才，从而提升选人效率。如图 10.9 所示。

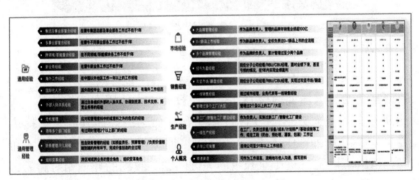

图 10.9　蒙牛人才标签体系

资料来源：北森 HR 大咖说，https://www.beisen.com/customer/189.html。

人才是企业实力的保证、战略落地的基础，而人才的培训是蒙牛数字化战略得以实施的重要保证。要想把人才培养成"凿石索玉"和"剖蚌求珠"，不仅要有一个

---

① 王子轩.企业财务数字化转型之路的探索与实践——基于蒙牛、鞍钢的案例分析[J].西部财会,2022(1):26-28.

良好的挖掘机制，更要有一个良好的培训制度。蒙牛基于数智化转型需求，搭建了人才培养全景图，通过"识别关键人才—明确人才画像—盘点人才来源—搭建职业通道—赋能发展培养"五大机制，发掘高潜人才，培训数智化人才队伍；在企业从原来的科层制向 COE & BP 的赋能转型的过程中，蒙牛把重心放在提高员工的数字运作能力上，把重点放在创新能力、跨领域学习能力和开拓思维上，并且储备计算机、数学、人工智能等多种类型的人才，以此充实团队的知识结构，为建设一支优秀的财务团队打下坚实的基础。同时，引进一批具有较高潜力的"未来星"，为蒙牛集团的未来管理人员做好准备。

（三）简道云的运用

蒙牛集团在信息化建设上的起步较早，特别是在员工培训、供应链管理和生产质量管理等方面，已经建立了先进的信息化管理系统。然而，在整个社会数字化进程加快的情况下，蒙牛公司还有很多数字化需要满足。从空间角度看，蒙牛的经营范围很广。蒙牛缺少数字基础，也缺少数字人才；与此同时，蒙牛集团的众多供应商和分销商也亟须进入数字化管理体系中[1]。复杂多变的应用环境以及不同类型的使用者，为数字管理提出了新的挑战。

企业在面对市场环境的改变时，往往会提出各种新的信息技术要求，并期望这些要求能够在最短时间内得到满足。传统的 IT 开发工具已经很难对集团员工很好地进行培训，很难与现实中的客户拉近距离，没有任何一种软件能够完全适应企业不断变化的培训需要。在企业的核心管理系统中，总会有一些"真空地带"，无法触及，导致某些场景出现"数字缺失"。对蒙牛信息技术部门而言，要继续推动整个集团的数字化进程，以数字化为手段，确保主流业务、核心业务的成长，以及产品的高质量，为企业带来更多的 IT 创新。

在这种情况下，蒙牛公司引进了简道云，以其为平台，培训员工为客户提供了一种快速实现和迭代的方式，为客户提供了一个在销售管理、行政、IT、数据等非核心业务领域中的应用。

1. 整合、分析学习数据

蒙牛利用简道云的数据采集与集成能力，对员工从各种学习途径中获取的知识点、学习时间、学习进度等信息进行汇总，并将这些信息与员工的个人信息、工作岗位的要求相结合。蒙牛的信息技术部门，在最初使用简道云时，建立了许多企业中大部分员工都会用到的通用场景，以便让他们更好地了解简道云的应用，并体会到这个工具能给他们带来的方便。账号管理和现场打卡是两个很有代表性的实例。蒙牛拥有超过 40000 名员工，拥有 SAP、办公自动化、客户关系管理等多种管理体系。员工们可以通过简道云开展培训，员工们需要修改自己的密码，解锁自己的账号，登录简道云开展学习。账号管理系统的流程上线后，IT 部门可

---

① 汤玲婕.数字化转型对企业成本管理的影响分析——以蒙牛乳业为例［J］.北方经贸,2022(1):120-122.

以通过简道云的数据采集与集成能力，对员工从各种学习途径中获取的知识点、学习时间、学习进度等信息进行汇总，然后借助简道云提供的数据分析与可视化工具，蒙牛能够迅速地对员工的学习状况进行分析，比如找到员工的学习热情、学习效率等，并根据不同的学习数据，进行针对性的调整与优化，最后根据分析结果开展员工培训。

2. 培育全民开发人员

简道云能够基于员工的学习数据，为其制订个性化的训练方案，并为其提供相应的教学资源，从而使其快速、高效地完成工作。简道云在蒙牛公司推出后，通过推送功能让员工能够更好地进行学习，包括学习简道云的使用、如何在简道云上完成任务、如何开发订单管理软件等方面。通过简道云，所有的业务人员都感觉到了"零代码"的便利，原本要等很长时间才能完成的任务，现在却可以快速地完成，甚至可以快速地更新功能，让他们开始自己研发软件，让新的软件可以在部门或团队中使用。在简道云的帮助下，员工已经开发出了一些订单管理的软件，而人力资源部也常常使用简道云搭建一些调研和调查问卷的软件。这类软件的开发门槛不高，却极大地提升了企业的工作效率，充实了企业的数字化工具库，减轻了企业的研发压力。蒙牛在推行全民开发模式以来，从各业务部门中，培训了 500 余名全民开发人员，利用简道云，建立了大约 400 个应用程序，包括销售管理、行政管理、生产管理等，有效地提高了企业每个环节的效率。

（四）"蓝海项目"

"蓝海项目"是蒙牛集团开展的一项关于员工培训与开发的项目，它是以雷达图为理论基础，把人才清晰地展现出来，对人才进行综合评价。利用数据库对人才进行整合，从而加速数智化人才的培育，利用数据库完善后备人才培养，建立强大的后备人才数据库，利用大数据手段开展智能化个性化培训。战略引导人才的发展，人才的厚度将决定公司的发展高度。对此，蒙牛始终在不断探索、优化，并在人才培养与学习培养上下了很大功夫，使每个蒙牛员工都能从中受益，不断地成长。对人才的重视，就是对未来的重视，所以蒙牛推出了"蓝海项目"计划，而蓝海计划又进一步细分为"战舰计划""领航计划""远航计划""起航计划"，加快了各层次人才的系统化培养。2021 年，蒙牛对"蓝海项目"进行了全面的升级，增加了一系列的数字技术，并以"训战结合"的方式，向集团的各子项目分配了相应的学生，让他们有机会深入到企业的数字技术体系中，获取企业所需要的数字技术和数字技术的能力。如图 10.10 所示。

1. 重视企业战略与员工培训相融合

企业经营者应高度重视对员工的培养中的应用，将大数据充分地运用到深度分析中，将员工的个人发展、职业生涯规划与企业自身发展战略相结合，从而提升职工的业务素质与管理能力，保证企业的培训目标得以实现。一家公司要取得长久

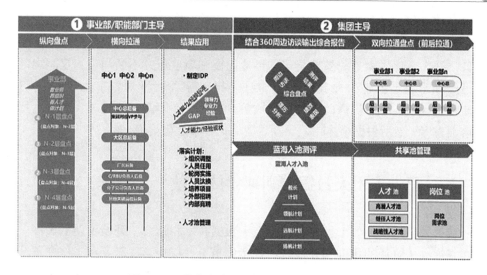

图 10.10　蒙牛人才盘点全景图（"蓝海项目"）

资料来源：北森 HR 大咖说，https：//www.beisen.com/customer/189.html。

的竞争力，不仅要有好的产品，还要有一种公司文化来支持它的延续，而正是这种文化，才能让蒙牛 40000 多人都有一个共同的价值观、共同的奋斗目标。在此基础上，蒙牛集团在企业文化建设方面做了一系列的工作。例如，在员工绩效考核、关键人才评价、内部选拔和外部招聘等环节，都要考虑到价值观的影响[1]。

2. 推出数字化训练系统，加速数字化人才的选拔和培训

首先，蒙牛重新构建了销售岗位的竞争力模型，并在竞争力评估中增加了"数字化竞争力"。此外，公司正在不断建立一套与数字能力有关的训练系统。

比如，蒙牛公司不仅把"数字营销"作为七项核心能力之一，而且在营销学院开设了一个数字营销专业。当该课程推出时，引发了很大的反响，表明数字技术不仅是公司需要培养的技术，更是个人成长的需要。

3. 建立数据运作系统，完善后备人才培养体系

"蒙牛再创辉煌"的五年发展战略，使蒙牛公司的发展进入了一个快速发展的新阶段，而这将为企业提供更多的人才，带来更多的机遇与挑战。蒙牛"蓝海项目"，就是利用数据库为企业培育后备人才的"摇篮"，它通过对企业内部各岗位、各层级的高素质、高素质的人才进行系统的培训，不断向企业输送高素质的管理人才。

2021 年，蒙牛将根据新的发展策略，对"蓝海项目"进行升级，增加数智化等一系列前沿学科，并以"训战结合"的形式，安排相关人员到集团各分科进行培训，使其能够深入地参与到企业的数字化转型顶层设计中，迅速掌握企业需要的数字思维和数字能力。

---

[1] 马富萍，张倩霓，杨柳等.蒙牛线上线下觅"牛人"［J］.企业管理，2021，479（7）：81-83.

4. 开展智能化培训，加大应届生招聘和培训力度

利用大数据技术，根据学员的学习情况、学习需要，为其提供个性化的培训服务，并为其提供服务。随着公司的迅速发展和新业态的不断涌现，仅靠内部培养已经很难满足企业对人才的需要。与此同时，各个行业对数字化人才的渴望，也使得市场上成熟且优秀的人才成为被争夺的对象。因此，通过加大应届生招聘和培训力度，然后根据个体化差异开展智能化、个性化培训。

二、蒙牛集团大数据培训取得的成效

在大数据时代，各个行业都已经与大数据技术相结合，开始了新的发展。企业在开展人力资源的培训和开发时，要考虑更上一层楼，这需要在工作中不断地提升自己的大数据运用能力。蒙牛集团利用大数据在员工培训方面取得了很好的成效，进一步促进了人力资源管理的发展。

（一）增加了培训方式的多元化

蒙牛集团充分利用大数据手段，如爱养牛"牛人慧"直播学习培训平台和简道云，大力开展线上培训，突破单一培训在时间和空间上的局限，为员工提供充足的培训资源，创造出一种具有灵活性的培训模式。让员工可以在任何地方、任何地方，通过各种平台进行无缝切换、无缝衔接，这样有利于员工充分利用碎片化的时间进行培训，降低传统集中培训带来的不便和不良影响。通过收集、共享和生成的培训资源，将与员工有关的课程有系统地、自动地推送出去，为员工的培训提供了多种可供选择的资源，从而使员工的培训方法更加多样化。在培训考核的过程中，采用了将人员绩效考核、上级考核、其他部门考核等多种考核评估有机地结合起来的方法，利用纵向和横向的考核，达到多专业的培训效果评价、培训效果反馈的目的，为培训需求分析提供了一个良好的反馈机制[1]。

（二）提升了培训管理的智能化

蒙牛集团利用人才画像、蒙牛智慧人才系统等进行培训需求分析、培训资源整合、培训效果评估、智能化个性化培训。及时了解公司及员工的培训需要，加强培训针对性；在企业的员工培训过程中，将大数据应用到其中，为员工的培训提供有参考价值的量化数据。通过大数据对员工的流动情况、绩效考核结果以及培训需求进行分析，从而为有针对性地开展员工培训打下一个良好基础。极大提高了人才管理的标准化和专业化水平，有效推动了人才理念和管理机制的落地，为蒙牛的人才战略发展提供了关键的切入点。

---

[1] 陈鲁江. 大数据为企业员工培训带来数字化变革[J]. 信息化建设,2023,294(3).59 60.

（三）形成了培训内容的体系化

蒙牛集团将大数据与企业培训有机结合，以数字化、信息化新思维设计培训方案、培训内容，从"点"向"面"，对提升蒙牛集团的教育培训效能起到了积极的作用。蒙牛集团通过收集、编制等方式，在公司内积累了大量的培训资源，并将其与公司已有的体系相结合，以员工的职位信息及员工的培训需求为基础，制订出一套培训计划，从而使培训计划的内容与需要准确对接，使员工的培训能够从"点"到"点"之间迅速地建立起一条纽带。利用大数据处理技术，蒙牛集团实现对知识的实时更新，并构建出分层、分类的培训课程体系，自动地对不同岗位员工的职责、学习任务等进行分解，以满足构建分层分类的培训课程体系的需要。同时，将各岗位的职责、任务、运营等内容进行分解，以满足企业对课程体系覆盖面的需要。蒙牛集团通过对公司需要的人才的梳理，建立了一个层次的人才池，包括集团、部门、序列、战略布局四个层次的人才池，并制定了人才池的管理办法，明确了人才池的角色职责、分享方式、入池出池等，形成了一个"建池—入池—培训跟踪—出池"的完整的培训体系，并按照清册的结果，将其归类入池，实现了多维度的人才分享，让培训内容更加体系化。

第三节　北森大数据人才测评应用实践

一、北森概况

北森云计算有限公司成立于 2002 年，以"科技成就人才"为使命，是中国人才管理行业的知名品牌，也是人才管理软件领域的先行者之一。北森人才管理研究院拥有一支充满活力、高素质的专职研究人员和顾问团队。其成员由知名大学的毕业生组成，90% 的研究者拥有硕士或更高学位，一半以上曾在大型企业或国际咨询机构工作，拥有学术研究和实践经验。北森以人才管理技术为内核，以核心人力为基础，将人才管理的各个模块紧密集成在一起，形成了领先的一体化的 HR SaaS 及人才管理平台——iTalent X，iTalent X 整体构建于北森 PaaS 基础设施之上，为企业提供了整个人力资源管理全流程的软件和服务，如测评、招聘、绩效、人力资源组织，并通过 PaaS 平台满足中大型企业的个性化和自主开发需求。如图 10.11 所示。

北森人才测评系统提供科学的测评工具和应用服务，涵盖胜任力测评、360度评估，管理人员综合测评、胜任力建模等多样化服务，提供 50 多个行业、1000个岗位的个性化测评方案，支持定制化测评方案，可满足企业校园招聘、社会招聘、人才盘点、领导力诊断等业务测评需求，对标超过 70 个行业人才数据，帮助

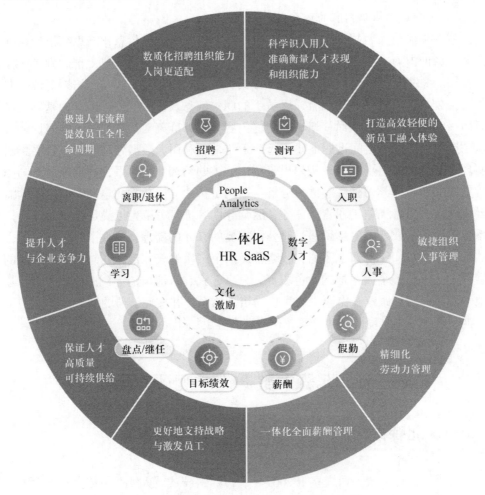

图 10.11　北森一体化 HR SaaS——iTalentX 平台

资料来源：北森官网，http://www.beisen.com。

企业从招聘到人才管理多环节全面了解候选人和员工的能力、素质、性格、行为习惯等信息，为人才引进和选拔培养提供了科学依据。

目前，北森在人才测评中占有很大的市场份额，其客户包括 IT 互联网、房地产、先进制造业、金融保险、零售、消费品等行业，并与 6000 多家大中型客户合作，为各大、中型企业提供了超过 1000 个职位的个性化测评体系。如图 10.12 所示。

二、大数据背景下北森公司人才测评技术

（一）GENE 胜任力词库

胜任力模型主要关注员工在特定岗位上获得最佳绩效所具备的关键特征，它

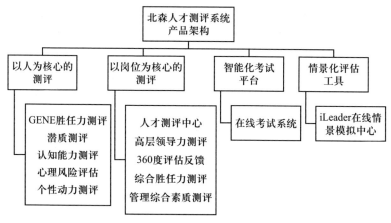

图10.12　北森人才测评系统产品架构

对企业人才测评具有巨大价值：对于尚未加入企业的候选人，企业人力资源管理者可以参照岗位胜任力，判断候选者自身的素质、技能与该岗位胜任力之间的接近程度，两者之间的差距越小越好；对于已经加入公司的员工，人力资源管理者可以使用胜任力模型衡量每个员工的素质，对于符合要求并且具有一定潜力的员工，企业可以在未来的发展计划中加以考虑，而对于尚未满足技能要求的员工，企业可以帮助员工明确自己的培训需求，进一步确定他们未来的发展方向。由此可见，胜任力模型在企业对于人才的选、育、用、留方面发挥着巨大的作用。

北森公司非常注重胜任力模型的构建，基于不同管理层员工面临的挑战，其构建了一个分层级的胜任力模型框架系统——GENE胜任力词库，该系统具有广泛的内容覆盖范围和应用范围，可帮助组织进行胜任力模型的初步构建，并结合大数据的分析技术确定各岗位的人才标准。首先，该词库对样本数据中GENE和测评维度进行相关性分析，确定GENE指标与个性、能力之间的相关性达到显著水平的维度，保障对大样本使用数据驱动的方法，并提供基础数据参考。其次，邀请15名北森交付专家从GENE指标和测评维度的内涵出发，评估GENE指标和领导能力、管理能力之间的相关性，为GENE提供有意义的数据参考。再次，根据大样本数据的分析结果和专家小组评分的数据结果，核心专家小组从维度内涵的角度，讨论并确定GENE和测评维度的对接关系，形成初步的对接。最后，数据分布验证和效标相关验证检查了对接测评后GENE指标的数据分布情况和效标相关情况，以验证初步对接的对接质量，确保GENE指标与测评维度的对接关系，帮助组织对GENE建模更有信心，并规范和完善人才测评。

（二）BI分析平台——Ocean

Ocean是具有强大数据分析能力的企业SaaS软件的大数据产品，该平台不仅可以发掘企业内部的人才数据，还可以集成其他系统或导入相关数据，确保企业拥有"大量"的数据。企业可以使用存储在系统中的数据轻松创建数据模型，并在产品中预定义各种图表、函数、报告，帮助用户快速自定义所需的报告、图表与主题。当组织成员需要了解组织内部的人力资源情况时，首先，使用 Ocean 从招聘、绩效、人事等系统的 9 个模块中提取员工实时数据，如员工的背景信息、工作情况、员工知识技能等。其次，通过平台上的数据建模工具建立所选数据间的关系，还可以设置数据权限以限制不同管理者查看数据内容的范围。选择所要分析的数据的维度和指标，并在系统中选择预定义的图或表以生成相应的报告。最后，Ocean 支持以多种形式在用户终端，如 PC 端、移动端上查看报告，还可以为相关人员设置定时推送报告，使企业管理者可以随时随地了解公司的人员情况。Ocean 提高了企业数据分析的效率和准确性，帮助企业及时了解人才状况，获得深入的业务见解，并做出运营决策。如图 10.13 所示。

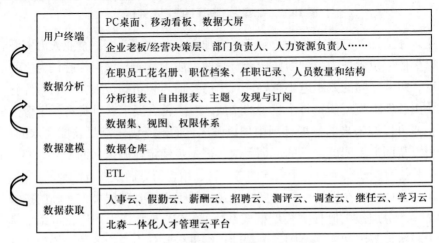

图 10.13　北森 Ocean BI 平台架构

三、北森大数据人才测评应用实践

（一）构建胜任力模型，确定人才标准

在进行人才测评前，企业必须为不同岗位建立胜任力模型，以确定被测评者是否符合企业对该岗位员工的期望。传统的胜任力模型构建包括五步骤，即定义绩效标准、选择和分析参考样本、从参考样本中提取有关胜任特征的数据、建立胜任特征模型、验证胜任特征模型。然而，传统的胜任力模型构建需要大量的人力和时间，而且模型的构建也因人而异。在互联网快速发展、科技不断创新的时代，构建人才模型需要采用更高效、快速的方式。

北森公司利用大数据技术及自主创建的 GENE 胜任力词库来辅助其胜任力模型的建立。首先，北森公司会确定组织目前的战略和业务需求，对需测评的岗位利用大数据技术进行工作分析，了解岗位相关情况，包括职位名称、工作职责、工作要求、劳动关系、工作环境等，以及适合该岗位的人员类型，包括教育水平、专业、年龄、技能、证书、工作经验等，以确定角色定位及其工作价值。其次，使用角色定位确定建模对象必须执行的关键任务，如年度/季度/月度关键工作计划、重要日常工作等。最后，结合北森 GENE 胜任力词库，选择词库中符合该岗位的胜任力并形成胜任力模型。通过建立胜任力模型，北森公司确定了人才选拔的标准，可以用于人才招聘、人才考核等场景，以确定被测者与能力模型间的差异，从而做出适当的人事决策。

（二）智能简历解析，初步筛选人才

简历解析包括从简历中提取信息并进行有效的评估。当企业收到候选人的简历时，人力资源部的员工通常会逐一审查他们的简历，包括姓名、教育经历、工作经验等，并通过这些信息判断候选人是否与某岗位匹配。但如今，求职者越来越关注简历中的样式，对简历的排版也是各种各样，这增加了人力资源筛选简历难度，不仅会花费大量的时间，且简历处理的效率也不高。

针对上述情况，北森使用"小森简历解析"系统管理简历，让不同布局的简历看起来"更真实"，使人力资源部能够轻松识别简历中最重要的信息和可疑的亮点，能快速从多份简历中找到合适的候选人。北森人力资源部收到简历后，会一键录入收到的简历，将不同排版、不同格式、不同来源、不同语言的简历录入到人才分析系统，方便管理公司的简历，建立公司的人才库。一键录入到系统后，小森简历解析依靠智能模型识别简历中的重要模块，确定不同简历中不同模块间的边界，完成划分后，候选者的基本信息、技能、经历经验等信息，如姓名、电话号码、年龄、项目经验、过往业绩等，将从简历文本中被快速、准确、稳定地大量提取。最后，机器人会利用大数据的分析能力智能解析出结构化简历数据，标记简历信息，为简历描绘高度匹配的人才画像，并对简历进行评分，选择合适的人才，从而帮助企业降低人力成本的投入，节省人力资源人员审查简历信息的时间，提高招聘效率，避免主观因素的干预。如图 10.14 所示。

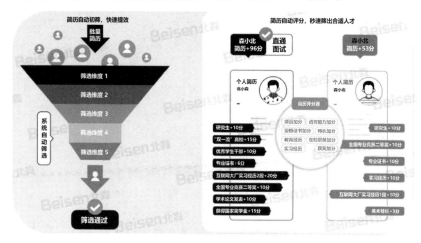

图 10.14　北森简历筛选与评分

（三）进行在线测评，实现人岗匹配

在进行人才招聘时，北森选择了一种基于人才标准的多元化人才评价方法，并利用大数据的洞察能力与驱动能力辅助招聘工作。进行人才测评时，北森会向通过简历筛选的候选人发送测试邀请，候选人须在一定时间内完成测评报告。与此同时，人力资源管理者根据工作要求设置基准，如输入前期已经建立好的人才标准。如果有候选人未及时完成测评，北森可以通过在线系统一键催促未完成测评的应聘者。一旦所有候选人完成测评，人力资源管理者可以一键去除"未被邀请测评"的应聘者，以确保数据的有效性。之后，北森人岗匹配将利用大数据技术算法展示候选人的人才特征，如专业知识、心理素质、技能和个性特征，并根据人才标准分析候选人的测评结果，描绘人才画像和对标报告，展示人才的技能、知识、价值观、自我形象、个人特征、动机等方面。避免人力资源部对候选人评价的单一性，探索他们与不同岗位的匹配度，展示最适合的岗位，让招聘人员更好地了解候选人在不同维度的情况以及与"人才"的差距。同时，学习并模拟人工筛选行为，进行智能推荐与淘汰，为后续面试官的面试提供思路。

（四）利用 AI 闪面，高效评估人才

闪面是北森一款基于全面岗位评估模型设计的 AI 视频面试工具，能从胜任力、基本特质、语言技能和工作偏好四大维度对求职者进行全面量化评估，采用 ML、NLP、语音识别和分析、语义分析与理解、计算机图像处理等大数据挖掘技术，结合简历分析、人岗匹配等人才评估技术，自动分析候选人"冰山上"的知识、技能、胜任力等特征，同时挖掘候选人"冰山"下的价值观、态度等特质，加强对候选人全冰山特征分析的考察，综合各种评估方法，全面分析人才特征（见图 10.15）。

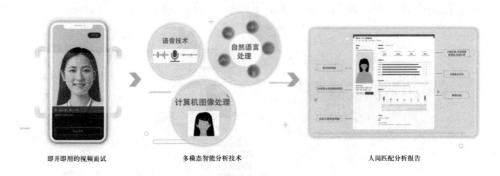

即开即用的视频面试　　多模态智能分析技术　　人岗匹配分析报告

图 10.15　北森 AI 视频面试：闪面

资料来源：https：//yrd.huanqiu.com/article/48zmaTfsczj.

招聘管理系统可自动向候选人发起闪面面试通知，在应聘者完成作答后，系统会根据岗位信息、岗位模型、面试表现等多维度精准评估候选人，基于岗位 AI 算法模型输出岗位匹配度，创建一份包含 AI 推荐指数、面试表现分析、面部表情分析等的智能化分析报告以供 HR 查看，分析报告涵盖候选人面试全程的评估表现。HR 还能查看候选人最近闪面星级、最近闪面状态等情况，为 HR 招聘录用决策提供依据。候选人可随时随地完成面试、趣味性互动、自动追问等环节，从而提升候选人体验感受。如图 10.16 所示。

图 10.16　北森闪面候选人评估报告

资料来源：https://www.beisen.com/res/630.html.

四、大数据背景下北森公司人才测评成效

（一）提升人力资源工作效率

北森利用 GENE 胜任力词库，建立胜任力模型，确定人才标准。胜任力模型本身只提供了一种标准，但它在人力资源管理中的实施可以提高整体效率。北森将胜任力模型用于员工的测评中，胜任力模型会将某岗位需要什么样的人才准确"告诉"北森，员工具有什么样的行为才会产生高绩效。然后，北森在人才测评中可以关注这些行为，对关键行为进行测评，从而节约测评时间，提高测评效果。而且，北森的胜任力模型不仅运用于人才测评，还被用于北森人力资源系统的其他环节中，从而大大提升人力资源工作效率。

（二）快速实现人岗匹配

当北森组织一次大型招聘活动时，通常会在职位发布的 2~3 周后收到约万

份简历。然而，从近万份的简历中筛选出合适的候选人，对招聘人员来说是巨大的工作量。北森使用线上化人才测评工具，如北森心理风险+CATA能力+胜任力，在招聘过程中初步筛选人才，描绘候选人的岗位画像与能力模型，并结合测评的数据，深度发现人才技能、个性、社会关系、能力等各项特征，进而将候选人的技能与岗位需求进行匹配，快速筛选出符合岗位需求的人才。

（三）提升候选人体验与初面效能

北森利用AI面试功能对候选人进行初步面试。AI闪面不需要协调企业和候选人之间的时间，可以根据岗位要求有效评估人才素质，给企业带来更好的候选人评估体验，更快地选择出高度匹配的人才。在根据所需岗位的标准和人才要求定制好问题后，就可以开始对候选人进行批量面试。招聘人员会根据包含推荐指数、关键胜任行为、语义分析、表情分析等多维度的AI面试报告，以及视频回放快速筛选出合格的候选人参加下一场的面试。这与传统的业务部门线下初步面试方式相比，节省了大量人力投入，提升了面试的效率。

（四）为多家企业提供全流程服务

自2016年起，北森累计服务超过6000家企业，覆盖互联网、金融、汽车、房地产、零售连锁、制造业等众多领域。如今，北森创新的人力资源科技产品和服务每天被5000多家大中型企业、12万多个人力资源部门、1000多万企业员工使用。北森的云平台每年增加近1000万的人才测评数据和数亿份简历，每天处理超过10亿条的数据。如图10.17所示。

图10.17　北森人才测评合作企业

参考文献

［1］Arthur Yeung, Patricia Woolcock, John Sullivan. Identifying and Developing HR Competencies for the Future: Keys to Sustaining the Transformation of HR Functions［J］.Human Resource Planning, 1996, 19（4）: 48–58.

［2］BLawler Ⅲ, E E, Mohrman, S A.HR as a Strategic Partner: What Does it Take to Make It Happen［J］. Human Resource Planning, 2003, 26（3）: 15–29.

［3］Bughin J, Chui M, Manyika J.Clouds, Big Data, and Smart Assets: Ten Tech-enabled Business Trends to Watch［J］. McKinsey Quarterly, 2010（8）: 1–14.

［4］Citigroup.Citigroup Business Services Annual Survey of European Shared Services ［M］. New York: Citigroup Inc., 2002.

［5］Colomo–Palacios R, Gonz á lez–Carrasco I, López–Cuadrado J L, Trigo A, Varajao J E. I–Competere: Using Applied Intelligence in Search of Competency Gaps in Software Project Managers［J］. Information Systems Frontiers, 2014, 16（4）: 607–625.

［6］Dhanya Pramod, S.Vijayakumar Bharathi. Social Media Impact on the Recruitment and Selection Process in the Information Technology Industry［J］. International Journal of Human Capital and Information Technology Professionals, 2016（7）: 36–52.

［7］Guo S Y, Dingl Yluo H B, et al.A Big Data Based Platform of Workers' Behavior: Observations from the Field［J］. Accident Analysis and Prevention, 2016, 93（2）: 299–309.

［8］Hmoud B, Laszlo, V. Will Artificial Intelligence Take over Human Resources Recruitment and Selection［J］. Network Intelligence Studies, 2019（13）: 21–30.

［9］Marinescu I.The General Equilibrium Impacts of Unemployment Insurance: Evidence froma Large Online Job Board［J］. Journal of Public Economics, 2017, 150（6）: 14–29.

［10］Mackelden L.How Do Big Recruiters Recruit Online［J］. Retrieved March, 2013

（30）：7–14.

［11］Malik A, Budhwar P, Patel C, Srikanth N R.（in press）. May the Bots be with You！Delivering HR Cost–effectiveness and Individualised Employee Experiences in an MNE［J］. The International Journal of Human Resource Management. 2020（1）：7–14.

［12］Majumder S, Mondal A. Are Chatbots Really Useful for Human Resource Management［J］. International Journal of Speech Technology, 2021, 24（4）：969–977.

［13］Mcabees Tlandis R Sbuikem I.Inductive Reasoning：The Promise of Big Data［J］. Human Resource Management Review, 2017, 27（2）：277–290.

［14］Meister J.The Future of Work：The Intersection of Artificial Intelligence and Human Resources［EB/OL］. https：//www.forbes.com/sites/jeannemeister/2017/03/01/the–future–of–work–the–intersection–of–artificial–Intelligence–and–human–resources/?sh=4d0fa7076ad2.2021–10–10.

［15］Gerard George, Martine R. Haas, and Alex Pentland. Big Data and Management［J］. Academy of Management Journal, 2014, 57（2）：321–326.

［16］Hirschfield R. Shared Services Save Big Money［J］. Datamation, 1996, 42（15）：76–78.

［17］H V Jagadish et al.Big Data and Its Technical Challenges［J］.Communications of the ACM, 2014, 7（57）：86–94.

［18］Jean Paul Isson, Jesse S.Harriott, People Analytics in the Era of Big Data：Changing the Way You Attract, Acquire, Develop, and Retain Talent［M］. Wiley, 2016.

［19］Keith H Hammonds.Why We Hate HR［J］. Fast Company, 2005（97）：50.

［20］Stroud, J. Human vs. Machine：Who Sources Best? The Results of the 2017 Grandmaster Competition［EB/OL］. https：//www.sourcecon.com/human–vsmachine–who–sources–best–the–results–of–the–2017–grandmastercompetition.

［21］Tambe P, Cappelli P, Yakubovich V. Artificial Intelligence in Human Resources Management：Challenges and a Path Forward［J］. California Management Review, 2019, 61（4）：15–42.

［22］Thomas A Stewart.Taking on the Last Bureaucracy People Need People—But Do They Need Personnel? It's Time for Human Resources Departments to Put up or Shut up［J］. Fortune, 1996, 133（1）：105–110.

［23］Tim R.Tech Report：Shared Services Share Where［J］. CFO, 2000, 16（10）：101–106.

［24］Denburgh E, Denis C.Doing More with Less［J］. Electric Perspectives, 2000,

25 (1): 44–55.

［25］ Ulrich D，Strategic Human Resource Planning：Why and How?［J］. Human Resource Planning，1987，10 (1): 37–56.

［26］ Ulrich D，Shared Services：From Vogue to Value［J］. Human Resource Planning，1995，18 (3): 12–23.

［27］ Ulrich D. Human Resource Champions：The Next Agenda for Adding Value and Delivering Results［M］.Harvard Business School Press，1997.

［28］ Ulrich D. A New Mandate for Human Resources［J］.Harvard Business Review，1998，1 (2): 124–134.

［29］ Ulrich D，Brockbank W.The HR Value Proposition［M］.Harvard Business School Press，2005.

［30］ Ulrich D. Do not Split HR—At least not Ram Charan's way［J］. Harvard Business Review Digital Articles，2014 (7): 30.

［31］ Ulrich D，Dulebohn J H. Are We there Yet? What next for HR［J］. Human Resource Management Review，2015 (25): 188–204.

［32］ Robinson D G，Robinson J C. Strategic Business Partner：Aligning People Strategies with Business Goals［M］. San Francisco：Berrett–Koehler Publishers，2005.

［33］ Reilly P，Williams T.How To Get Best Value From HR：The Shared Srvices Option［M］. Gower Publishing Ltd，2003.

［34］ Shen Kkuhn P.Do Chinese Employers Avoid Hiring Overqualified Workers? Evidence from an Internet Job Board［M］//Polachek S，Tatsir–Amos K.In Labor Market Issues in China. West Yorkshire：Emerald Group Publishing Limited，2013.

［35］ Wang H，Tan D，Liu W.Electronic Human Resource Management Survey Enabled by Big Data Analysis［C］//IEEEInternational Conference on E–business Engineering. IEEE Computer Society，2018.

［36］ Zeynep A O，Masini A.Effective Strategies for Internal Outsourcing and Offshoring of Business Services：An Empirical Investigation［J］. Journal of Operations Management，2008，26 (2): 239–256.

［37］ Zeynep Tufekci. Big Questions for Social Media Big Data：Representativeness，Validity and Other Methodological Pitfalls［J］. IC W SM，2014 (14): 505–514.

［38］ Michael Porter，James Heppelmann.AR 及我们的工作方式：新常态［EB/OL］. https：//www.hbrchina.org/2020–12–04/8349.html.

［39］ NSF.Core Techniques and Technologies for Advancing Big Data Science &

Engineering（BIG DATA）［EB/OL］. http//www.nsf.gov/funding/pgm_summ. jsp? pims_id504767.

［40］卞坤鹏.基于大数据的 A 公司人力资源绩效管理优化研究［D］.首都经济贸易大学博士学位论文，2018.

［41］白瑞.基于互联网时代 ELM 主导型雇佣关系的社交招聘创新模式研究——以 LinkedIn 为例［J］.中国人力资源开发，2016（18）：14-19.

［42］［英］伯纳德·马尔.人力资源数据分析：人工智能时代的人力资源管理［M］.胡明，黄心璇，周桂芳译.北京：机械工业出版社，2019.

［43］北森.数字化人才管理：从现在到未来［R］.2021 年中国人力资源管理年度观察，2021.

［44］百度 AI.百度大脑推出智能招聘解决方案，助力节省招聘成本［EB/OL］. https://baijiahao.baidu.com/s?id=1671891348063902859.2020-7-11.

［45］陈鸿星.机遇视阈：智能化无接触招聘模式特质研究［J］.中国人事科学，2021（9）：49-58.

［46］陈磊，崔晓燕等.人力资源共享服务（中级、高级）［M］.北京：高等教育出版社，2021.

［47］陈金鱼.智能人事薪酬与绩效系统的设计与应用［J］.周口师范学院学报，2019，36（2）：103-105.

［48］陈鲁江.大数据为企业员工培训带来数字化变革［J］.信息化建设，2023，294（3）：59-60.

［49］崔连斌，胡丽，罗胜飞.人工智能时代下的组织绩效改进［M］.北京：经济管理出版社，2019.

［50］廉串德，刘佰明.人力资源管理大数据：理论、技术与实践［M］.北京：经济管理出版社，2021.

［51］常绍来.大数据时代 A 互联网公司人力资源招聘与绩效考核管理研究［D］.北京化工大学博士学位论文，2019.

［52］董晓宏，郭爱英.大数据技术在网络招聘中的应用研究——以 K 企业为例［J］.中国人力资源开发，2014（18）：37-41.

［53］德勤.员工体验——HRSSC 先行，向人文体验迈进［EB/OL］.https://www2.deloitte.com/cn/zh/pages/human-capital/articles/2020-china-human-capital-hrscc-experience-ahead.html.

［54］付鹏.社交网络平台招聘模式研究——以领英为例［J］.企业改革与管理，2021（22）：63-64.

［55］［日］福原正大，德冈晃一郎.人力资源管理重构：AI 与大数据如何提升 HR 效能［M］.李爽译.北京：人民邮电出版社，2020.

［56］冯芷艳，郭迅华，曾大军等.大数据背景下商务管理研究若干前沿课

题［J］.管理科学学报，2013，16（1）：1-9.

［57］高玉洁.大数据背景下的人力资源管控新模式［J］.财经问题研究，2016（S2）：161-163.

［58］HR智享会.辉瑞：大数据在企业离职分析中的尝试应用［R］.People Analytic的发展与应用研究报告，2020.

［59］HR智享会与易才.华住集团：快速应对变革，引领更为卓越的员工体验［R］.第六届中国人力资源共享服务中心调研报告，2022.

［60］HR智享会与易才.基于"文化、物理、技术"三个抓手的员工体验［R］.第六届中国人力资源共享服务中心调研报告，2022.

［61］HR智享会与易才.蒙牛：敏捷时代下，通过数字化手段提升全生命周期的员工体验［R］.第六届中国人力资源共享服务中心调研报告，2022.

［62］和云，安星，薛竞.大数据时代企业人力资源管理变革的思考［J］.经济研究参考，2014（63）：26-32.

［63］韩琰.基于大数据技术应用的招聘效率提升研究［D］.贵州财经大学博士学位论文，2020.

［64］韩燕.大数据在人力资源管理领域的应用价值与挑战［J］.经济研究参考，2016（56）：51-56.

［65］黄锴.LinkedIn：用大数据颠覆招聘［J］.21世纪经济报道，2014（18）：35-36.

［66］姜中华.阿里巴巴组织演进和人才发展背后的故事［EB/OL］.http：//app.myzaker.com/news/article.php?pk=5ca18e0b77ac6429f83132d2，2019-04-01.

［67］［美］吉恩·保罗·艾森，杰西·S.哈里奥特.人力资源管理大数据：改变你吸引、猎取、培养和留住人才的方式［M］.胡明，邱黎源，徐建军译.北京：机械工业出版社，2017.

［68］［美］吉恩·皮斯.HR的大数据思维：用大数据优化人力成本［M］.赵磊，任艺译.北京：人民邮电出版社，2018.

［69］［美］罗斯·斯帕克曼.大数据与人力资源：Facebook如何做人才战略规划［M］.谢淑清译.杭州：浙江大学出版社，2019.

［70］罗文豪，霍伟伟，赵宜萱，王震.人工智能驱动的组织与人力资源管理变革：实践洞察与研究方向［J］.中国人力资源开发，2022，39（1）：4-16.

［71］罗阳.人工智能技术在运用于人力资源招聘管理中的运用［J］.现代企业文化，2022（21）：122-124.

［72］林晗."互联网+"背景下企业人力资源管理优化研究［D］.华中师范大学博士学位论文，2018.

［73］刘凤瑜等.人力资源服务与数字化转型：新时代人力资源管理如何与新技术

融合［M］.北京：人民邮电出版社，2021.

［74］刘飞.大数据背景下组织人力资源管理流程创新研究［J］.吉首大学学报（社会科学版），2017，38（S2）：33-35.

［75］刘洪波.人力资源数字化转型：策略、方法、实践［M］.北京：清华大学出版社，2022.

［76］刘善仕，孙博，葛淳棉，彭秋萍，周怀康.组织人力资源大数据研究框架与文献述评［J］.管理学报，2018，15（7）：1098-1106.

［77］刘追，张佳乐，王德智.大数据时代移动 HR 的应用、挑战及对策［J］.中国人力资源开发，2014（16）：10-14+19.

［78］刘铮筝.大数据＋人工智能：百度这样管理人才［EB/OL］.https：//www.hbrchina.org/2016-1209/6722.html，2016-12-09.

［79］李进生，赵曙明.VUCA 时代人力资源管理模式创新的取向与路径——以"三支柱"模式为主线［J］.江海学刊，2021（5）：90-96.

［80］李霞.人工智能对企业人力资源管理的影响研究［J］.企业改革与管理，2022（3）：67-69.

［81］李育辉，唐子玉，金盼婷，梁骁，李源达.淘汰还是进阶？大数据背景下传统人才测评技术的突破之路［J］.中国人力资源开发，2019，36（8）：6-17.

［82］［美］拉斯洛·博克.重新定义团队：谷歌如何工作［M］.北京：中信出版集团，2015.

［83］马富萍，张倩霓，杨柳等.蒙牛线上线下觅"牛人"［J］.企业管理，2021，479（7）：81-83.

［84］马海刚.移动互联网时代腾讯 HR SDC 的新生态［J］.中国人力资源开发，2015（18）：6-10+19.

［85］马海刚，彭剑锋，西楠：HR+ 三支柱——人力资源管理转型升级与实践创新［M］.北京：中国人民大学出版社，2017.

［86］马海刚.HR+ 数字化：人力资源管理认知升级与系统创新［M］.北京：中国人民大学出版社，2022.

［87］［美］奈杰尔·古恩诺，乔纳森·费拉尔，谢丽·芬泽.HR 的分析力：人力资源数据分析实践指南［M］.王军宏译.北京：清华大学出版社，2016.

［88］倪国斌.企业人力资源培训效率效果提升方法研究［J］.营销界，2020（48）：129-130.

［89］潘啸鸣.大数据背景下 X 通讯公司人力资源管理研究［D］.云南师范大学博士学位论文，2018.

［90］彭剑锋.互联网时代的人力资源管理新思维［J］.中国人力资源开发，2014（12）：41-48.

［91］饶荣豪，段承璎.人力资源业务伙伴模式研究的知识结构与发展趋势——基

于知识图谱的分析［J］.外国经济与管理，2017，39（4）：98-116+128.

［92］秦丹，陈进.大数据当道，招聘难题怎么破？——以谷歌公司为例［J］.企业管理，2015（9）：75-77.

［93］孙雯.大数据人力资源管理的实践与探索［J］.税务研究，2018（3）：111-114.

［94］汤玲婕.数字化转型对企业成本管理的影响分析——以蒙牛乳业为例［J］.北方经贸，2022（1）：120-122.

［95］［英］维克托·迈尔-舍恩伯格，肯尼思·库克耶.大数据时代：生活、工作与思维的大变革［M］.杭州：浙江人民出版社，2012.

［96］魏颜芳.大数据时代国企网络招聘创新发展探索［J］.就业与保障，2021（24）：130-132.

［97］王通讯.大数据人力资源管理［M］.北京：中国人事出版社，2016.

［98］王爱敏，王崇良，黄秋钧.人力资源大数据应用实践：模型、技术、应用场景［M］.北京：清华大学出版社，2017.

［99］王群，朱小英.大数据时代企业人力资源管理创新思考［J］.沈阳工业大学学报（社会科学版），2015（6）：7-8.

［100］王洪元.大数据时代人才甄选模式变革：驱动与策略［J］.合肥工业大学学报（社会科学版），2016，30（4）：7-8.

［101］王岩.人工智能技术应用下的人力资源管理改革研究［J］.延边教育学院学报，2021，35（6）：16-19.

［102］王婷.亚信：践行数字化人才管理［J/OL］.https：//www.hbrchina.org/2018-1101/6851.html，2018-11-01.

［103］王素梅，黄小龙，王和生，陈婷玮.大数据技术在电力企业人力资源管理中的运用探索［J］.经营与管理，2022（1）：130-135.

［104］王元元.大数据时代互联网企业人力资源管理研究［D］.中央民族大学博士学位论文，2017.

［105］王子轩.企业财务数字化转型之路的探索与实践——基于蒙牛、鞍钢的案例分析［J］.西部财会，2022：26-28.

［106］吴路易.“互联网+”时代人力资源管理新模式研究［J］.中国管理信息化，2022，25（24）：127-129.

［107］西楠，李雨明，彭剑锋，马海刚.从信息化人力资源管理到大数据人力资源管理的演进——以腾讯为例［J］.中国人力资源开发，2017（5）：79-88.

［108］向阳.百度大脑，走在人工智能研究最前沿［N］.科技日报，2014-09-10（009）.

［109］萧鸣政，楼政杰，王琼伟，张满.中国人才评价的作用及十年成就与未来展望［J］.中国领导科学，2022（6）：47-55.

［110］萧鸣政，唐秀锋.中国人才评价应用大数据的现状与建议［J］.中国行政管理，2017（11）：6-11.

［111］许绍洋.基于大数据时代下企业人力资源管理创新路径探索［J］.人力资源，2018，12（3）：32-33.

［112］薛珠.大数据背景下企业人力资源培训策略研究［J］.现代营销（下旬刊），2020（12）：222-223.

［113］徐艳.大数据时代企业人力资源绩效管理创新［J］.江西社会科学，2016，36（2）：182-187.

［114］徐鹏，徐向艺.人工智能时代企业管理变革的逻辑与分析框架［J］.管理世界，2020，36（1）：122-129+238.

［115］谢小云，左玉涵，胡琼晶.数字化时代的人力资源管理：基于人与技术交互的视角［J］.管理世界，2021，37（1）：200-216+13.

［116］闫富美.大数据背景下R公司绩效管理优化研究［D］.华中师范大学博士学位论文，2019.

［117］杨娜.关于优化企业人力资源培训效果的思考浅述［J］.商场现代化，2020（10）：67-68.

［118］杨济萍.基于自然语言处理的简历信息抽取与识别研究［D］.兰州交通大学博士学位论文，2022.

［119］杨月坤，蒋忠惠.大数据技术在人岗匹配中的实践与挑战［J］.领导科学，2016（27）：53-54.

［120］杨真，陈建安.招聘面试人工智能系统的框架与模块研究［J］.江苏大学学报（社会科学版），2017，19（6）：73-80+92.

［121］杨晓光，王倩.巧用算法，精准预测员工离职［J］.人力资源，2022（2）：148-149.

［122］姚凯，桂弘诣.大数据人力资源管理：变革与挑战［J］.复旦学报（社会科学版），2018，60（3）：146-155.

［123］张欢.未来五大发展趋势预测［N］.中国信息化周报，2022-12-12（024）.

［124］张璟，王琴.社交招聘的特点及趋势分析［J］.经济研究导刊，2019（1）：173-174.

［125］张琪，林佳怡，陈璐，刘军.人工智能技术驱动下的人力资源管理：理论研究与实践应用［J］.电子科技大学学报（社会科学版），2023（1）：77-84.

［126］张欣瑞，范正芳，陶晓波.大数据在人力资源管理中的应用空间与挑战——基于谷歌与腾讯的对比分析［J］.中国人力资源开发，2015（22）：52-57+73.

［127］张建民，顾春节，杨红英.人工智能技术与人力资源管理实践：影响逻辑

与模式演变［J］.中国人力资源开发，2022，39（1）：17–34.

［128］张敏，赵宜萱.机器学习在人力资源管理领域中的应用研究［J］.中国人力资源开发，2022，39（1）：71–83.

［129］张正堂.HR 三支柱转型——人力资源管理的新逻辑［M］.北京：机械工业出版社，2018.

［130］赵曙明.建立创新型人力资源管理模式［N］.人民日报，2018–12–10.

［131］郑文智，陈晓琛，吕越.国外社交网络招聘研究述评：基于个体网络大数据的人才甄选［J］.华侨大学学报（哲学社会科学版），2017（4）：46–59.

［132］郑奕.人工智能在我国人力资源管理领域的应用研究［J］.遵义师范学院学报，2021，23（6）：105–108.

［133］赵光辉，田芳.大数据人才管理：案例与实务［M］.北京：机械工业出版社，2019.

［134］赵曙明，张敏，赵宜萱.人力资源管理百年：演变与发展［J］.外国经济与管理，2019，4（12）：50–73.

［135］周卓华.大数据和人工智能时代企业人力资源管理策略探析［J］.领导科学，2020（12）：98–101.